어떻게 일할 것인가

KB071352

BETTER

A SURGEON'S NOTES ON PERFORMANCE

어떻게 일할 것인가

아툴 가완디 지음 | 곽미경 옮김

웅진 지식하우스

부모님과
누이에게
이 책을 바친다.

CONTENTS

PART
2　（　　　　　　올바름에 관하여　　　　　　）

● **일러두기**

본문의 각주는 옮긴이 주이다.

제대로 일한다는 것에
관하여

오래전, 의과대학 졸업을 앞둔 무렵에 돌봤던 환자가 지금도 기억에 남아 있다. 당시 나는 내과에서 마지막 임상실습 중이었다. 4년 차 레지던트가 나에게 환자 서너 명을 맡겼다. 그중 일흔 정도 된 주름투성이 포르투갈 출신 할머니가 있었다. 그 할머니는, 의사들끼리 하는 말을 빌리자면, 그냥 컨디션이 썩 좋지 않아서 병원에 온 케이스였다. 할머니는 온몸이 쑤시고, 온종일 피로하다고 호소했다. 기침도 했다. 하지만 열은 없었고, 맥박과 혈압도 정상이었다. 그런데 몇 가지 검사를 해보니 백혈구 수치가 비정상적으로 높았다. 흉부 엑스레이로는 폐렴일 가능성이 보였는데, 그럴 수도 있고 아닐 수도 있었다. 내과의는 할머니를 입원시켰고, 내 담당으로 떨어졌다. 타액과 혈액 배양검사를 하고, 결핵일 가능성에 대비해 내과의의 지시에 따라 항생제 치료를 시

11

작했다. 그 후 며칠 동안 나는 매일 두 차례씩 할머니를 보러 갔다. 내가 하는 일은 바이털사인을 점검하고 폐에서 나는 소리에 귀 기울이고 검사 결과를 살피는 것이었다. 할머니의 상태는 매일 고만고만했다. 기침은 했지만 열은 없었다. 정말 그냥 몸이 좀 안 좋을 뿐인 것 같았다. 항생제를 투여하면서 상태가 호전되기를 기다리면 되겠거니 했다. 나는 할머니가 괜찮을 거라고 생각했다.

그러던 어느 아침, 7시 회진을 도는데 할머니가 밤새 불면증과 발한 때문에 힘들었다고 불평했다. 우리는 바이털사인을 점검했다. 여전히 열은 없고 혈압도 정상이었다. 심장박동이 전보다 조금 빨라진 듯했지만, 그게 다였다. "환자를 주의 깊게 살펴보세요." 레지던트가 지시했다. "네, 알겠습니다." 전날 아침에 비해 별다른 점을 발견하진 못했지만 일단 그렇게 대답했다. 나는 속으로 점심시간쯤 한 번 와서 보자고 생각했다. 하지만 그 레지던트는 오전에만 두 차례나 직접 할머니의 상태를 확인했다.

그 후로 나는 이 사소한 행위를 종종 곱씹어 보곤 했다. 별것 아니었다. 그저 조금 더 성실했을 뿐이었다. 그 레지던트는 그날 아침 할머니에게서 뭔가 우려할 만한 점을 보았다. 나에 대해서도 간파했을 것이다. 일반외과 레지던트 자리는 이미 따놓은, 마지막 실습 중인 의대생. 그가 나를 믿었을까? 아니, 믿지 않았다. 그래서 직접 할머니의 상태를 확인했던 것이다.

따지고 보면 그가 한 일이 그리 간단하다고 할 수만은 없다. 할머니의 병실은 4층이었는데, 그날 오전 콘퍼런스 장소와 식당을 비롯해 우리가 들러야 하는 곳은 모두 1~2층에 있었다. 엘리베이터는 어디나 그렇다시피 느려 터졌다. 게다가 그 레지던트는 콘퍼런스 중 하나를 맡고 있었다. 다른 의사들이 흔히 그러듯, 문제가 생기면 알려 달라고 간호사에게 부탁하거나 신참 레지던트더러 대신 환자를 보라고 할 수도 있었지만, 그는 그러지 않았다. 그는 직접 4층까지 올라갔다.

그가 처음 상태를 확인하러 갔을 때 할머니는 열이 38.9도까지 올랐고, 코에 튜브를 연결해 산소를 주입해야 하는 상황이었다. 두 번째로 갔을 때는 혈압이 뚝 떨어져 있어 간호사를 불러 튜브를 산소마스크로 교체하고 중환자실로 옮겼다. 내가 겨우 상황을 파악하기 시작할 즈음, 그는 이미 치료를 진행하고 있었다. 약제 내성을 지닌 전격성 폐렴으로 패혈 쇼크가 오고 있던 할머니에게 새로운 항생제와 정맥주사액, 혈압 제제를 처치했다. 그가 점검한 덕에 할머니는 목숨을 구했다. 경과는 눈에 띄게 좋았다. 인공호흡기가 더는 필요하지 않았다. 열은 24시간 만에 정상으로 떨어졌다. 할머니는 사흘 후 퇴원했다. 이 모두가 그의 점검 덕이었다.

일을 잘한다는 것은 무엇을 의미할까? 특히 그 일에서 실패라는 것이 너무 쉽고 흔하다면? 의대생 시절이나 레지던트 시절, 내 최대 관심사는 유능해지는 것이었다. 하지만 그 레지던트는 그날 내게 능력이 전부가 아니라는 사실을 똑똑히 보여 주었다. 그는 일반적인 폐렴의 발병과 치료에 관한 지식뿐 아니라, 특정한 환자가 특정한 순간에 어떻게 폐렴에 걸리는지 또 주어진 자원과 인력으로 어떻게 대처할 것인지에 관한 특수성까지도 이미 꿰고 있었다.

　사람들은 뛰어난 운동선수들을 보며 성공에 관한 교훈을 얻는다. 외과 의사인 내게도 그들의 인내심과 고되고 부단한 훈련, 정확성을 높이려는 노력은 귀감이 된다. 그러나 의사로서의 성공에는 경기장에 없는 요소가 있다. 바로 의사가 다루는 것이 사람의 생명이라는 사실이다. 의사가 내리는 결정, 의사가 저지르는 태만은 본질적으로 윤리의 범주에 포함될 수밖에 없다. 의사들이 받는 기대가 너무 버겁기도 하다. 의사로서 우리의 임무는 질병과 맞서 싸우고, 과학이 허용한 범위 안에서 모든 인간이 건강하게 오래 살도록 돕는 것이다. 그러나 그 방법들이란 대개 확실치 않다. 터득해야 할 지식은 광대하고 끝이 없다. 게다가 신속성과 일관성도 요구된다. 교대 근무 중인 간호사에서 임상병리사, 산소 공급 장치를 다루는 기술자에 이르기까지, 병원 인력 수백 명이 환자 단 한 명을 위해 동원되어야 하더라도 예외가 있을 수 없다. 그뿐인가. 사람들은 우리가 온화함이나 따뜻한 배려 같은 인간적 면모도 갖추길 바란다. 이처럼 우리에게 맡겨진 책임의 막중함과 의료 행위를 둘러싼 복잡성이 의사라는 직업을, 대단히 흥미로우면서 동시에 매우 심난한 것으로 만든다.

　최근에 버지니아 매그부라는 유방암 환자를 수술했다. 매그부는 60세의 영어 교사로 가슴에 조약돌만 한 혹이 만져진다며 병원을 찾았다. 생체검사 결과 암 진단이 나왔다. 암은 지름 1.9센티미터 정도로 작은 편이었다. 매그부는 선택할 수 있는 몇 가지 치료 방법을 놓고 고민하다가 유방 보존 치료를 택했다. 이제 내가 할 일은 감시 림프샘* 생체 검사를 통해 암이 림프샘까지 전이되지 않았는지 확인한 다음, 암 덩어리를 절제해 내는 것이었다. 그러고 나면 방사선 치료가 뒤따를 것이다.

수술 자체가 어렵거나 특별히 위험한 경우는 아니었지만, 아무튼 단계별로 의료진의 세심한 주의가 필요했다. 수술 날짜가 되었다. 매그부를 수술실로 옮기기 전에 안전 여부를 재확인했다. 마취과 의사는 매그부의 의료 기록과 치료약을 점검하고 컴퓨터에 기록된 여러 가지 검사 결과와 심전도를 살펴보았다. 또 적어도 여섯 시간 동안 환자가 아무것도 먹지 않았다는 사실을 확인하고, 입을 벌려 혹시라도 수술 도중에 빠질 수 있는 흔들리는 이나 틀니는 없는지도 조사했다. 간호사는 수술할 환자가 맞는지 환자의 이름표를 확인하고, 약물 알레르기 여부를 조회한 다음 수술 동의서에 적힌 수술이 환자가 원하는 수술이 맞는지 본인에게 확인했다. 콘택트렌즈나 손가락을 죄거나 방해가 되는 장신구가 남아 있지 않은지도 점검했다. 나는 종양이 만져진 위치를 찾는 데 착오가 없도록 그 부위를 사인펜으로 표시했다. 감시 림프샘 생체검사를 위해 아침 일찍 매그부의 종양 근처에 소량의 방사성 추적자가 주입됐다. 이제 가이거 계수기로 추적자가 유입된 곳을 확인하고, 절제가 필요한 '문제'의 림프샘을 식별할 수 있을 만큼 충분한 수치가 측정되고 있는지 확인했다.

●   종양이 림프샘을 통해 직접 전이되는 경우 가장 처음 도달하는 림프샘이다.

한편 수술실에서는 앞서 끝난 수술 이후 간호사 두 명이 수술실 청결 상태를 점검하고 수술 도구가 모두 갖춰져 있는지를 살폈다. 수술 도구에는 가열 살균을 하면 갈색으로 변하는 스티커가 부착되어 있어서 간호사들은 스티커 색으로 살균 여부를 확인했다. 작동에 문제가 있어 보이는 직류 지짐기를 기사가 떼어 내 다른 것으로 교체했다. 빠진 것이 하나라도 있는지 꼼꼼히 점검했다. 드디어 매그부와 의료진은 준비가 끝났다.

오후 2시까지 다른 환자들 진료를 마치고 수술에 들어갈 준비를 하고 있는데, 전화가 울렸다.

수술이 연기됐다는 수술실 직원의 전갈이었다.

"왜요?" 내가 물었다.

회복실이 부족하다고 했다. 수술실 세 곳에서 환자를 회복실로 보낼 수 없어 대기 중이라며, 회복실 자리가 빌 때까지는 모든 수술 절차가 중단된다는 것이었다.

"알았습니다. 그러죠, 뭐." 가끔 일어나는 일이다. 기다리면 되겠지. 하지만 4시에도 매그부는 수술실에 들어가지 못했다. 상황을 알아보기 위해 수술실 관리부에 전화를 넣었다. 회복실은 벌써 비었지만 매그부의 수술은 응급실에서 실려 온 대동맥류 파열 환자에게 밀렸다고 했다. 관리부에서 다른 수술실을 구해 줄 것이다.

나는 수술 환자 대기실의 간이침대에 누워 있는 매그부에게 상황을 설명하고 양해를 구했다. "그리 오래 걸리지 않을 겁니다." 매그부는 달관한 사람처럼 대답했다. "될 일이면 되겠죠." 매그부는 지루한 시간이 빨리 갔으면 하고 잠을 청해 봤지만 번번이 깼다. 매번 변한 것은 없었다.

6시에 다시 전화를 걸어 수술실 관리부 담당자와 통화했다. 이제 수술실은 있는데 간호사가 없다고 했다. 5시 이후론 근무하는 간호사가 수술실 42곳 가운데 17곳밖에 없는데, 수술 중인 환자만 23명이었다. 이미 수술실 4곳의 간호사가 마지못해 초과 근무를 하고 있지만 더는 어렵다, 그러니 다른 환자는 어쩔 방도가 없다는 것이었다.

"그럼 매그부는 언제쯤 가능할까요?"

"아예 안 될 수도 있습니다." 담당자가 말했다. 7시가 넘으면 수술실 아홉 곳에만 간호사가 있다. 11시가 넘으면 많아야 다섯 곳이란다. 게다가 기다리는 환자가 매그부만 있는 것도 아니었다. "매그부 씨는 수술을 취소해야 할 수도 있습니다." 담당자가 말했다. 취소라니? 어떻게 그럴 수 있단 말인가?

직접 관리부로 내려갔다. 이미 나보다 먼저 온 외과의 하나가 담당 마취과 의사를 구슬리는 중이었다. 수술실 관리부 담당자에게 전화로 소리를 지르는 의사도 있었다. 우리는 모두 수술실이 필요했지만 수술실은 충분치 않았다. 환자 하나는 폐암 수술을 앞두고 있었고 다른 환자는 목에 혹이 나서 생체검사를 해야 했다. "내 환자는 급해요." 외과의 하나가 말했다. "내 환자도 기다릴 수 없어요." 다른 의사도 외쳤다. 그다음 날은 수술실이 있다고 했지만 누구도 원치 않았다. 다들 다음 날에도 봐야 할 환자들이 있었고, 수술이 밀리면 그 환자들의 예약을 취소해야 했다. 어쨌든 내일 다시 이 난리를 치르지 않으려면 어떻게 해야 할까?

나도 매그부를 위해 설득에 나섰다. 매그부는 유방암 환자다. 암 덩어리를 들어내야 한다. 빠를수록 좋다. 주입된 지 여덟 시간이 지난 방사성 추적자는 시간이 흐를수록 점점 옅어지고 있다. 수술을 연기하면 방사성 추적자를 한 번 더 주입해야 하고 그렇게 되면 이중으로 방사능에 노출된다. 마땅한 수술실이 없다는 이유 때문에 말이다. 얼마나 터무니없고 몰지각한 짓인가.

그러나 아무런 약속도 받아 내지 못했다.

이 책은 의료 행위에 관한 이야기다. 의사들은 의료라고 하면 정확한 진단, 뛰어난 기술, 환자와 공감할 수 있는 마음만 어느 정도 있으면 될 것으로 생각하고 이 세계에 뛰어든다. 그러나 차차 알게 되겠지만 그것만으로는 부족하다. 어떤 직업이나 마찬가지겠지만 의료계 역시 시스템이나 기술, 환경, 사람, 자신의 약점과 끊임없이 씨름해야 한다. 우리는 수많은 난관에 부딪히지만 어떻게든 앞으로 나아가면서 상황을 가다듬고 개선해야 한다. 그러기 위해 그동안 우리가 어떻게 해왔고 지금은 어떻게 하고 있는지를 이 책에서 살펴보려 한다.

이 책은 3부로 구성되어 있다. 각각은 의료계만이 아니라 위험과 책임이 따르는 그 어떤 시도든 성공하는 데 필요한 핵심 요소 세 가지를 검토한다. 첫 번째는 성실한 자세에 관한 것이다. 실수를 줄이고 한계를 극복하기 위해 세세한 것까지 충분히 배려하는 자세, 그것이 바로 성실이다. 흔히 성실은 손쉽고 하찮은 덕목으로 치부된다.(그냥 조금

신경 쓰면 되는 것 아닌가?) 그러나 결코 쉽지도 사소하지도 않다. 성실은 의료 행위의 중심일 뿐 아니라 상상을 초월할 정도로 힘든 일이다. 1부에서 들려줄 세 가지 사례는 이를 여실히 보여 준다. 의사와 간호사에게 손 씻기를 의무화하려는 끈질긴 시도, 이라크와 아프가니스탄에서의 치열한 부상병 치료, 전 세계 소아마비 퇴치에 쏟는 엄청난 노력에 얽힌 이야기를 통해 성실함의 면면을 다시금 확인할 수 있다.

두 번째 도전 과제는 올바른 실천이다. 의학은 본래 인간의 일이다. 숙명적으로 탐욕과 오만, 불안과 오해 같은 인간적인 약점에 의해 얼룩질 수밖에 없다. 2부에서는 우리에게 가장 불편한 질문 몇 가지를 다룬다. 의사들이 얼마를 벌어야 적절한지, 실수로 환자에게 피해를 입혔을 때 어떻게 보상할 것인지에 관해 이야기해 본다. 또한 나는 의료 윤리 강령을 위반해 가며 사형 집행에 참여한 의사 네 명과 간호사 한 명의 이야기를 들려줄 참이다. 한편, 아픈 환자를 위해 계속 싸워야 할 때와 물러나야 할 때를 아는 것은 나의 오랜 숙제다.

세 번째 성공 요소는 새롭게 생각하는 자세이다. 사람들은 흔히 이를 잘못 이해한다. 창의성은 뛰어난 지능이 아니라 성격의 문제다. 실패를 인정하고 결점을 감추는 데 급급해하지 않는 태도, 그리고 변화하려는 의지가 무엇보다도 중요하다. 새로운 사고는 실패를 찬찬히, 심지어 극단적으로 반추하여 새로운 해답을 찾으려는 지속적인 노력에서 나온다. 분명 쉽지 않은 자질이긴 하지만 불가능한 것은 아니다. 3부에서는 분만 방법이나 낭성섬유증 같은 불치병 치료에 혁신을 불러온 의료인들의 이야기를 소개하고자 한다. 그리고 어떻게 하면 우리

가운데 더 많은 이들이 그처럼 할 수 있을지도 살펴본다.

개선은 끝없는 노동이다. 세상은 혼란과 분열과 짜증 나는 일투성이이고 의료계도 예외는 아니다. 의료계에 종사하는 우리도 한낱 인간에 불과하다. 때때로 길을 잃고 나약하고 타산적이다. 그렇지만 의사로서 살아간다는 것은 자신의 삶이 타인과 과학, 그리고 그 둘 사이의 복잡한 관계에 묶여 있다는 뜻이다. 즉, 책임지는 삶을 살아가야만 한다. 여기서 책임은 선택의 문제가 아니라, 이 일을 하는 순간 우리에게 주어진 몫이다. 문제는 그러한 책임을 받아들인 상태에서 어떻게 이 일을 잘 해내느냐 하는 것이다.

버지니아 매그부는 불안감과 허기에 시달리며 창문 하나 없는 조용한 대기실의 하얀 전등불 아래에서 두 시간을 더 누워 기다렸다. 째깍, 째깍, 째깍. 시간은 느리게 흘렀다. 의료계에 몸담고 있다 보면 가끔 나 자신이 상상할 수 없이 복잡하고 거대한 기계 속에 들어 있다는 느낌이 든다. 이 기계의 톱니바퀴는 제멋대로 돌아갈 뿐이다. 인간적인 보살핌이나 이타적인 개선의 노력이 변화를 불러오리라는 생각은 헛된 바람처럼 보일지도 모른다. 하지만 그렇지 않다.

매그부는 그날 밤에 자신이 수술을 받을 수 있느냐고 물었다. 나는 가능성이 매우 희박하다고 대답했지만 차마 매그부를 집으로 돌려보낼 수는 없었다. 그래서 함께 좀 더 기다려 보자고 했다. 시간이 또 얼마나 흘렀을까. 8시가 되려 할 즈음 메시지가 왔다. "29번 수술실로 환자를 데려오세요." 그렇게 적혀 있었다. 나중에 안 사실이지만, 수술이 잔뜩 밀린 것을 보고 간호사 두 명이 자진해서 늦게까지 남아 주었다. 그냥 집에 가버려도 그만이었는데 말이다. 내가 그렇게 치하했더니 간호사 하나가 어깨를 으쓱하고는 말했다. "어차피 달리 할 일도 없었던 걸요." 이렇게 노력을 기울이다 보면 어느 틈엔가 자기와 같은 노력을 기울이는 사람들과 만나게 된다.

문자를 받고 11분 후 매그부는 수술대 위에 누워 팔에 안정제를 맞았다. 피부를 소독하고 소독포를 덮었다. 암 덩어리는 별 무리 없이 제거되었다. 다행히 림프샘에는 전이되지 않았고 수술은 무사히 끝났다. 드레싱을 하는 동안 매그부가 조용히 깨어났다. 나는 매그부가 수술대 조명을 물끄러미 바라보는 것을 보았다.

그녀가 조용히 읊조렸다.

"조명이 꼭 조개껍데기 같아요."

PAR

성실함에
관하여

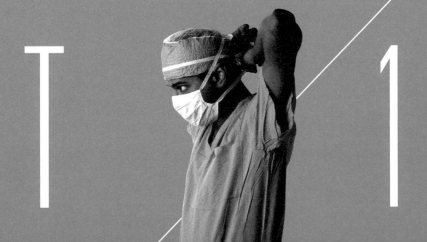

의료 행위라고 하면
고독하면서 지적인 소임이라고
흔히들 생각한다.
그러나 제대로 된 의료란
까다로운 진단을 내리는 것이라기보다
모두가 손 씻기를 확실히
실천하는 것에 더 가깝다.

1 손부터 씻는다

평소와 다름없는 12월의 어느 날, 나는 전염병 전문가인 데버라 요코, 미생물학자인 수전 마리노와 우리가 일하는 병원을 한 바퀴 돌며 이야기를 나눴다. 그들을 비롯해 감염관리팀에서 일하는 다섯 사람의 주된 업무는 병원 감염의 확산을 방지하는 것이다. 겉보기에 화려한 일도 아니고, 그들 역시 수수한 사람들이다. 요코는 온화한 목소리에 보조개가 옴폭 들어간 45세 여성으로, 늘 운동화를 신고 일한다. 마리노는 50대이고 말수가 적다. 하지만 그들은 유행성 독감, 재향군인병*, 치명적인 세균성 수막염, 불과 몇 달 전에는 환자의 뇌 생체검사 결과 크로이

---

* 레지오넬라균으로 발병하는 악성 폐렴의 일종. 1976년 미국 필라델피아에서 개최한 재향군인 대회에서 집단 발병한 데서 명칭이 유래했다.

츠펠트-야코프병으로 추정되는 병과도 씨름해 왔다. 크로이츠펠트-야코프병은 불치병에다 치명적이다. 이 병을 유발하는 감염원으로 알려진 프라이온은 일반적인 가열 멸균 방법으로 퇴치할 수 없는 탓에 확산될 경우 악몽이 따로 없다. 검사 결과가 나오기도 전에 뇌 생체검사 장비를 통해 다른 환자에게 감염될 수도 있었지만, 감염관리팀에서 제때 그 장비를 추적해 약물 소독을 했다.

요코와 마리노는 여태껏 홍역, 페스트, 야생토끼열(병원 연구소에서 다루는 세균 중에서도 이례적일 만큼 전염성이 강한 박테리아가 원인균으로, 생물 테러 무기로 쓰이기도 해 두려움의 대상이다) 등을 목격했다. 한번은 A형 간염이 발발해 이를 추적한 결과 어느 친목 모임에서 내놓은 아이스크림에 문제가 있었다는 사실이 밝혀졌다. 그때 요코와 마리노는 아이스크림에 들어갔던 냉동 딸기를 회수하는 운동을 전국적으로 주도하기도 했다. 그들이 알려 주길, 최근 거의 모든 병원은 로타바이러스, 노워크 바이러스, 녹농균 계열의 몇몇 박테리아, 강력한 내성을 지닌 클레브시엘라, 그리고 현대 병원이면 어디에나 존재하는 흔한 재앙인 황색포도상구균과 장내구균에 그대로 노출되어 있다고 한다. 특히 끝에 거론한 내성 강한 두 가지 병원균은 폐렴과 상처 감염, 혈류 감염을 일으키는 주된 원인이다.

미국 질병통제예방센터(CDC)에 따르면, 매년 미국인 200만 명이 병원에 입원해 있는 동안 감염되고 그 가운데 9만 명이 감염으로 목숨을 잃는다. 그러니 감염관리팀 업무가 만만할 리 없다. 요코가 그중에서도 가장 힘들다고 꼽은 것은 그들이 접하는 다양한 전염병이나 그로

손부터 씻는다

인해 발생하는 공황 상황에 대처하는 일이 아니란다. 그것은 바로 감염을 방지하기 위해 우리 같은 임상의가 지켜야 할 한 가지 원칙을 끊임없이 요구하는 일이라고 한다. 손 씻는 것 말이다.

안 해본 게 없다. 요코와 마리노는 환자들이 들어오는 수술실을 여기저기 돌아다니며 큼지막하게 붙인 경고문과 위치를 바꾸거나 새로 설치한 개수대를 보여 주었다. 일부 개수대는 자동화하기도 했다. 인체공학과 이동성, 미적 즐거움까지 고려해 제작된 5000달러짜리 특수 '예방 카트'는 손 씻기에서 장갑 및 가운 착용에 이르기까지 필요한 모든 것을 탑재했다. 위생 보고 카드를 발급하는가 하면, 병원 규정을 가장 잘 따르는 부서에 공짜 영화표를 나눠 주기까지 했다.

그런데도 우리는 여전히 습관을 못 고치고 있다. 우리 병원의 통계치는 여느 병원의 통계치에서 크게 벗어나지 않는다. 의사와 간호사가 손 씻는 횟수는 요구되는 규정치의 2분의 1 내지 3분의 1에 지나지 않는다. 우리 대부분은 코를 훌쩍거리는 환자와 악수를 하거나, 누군가의 상처에서 끈적거리는 붕대를 떼어 내거나, 또는 땀으로 범벅이 된 가슴에 청진기를 갖다 대거나 하고서는 가운에 손을 훔친다. 그러고는 곧바로 다음 환자를 보거나 차트에 메모를 끄적거리고, 심지어 점심으로 먹을 샌드위치를 움켜쥔다.

누가 이 많은 산모를
죽였나

창피한 일이지만 이것은 어제오늘 일이 아니다. 1847년 오스트리아 빈 종합병원의 산부인과 의사 이그나즈 제멜바이스(Ignaz Semmelweis)는 28세 때에 이미 산모들의 고열 증세가 손을 꾸준하고도 충분히 씻지 않은 의사들 탓이라는 유명한 추론을 했다. 산욕열이라고도 알려진 출산 후 발열은 항생제가 등장하기 전, 그리고 세균이 감염 질환의 원인이라는 인식이 자리 잡기 전까지 산모 사망의 주원인이었다. 산욕열은 출산 후 산모의 질을 통해 자궁에 침입해 들어가는 박테리아 감염으로 발생하는데, 패혈성 인두염을 일으키는 박테리아인 연쇄상구균이 가장 흔히 볼 수 있는 원인균이다. 제멜바이스가 근무했던 병원에서는 아기를 분만한 산모 3000명 가운데 매년 600명 이상이 이 질병으로 목숨을 잃었다. 산모 사망률이 20퍼센트라니 끔찍하기 이를 데 없다. 당시 가정에서 분만한 산모의 사망률은 1퍼센트에 불과했다.

제멜바이스는 환자들에게 그 병을 옮기는 것이 바로 의사들이라는 결론을 내렸다. 병동에서 근무하는 모든 의사와 간호사에게는 환자를 진료하고 다음 환자로 넘어가기 전에 반드시 손을 손톱솔로 문지르고 염소로 소독하라고 지시했다. 그러자 곧바로 산욕열로 인한 사망률이 1퍼센트까지 떨어졌다. 이는 제멜바이스가 옳았음을 보여 주는 부정할 수 없는 증거였다. 그러나 다른 병동 의사들은 여전히 습관을 고치지 않았고, 심지어 일부 동료들은 제멜바이스의 주장을 비난했다. 의

손부터 씻는다

사가 환자의 목숨을 앗아갈 수 있다는 소리가 그들에게 가당키나 했겠는가. 제멜바이스는 박수를 받기는커녕 직장에서 쫓겨나고 말았다.

제멜바이스의 이야기는 의사의 고집과 맹목성을 드러내는 증거물 1호로 전해진다. 그러나 내막은 그보다 더 복잡했다. 산욕열을 두고 19세기 의사들 사이에 여러 가지 원인이 제기되었는데, 하나같이 겉보기에 설득력이 있었다는 것도 문제를 복잡하게 만들었다. 예를 들어, 병원의 유해한 공기가 원인이라는 믿음이 팽배했다. 게다가 제멜바이스는 자신의 이론을 뒷받침하는 논리를 제시하거나 설득력 있는 실험을 통해 입증하기를 완강히 거부했다. 오히려 증거를 대라는 요구를 개인적인 모독으로 받아들여 반대자들을 심하게 몰아세웠다.

"이봐요, 교수 양반. 당신도 이 학살의 공범이오."

자신의 이론에 의문을 제기한 빈 대학교 산과 전문의에게 제멜바이스가 쓴 글이다. 뷔르츠부르크의 어느 동료에게는 "호프라스 씨, 내 학설을 인정하지 않고 계속해서 학생들에게 이를 무시하라고 가르친다면 신과 이 세상을 걸고 당신을 살인자로 선포하겠소. '산욕열의 역사'는 마땅히 당신을 의학계의 네로 황제로 기억할 것이오." 병원 동료들은 그에게서 등을 돌렸다. 빈에서 일자리를 잃고 옮겨 간 페스트*의 새 직장에서도 제멜바이스는 개수대 옆에 서서 손 씻는 것을 깜박한 사람을 꾸짖어 댔다. 사람들은 그의 충고를 의도적으로 기피하거나 무시했다. 제멜바이스는 천재였지만 한편으론 미치광이였고, 결국 실패

● 　1872년에 헝가리의 부다와 페스트가 합병하여 지금의 부다페스트가 되었다.

한 천재가 되었다. 조지프 리스터(Joseph Lister)가 영국의 의학 저널《랜 싯(The Lancet)》에 공손한 어투로 좀 더 명쾌하고 설득력 있게 수술 시 소독의 필요성을 제기한 것은 그로부터 20년이 지난 뒤였다.

병원 감염과의
전쟁

140년 동안 의사들이 만든 재앙이 있고 나서야, 역설적이게도 과연 모 든 의사가 제멜바이스처럼 '미치광이' 정도가 되었어야 이 사태를 막 을 수 있지 않았나 하는 생각도 든다. 요코와 마리노가 접하는 상황을 생각해 보라. 인간의 피부는 어디랄 것도 없이 박테리아로부터 자유롭 지 않다. 양손에는 박테리아가 사방 1센티미터 안에 5000에서 500만 마리 정도 군집을 형성한다. 머리카락과 겨드랑이, 사타구니는 박테리 아의 밀도가 더 높다. 손바닥에 깊이 파인 틈새에는 전체 균의 10~20 퍼센트가 숨어 있는데 이것들은 문질러도 제거하기가 어렵고 멸균도 불가능하다. 최고로 심한 곳은 손톱 밑이다. 최근에 미국 질병통제예방 센터는 지침을 내려 병원 직원들이 손톱을 4분의 1인치(6밀리미터) 이 상 기르지 말 것과 인조 손톱을 붙이지 말 것을 강조했다.

　일반적인 비누 세정은 기껏해야 보통 수준의 소독밖에 안 된다. 중 성세제는 느슨하게 달라붙은 오물과 때는 제거하지만 15초 동안 손을 씻는다고 해도 박테리아가 한 자릿수 정도 감소할 뿐이다. 제멜바이스는 보통의 세숫비누로는 충분치 않다는 사실을 깨닫고서 소독을 위해 염소 용액을 사용했다. 요즘 시판되는 항균 비누는 미생물의 세포막과 단백질을 뚫는 클로르헥시딘 같은 화학물질을 함유한다. 그러나 아무리 좋은 비누라고 해도 제대로 손을 씻으려면 엄격한 절차를 거쳐야 한다. 우선, 온갖 박테리아의 온상으로 악명이 자자한 손목시계와 반지, 그 밖의 귀금속을 풀어야 한다. 그다음으로 따뜻한 수돗물에 손을 적신다. 팔꿈치 아래까지 비누를 묻혀 15~30초가량 제조업체가 써놓은 대로 비벼서 비누 거품을 내고, 30초 동안 헹군 다음 깨끗한 일회용 수건으로 물기를 말끔히 제거한다. 그 수건을 사용해 수도꼭지를 잠근다. 환자와 새로운 접촉이 있을 때마다 이 과정을 반복한다.

실제로 이 절차를 지키는 사람은 거의 없다. 사실상 불가능하기 때문이다. 오전 회진에서 레지던트들은 한 시간에 환자 스무 명을 본다. 중환자실 간호사들도 틈틈이 손을 씻어 가며 봐야 하는 환자 수가 대략 비슷하다. 설사 환자 한 명당 손 세척 과정을 1분으로 줄인다고 하더라도, 의사와 간호사는 자신들에게 주어진 시간 중 3분의 1을 손 씻는 데 써야 한다. 이러한 잦은 손 세척은 피부를 자극하여 피부염을 유발하고 도리어 박테리아 수를 증가시키는 요인이 될 수도 있다.

유럽에서는 기의 20년 동안 비누보다 자극이 적고 시간도 훨씬 단축되는 알코올 린스와 젤을 사용해 왔으나 어떤 이유에서인지 미국에서는 최근 들어서야 인기를 끌기 시작했다. 손과 손가락에 젤을 골고루 발라 공기 건조를 하는 데 15초 정도밖에 들지 않는다. 또 알코올 농도가 50~95퍼센트에 달해 미생물을 죽이는 데도 효과적이다. 흥미로운 사실은 순수 알코올은 도리어 효과가 떨어진다는 점이다. 미생물 단백질을 변성시키려면 최소한 물을 어느 정도 섞어야 한다.

그럼에도 요코가 직원들을 설득해 우리 병원이 알코올 농도 60퍼센트짜리 젤을 채택하기까지 1년이 넘게 걸렸다. 처음에는 유해한 공기를 발생시킬지도 모른다고 우려하며 도입을 반대했다. 하지만 그런 일은 일어나지 않았다. 그다음에는 반증을 제시함에도 불구하고 젤이 피부에 더 자극적일 것이라고 우려했다. 그래서 알로에를 함유한 제품을 들여왔더니, 이번에는 냄새를 두고 구시렁거렸다. 그래서 알로에 제품을 빼버렸다. 알코올 젤이 불임을 야기할지 모른다는 소문이 퍼지면서 간호사 몇 명이 이를 거부하기도 했다. 감염관리팀에서 알코올이 전신에 영향을 줄 정도로 흡수되지 않는다는 증거를 회람시키고 병원의 불임 전문의가 나서서 젤 사용을 찬성하고 나서야 비로소 잠잠해졌다.

마침내 알코올 젤이 두루 사용되면서 손 위생 상태 이행도가 40퍼센트에서 70퍼센트로 상당히 향상되었다. 하지만 난감하게도 병원 감염률은 조금도 떨어지지 않았다. 70퍼센트로는 충분하지 않았던 것이다. 열에 세 번 손을 씻지 않는 것으로도 감염이 확산될 소지는 다분하다. 정말이지 포도상구균과 장내구균 감염은 끈질기게 증가했다. 요코는 그날그날 목록을 받는다. 얼마 전에 요코와 함께 검토해 보았는데, 700명에 달하는 병원 환자들 가운데 63명은 메티실린 내성 황색포도상구균*이 서식하거나 이 균에 감염되었고, 또 다른 22명은 반코마이신 내성 장내구균을 보균 중이었다. 안타까운 일이지만 이 정도 감염

손부터 씻는다

률은 일반적인 미국 병원의 현주소이기도 하다.

초강력 내성을 지닌 박테리아의 감염률 증가는 세계적인 추세다. 반코마이신 내성 장내구균이 처음 출현한 것은 영국에서 어느 임대 투석 장치에 득시글대던 균을 발견한 1988년이었다. 1990년에 그 박테리아는 이미 전 세계로 퍼져 미국 중환자실 환자 1000명당 4명꼴로 감염되었다. 1997년이 되자 어마어마하게도 중환자실 환자의 23퍼센트가 감염되었다. 사스 바이러스가 2003년 중국에서 출현해 몇 주 만에 전 세계 20여 개국 수만 명에게 퍼져 그 가운데 10퍼센트가 목숨을 잃었을 때, 일차적인 감염 매개체는 의료 종사자들의 손이었다. 그게 만약 조류인플루엔자라든가, 더 치명적인 신종 박테리아라든가, 훨씬 더 위험한 유기체라면 어떻게 될까? "재앙이겠죠." 요코의 답변이다.

쉬운 해법은
없다

손 씻는 일에 제멜바이스 같은 강박증은 없어도 된다는 생각이 점차 타당성을 잃기 시작했다. 요코와 마리노, 그 동료들은 이제 층층을 돌

● 메티실린은 페니실린계 항생제로 1960년에 황색포도상구균이 생산하는 페니실리나아제 효소에 분해되지 않는 항생제로 새롭게 개발되었으나, 불과 1년 만에 내성을 지닌 황색포도상구균이 등장했다.

아다니며 불시 점검하는 방법을 쓴다. 요코와 마리노는 외과 중환자실에서 자신들이 어떻게 일하는지 직접 보여 주었다. 그들은 예고 없이 불쑥 들이닥쳐서 환자의 병실로 직행한다. 뭔가 엎지르고 미처 지우지 못한 자국, 청결하지 않은 화장실, 물이 뚝뚝 떨어지는 수도꼭지, 다 쓴 젤 용기, 가득 차서 넘치는 주삿바늘 상자, 아무렇게나 팽개쳐진 장갑이나 가운 같은 것을 점검한다. 간호사들이 환자의 상처 드레싱과 카테터°를 만질 때 장갑을 착용하는지 검사한다. 이것들이 감염을 일으키는 주범이기 때문이다. 또한 환자 접촉 전에 다들 빠짐없이 손을 씻는지도 주시한다.

요코와 마리노는 그런 일을 할 때 정중했지만 그렇다고 사람들과 맞서기를 주저하지는 않았다. "손 씻는 것 잊으셨습니까?" 요코와 마리노가 가장 많이 쓰는 말이다. 직원들도 그들을 인정하기에 이르렀다. 나는 장갑을 끼고 가운을 입은 간호사가 환자의 병실에서 나와 차트를 집어 들다가 마리노를 보고 황급히 도로 제자리에 내려놓는 것을 보았다. 사실 환자의 차트를 오염된 손으로 만지는 것은 위험하다. "병실에서 아무것도 안 만졌어요, 깨끗하다고요!" 그 간호사는 엉겁결에 변명을 늘어놓았다.

요코와 마리노는 이러한 방식이 싫다. 단속반 노릇을 하고 싶지 않다. 재미도 없을뿐더러 결코 효과적이지도 않다. 12층을, 그것도 각 층마다 병실 네 군데를 일일이, 제멜바이스가 발길이 뜸한 자기 병동 개

● 혈관이나 방광 등 환자의 몸에 삽입하는 가느다란 관.

　　　　　　　　　　　　　　　손부터 씻는다

수대를 못마땅한 눈길로 노려보며 서 있었던 것처럼 보초를 설 수는 없는 노릇이다. 게다가 제멜바이스가 그랬던 것처럼 병원 직원들의 반발을 살 위험도 있다.

하지만 달리 무슨 수가 있겠는가? 나는 해당 분야의 주요 학술지인 《병원 감염 저널(Journal of Hospital Infection)》과 《감염 통제 및 병원 역학(Infection Control and Hospital Epidemiology)》의 지난 호를 들추어 보았다. 학술지에 실린 논문들은 하나같이 우리의 세균 전파 방식에 변화를 꾀하려다 실패로 끝난 비극적인 실험을 장황하고 지루하게 이야기한다. 그동안 기다리던 대망의 해법은, 비누나 손 세정제가 피부 살균 상태를 몇 시간 동안 지속시켜 주어서 우리 모두가 각자의 일에 충실할 수 있게 되는 것이었다. 그러나 아직까지 그런 비누나 세정제는 없다. 어느 전문가는 반농담조로 최선의 방법은 손도 씻지 않고 환자도 보지 않는 것이라고까지 말한다.

우리는 늘 손쉬운 해법만을 바란다. 일거에 문제를 해결할 간단한 변화 말이다. 그러나 인생에 그런 요행은 거의 없다. 오히려 성공은 백 걸음을 가기 위해 한 걸음 한 걸음 똑바로 나아갈 때, 단 한 번의 실수도 없이 모두가 힘을 모을 때 가능한 일이다. 우리는 의료 행위라고 하면 고독하면서 지적인 소임이라고 흔히들 생각한다. 그러나 제대로 된 의료란 까다로운 진단을 내리는 것이라기보다 모두가 손 씻기를 확실히 실천하는 것에 더 가깝다.

조지프 리스터 이후 수술실의 역사가 제멜바이스 이후 수술실의 역사와 얼마나 다른가 생각해 보면 분명해진다. 수술실에서 손 세척

이행도 90퍼센트를 두고 충분하다고 여기는 사람은 하나도 없다. 만약 의사 혹은 간호사 가운데 한 사람이라도 손을 씻지 않고 수술대에 선다면 기겁할 것은 물론이고, 며칠 뒤에 그 환자가 세균에 감염됐다는 소식을 듣더라도 전혀 놀라지 않을 것이다. 리스터 이후로 우리는 기대치를 훨씬 높였다. 지금은 멸균 장갑과 가운을 비롯해 마스크, 모자의 사용을 정례화했다. 환자의 피부에 소독약을 바르고 소독포를 덮는다. 수술 도구도 고압증기 멸균기에 넣거나 혹시라도 너무 섬세해서 멸균기를 견디지 못하는 도구는 화학 멸균기를 사용한다. 지금껏 우리는 소독을 위해 수술실을 새로 단장했다. 심지어 순환간호사(circulating nurse)로 알려진 추가 인원을 수술진에 보충하기에 이르렀다. 이들의 주요 업무는 수술진의 세균 오염을 방지하는 일이다. 환자에게 예기치 못한 도구가 필요할 때마다 누군가가 소독 영역 밖으로 나가서 선반 위의 도구를 꺼내어 씻어서 갖고 올 때까지 기다릴 수는 없는 노릇이다. 그래서 고안해 낸 것이 순환간호사다. 순환간호사는 여분의 스펀지와 기구를 확보하고 수술 중 걸려 오는 전화를 받거나 서류를 처리하고, 수술진에게 필요한 도움을 준다. 일이 원활하게 진척되도록 돕는 것에서 그치는 것이 아니라 환자가 감염되지 않도록 철저한 주의를 기울인다. 순환간호사의 존재는 어떤 경우든 무균술이 최우선임을 보여 주는 증거이다.

병원에서 전염병이 확산되는 것은 무지의 문제, 즉 어떻게 할 것인가에 대한 노하우가 없어서가 아니다. 이는 실행의 문제다. 개인이 그 노하우를 제대로 이행하지 못한 탓이다. 수술실에서는 그렇게 세심한 주의를 기울이면서 왜 그 이중문 밖에서는 그렇게 못 하는지 의문이다. 수술실에서 그렇게 조심하는 바로 그 사람이 병동에서는 가장 부주의한 사람이 되는 경우가 허다하다. 내가 그들 중 한 사람이기 때문에 잘 안다. 대개는 수술실 밖에서도 수술실 안에서만큼 손 씻는 일을 철저히 지키려고 애쓰고, 또 꽤 잘하는 편이다. 그러나 실수는 한순간이다. 그리고 그런 실수가 거의 매일 벌어진다. 병실로 걸어가면서 수술에 관해 환자에게 무슨 말을 할까 궁리하거나, 병실에서 걱정스러운 표정으로 서 있을 가족들을 생각하거나, 그도 저도 아니면 레지던트가 막 들려준 농담을 떠올리다가 어느새 손바닥에 젤 짜는 것을 깜빡해버리고 만다. 손을 씻으라는 문구가 벽에 붙어 있지만 무슨 소용인가. 가끔 기억은 하지만 미처 비누를 찾을 새도 없이 환자가 손을 내밀어 인사를 하는데 그 손을 나 몰라라 하고 내치는 것도 뭣하다. 심지어 가끔은 이런 생각도 든다.

  '됐어! 늦었는데 꾸물댈 틈이 어디 있어. 게다가 이번 한 번 건너뛴다고 무슨 큰일이 나겠어?'

접근의
각도

미 재무장관과 알루미늄 회사 알코아의 최고경영자를 역임한 폴 오닐(Paul O'Neill)이 몇 해 전 펜실베이니아주 피츠버그에서 지역 보건의료

사업을 맡은 일이 있었다. 오늘은 병원 감염 문제 해결을 최우선 과제로 꼽았다. 문제 해결의 본보기를 만들고자, 그는 피터 페레이어(Peter Perreiah)라는 젊은 경영 관리자를 병상이 40개 정도 되는 피츠버그의 한 보훈병원 외과 병동에 파견했다. 그 프로젝트에 참여했던 어느 의사가 전해 준 바로는, 병원 의료진과 만난 자리에서 페레이어는 "왜 손을 씻지 않습니까?"라고 묻지 않았다. 대신 "왜 씻을 수 없습니까?"라고 물었다. 그때 가장 많이 나온 대답은 시간이 없다는 것이었다. 페레이어는 경영 관리자답게 의료진의 시간을 잡아먹는 것들을 찾아 바로잡는 일에 착수했다.

그는 가운과 장갑, 거즈, 테이프를 비롯해 의료진이 필요로 하는 물품을 침대 곁에 비치해 두는 적시 공급 시스템을 도입해 의료진이 비품을 찾느라 병실 밖으로 왔다 갔다 하는 수고를 덜어 주었다. 감염의 온상이라고 할 수 있는 청진기를 의사가 관리하는 대신 병실마다 지정된 청진기를 벽에 걸어 두도록 했다. 페레이어는 감염 확산의 요인과 청결 유지의 어려움을 줄여나가는 방안으로 수십 가지 단순화 작업을 도모했다. 말하자면 각 병실을 수술실처럼 굴러가게 만든 것이다. 입원 환자는 감염이 의심되건 아니건 간에 모두 비강 분비물 배양을 하도록 했다. 그런 식으로 의료진은 내성 박테리아 보균자를 찾아내어 그 환자에게는 우선적으로 엄격한 주의를 기울였다. '탐색 및 섬멸'이라고 부르는 전략이다. 병원 감염 가운데 사망 원인 1위인 메티실린 내성 황색포도상구균 감염률이 매달 4~6명에서 연간 4~6명으로 거의 90퍼센트 가까이 떨어졌다.

많은 용기와 격려가 있었지만 2년이 흘렀어도 그 아이디어는 기껏 그 병원의 다른 병동 한 군데로 전파된 것이 고작이었다. 페레이어가 다른 프로젝트 때문에 외과 병동을 떠나자 그 병동의 기록마저 감소하기 시작했다. 오닐은 좌절감에 사로잡혀 프로젝트를 중단했고, 근본적으로 변한 것은 아무것도 없었다.

그러나 변할 수 있다는 믿음은 사라지지 않았다. 그 프로젝트에 참여해 페레이어를 도왔던 외과의 존 로이드(Jon Lloyd)가 바통을 이어 받아 궁리를 지속하던 차에, 우연히 국제 아동 구호 단체인 세이브 더 칠드런이 베트남에서 시행하는 기아 퇴치 프로그램에 관한 기사를 접했다. 로이드가 볼 때 그 기사는 피츠버그에 필요한 교훈을 담고 있었다.

터프츠 대학교의 영양학자 제리 스터닌과 그의 아내 모니크(Jerry & Monique Sternin)가 운영하는 기아 퇴치 프로그램은 영양실조 아동들을 위한 해결책을 더는 마을 외부에서 찾지 않기로 했다. 수차례에 걸쳐 진행한 외부 전략들이 실패로 끝났기 때문이다. 영양가 풍부한 식량을 재배하고 아이들을 효율적으로 먹이는 방법이나 영양실조 퇴치를 위한 오랜 노하우가 없는 것이 아니었다. 하지만 주민 대부분은 자녀에게 무엇을 언제 먹일 것인가 같은 근본적인 문제를 그저 외부인이 하라는 대로 바꾸는 것을 탐탁지 않게 여겼다. 그래서 스터닌 부부는 내부로부터 해결책을 찾는 일에 초점을 맞추었다. 스터닌 부부는 빈곤 지역의 작은 마을을 찾아가 그들 가운데 누구네 자녀가 영양 상태가 가장 좋은지 물었다. 이를 스터닌 부부의 용어로 말하자면, 그들 가운데 누가 일반 상식을 벗어난 '긍정적 일탈'에 해당하는지 물었다. 그러고 나서 마을 주민들은 '긍정적 일탈'에 해당하는 집을 직접 찾아가 그들이 어떻게 하는지를 눈으로 확인했다.

그것은 정말이지 혁명이었다. 궁한 살림살이에도 영양 상태가 좋은 아이들이 분명 있었고, 그 아이들의 부모는 모든 면에서 흔히 통용되는 육아 상식과 거리가 먼 행동을 한다는 사실이 확인되었다. 설사를 하는데도 밥을 먹인다거나, 하루 한두 끼 푸짐하게 먹이는 것이 아니라 조금씩 자주 먹인다거나, 저급한 음식이라고 흔히 생각하는 고구마잎사귀를 밥과 함께 먹이는 방식 등을 예로 들 수 있다. 이러한 생각은 서서히 퍼지기 시작해 마침내 뿌리를 내렸고, 그 방식대로 한 결과가 어떻게 됐는지 모두가 볼 수 있도록 각 마을에 게시했다. 2년 만에 스터닌 부부가 들렀던 모든 마을에서 영양실조가 65~85퍼센트 줄어들었다.

로이드는 사람들에게 어떻게 바꾸라고 말하기보다 그 사람들이 이미 지니고 있는 역량을 활용하는 데 중점을 둔 '긍정적 일탈' 개념에 매료되었다. 2005년 3월까지 로이드와 페레이어는 피츠버그의 보훈병원 지도부에게 '긍정적 일탈' 접근 방식을 병원 감염 문제에 적용해볼 것을 권유했다. 로이드는 스터닌 부부까지 동참시켜 모든 의료 종사자들, 즉 식사 담당자, 수위, 간호사, 의사, 환자 들과 소그룹 토론회를 30분씩 개최했다. 그 팀은 매번 다음과 같은 말로 회의를 시작했다. "우리는 병원 감염 문제 때문에 이 자리에 모였습니다. 그 문제 해결을 두고 여러분이 아는 바를 듣고 싶습니다." 전문가의 권고 사항을 그린 차트도 없고 어떠한 지시도 없었다. "원칙이라는 것이 있다면, 어떤 것도 고치려 들지 말라는 것이었죠." 제리 스터닌이 말했다.

아이디어가 봇물 터지듯 쏟아져 나왔다. 사람들은 젤 용기가 있어야 하는데 없는 곳, 가운이나 장갑이 떨어지지 않게 하는 방법, 빠짐없이 손을 씻는 것은 물론이고 환자들에게도 손을 씻으라고 가르치는 간호사가 있다는 등 이런저런 이야기들을 끄집어냈다. 상당수는 누가 자신에게 방법을 물은 것이 처음이라고 했다. 사람들의 기준이 변하기 시작했다. 새로운 젤 용기 마흔 개가 당도했을 때 직원들은 직접 나서서 적합한 곳에 그것들을 설치했다. 의사가 손을 씻지 않아도 뭐라 하지 않던 간호사들이 다른 간호사들이 그렇게 한다는 이야기를 듣고 제 목소리를 내기 시작했다. 어떤 임상의는 환자를 대할 때마다 장갑을 끼는 것이 어리석다고 여기는 동료들을 설득했다. 이 아이디어가 계속 새로운 결과를 낳지는 않았다. "여덟 번째 그룹쯤 되자 하는 이야기가 다들 고만고만했어요. 하지만 설사 그것이 서른세 번째쯤 된다 해도 계속할 겁니다. 그 사람들은 남에게 자기 생각을 말한 것이 처음이었거든요. 처음으로 스스로 변화할 기회를 가진 거죠." 스터닌이 말했다.

로이드 팀은 병원 웹사이트와 소식지에 여러 아이디어와 직접 이뤄 낸 작은 성취의 사례들을 소개했다. 병원 환자들이 입원과 퇴원 시에 빠짐없이 비강 분비물 배양을 시행하는지도 세부적으로 감시했다. 매달 부서별로 결과를 게시했다. 초반에는 진전이 별로 없었지만, 그 실험을 시작한 지 1년 만에 병원 전체에서 메티실린 내성 황색포도상구균 감염률이 제로로 떨어졌다.

로버트 우드 존슨 재단과 유대교의료재단은 최근 이 지역 10여 개

병원에 이러한 접근법을 도입한 사업을 수백만 달러를 들여 출범시켰다. 로이드는 피츠버그에서의 결과가 지속될지는 두고 봐야 한다고 경고한다. 그곳에서 거둔 성공이 전국적으로 확산될지도 역시 두고 봐야 할 일이다. 그러나 지금껏 어떤 방법도 먹혀들지 않았지만, 이 방법은 병원 감염 문제를 해결하기 위해 백년 만에 나온 가장 흥미진진한 아이디어인 것만은 틀림없다.

요코와 마리노와 함께 병원을 둘러보던 중 어느 진료과를 지나갔다. 어느새 나도 그들의 시선으로 바라보기 시작한 모양이었다. 물리치료사, 환자 간병인, 간호사, 영양사, 레지던트, 의대생 들이 병실을 들락거렸는데, 개중에는 위생에 철저한 이가 있는가 하면 그렇지 못한 이도 눈에 뜨였다. 요코가 병실 여덟 곳 가운데 세 곳에는 메티실린 내성 황색포도상구균이나 반코마이신 내성 장내구균에 감염된 환자 때문에 샛노란 경고 표지가 붙어 있다고 지적했다. 그제야 비로소 내 담당 환자 하나가 여기에 있다는 사실이 떠올랐다. 노란색 경고문은 그 환자의 병실 앞에도 붙어 있었다.

62세의 그 환자는 병원에 입원한 지 거의 3주가 다 되어 갔다. 그는 다른 병원에서 한 수술이 실패해 이송되어 오던 당시 쇼크 상태였다. 나는 응급 비장 절제 수술을 시행했는데 출혈이 멈추지 않아 다시 수술실로 들어가야 했다. 그는 복부의 열린 상처 때문에 식사를 할 수가 없어 정맥주사로 영양을 공급받아야 했다. 그래도 차츰 회복세에 접어들었고, 입원한 지 사흘 만에 중환자실을 나갔다. 그 환자는 첫 감

손부터 씻는다

시 배양에서 내성 병원체에 완전한 음성 반응을 보였는데, 입원 열흘째 새로 시행한 배양검사에서 메티실린 내성 황색포도상구균과 반코마이신 내성 장내구균에 양성 반응이 나왔다. 그로부터 며칠 후 열이 38.9도까지 올라갔고 혈압은 떨어지기 시작했으며 심장박동수는 증가했다. 감염이었다. 영양을 공급하는 생명선인 중심정맥관이 감염되어 이를 빼내야 했다.

나는 병실에 붙은 그 문구를 쳐다보고 있는 그 순간까지 내가 그 감염을 일으켰을 수 있다는 사실을 한 번도 생각해 보지 않았다. 분명히 나를 포함한 우리 의료진 가운데 하나일 텐데도 말이다.

2 효율이 선택지에 없을 때

사람들은 성실함의 미덕을 과소평가한다. 아마도 '성실'이라는 단어가 주는 재미없는 느낌 때문일 것이다. 이 말에는 뜻한 바를 이루고자 부단히 노력한다는 의미가 담겨 있다. 그런데 주위의 누군가가 자신의 주된 인생 목표가 성실이라고 한다면 그 삶은 정말이지 답답하고 야심도 없어 보이지 않나. 그러나 위대한 성취의 이면에 항상 자리하는 것이 바로 이 성실한 자세다. 동시에 위험 부담이 크고 중대한 소임을 맡은 사람들이 가장 등한시하는 문제이기도 하다. 성실성은 일과 인간 행동에 대해 높은, 어쩌면 불가능해 보이는 기대치를 설정한다. 그럼에도 의료계에 몸담은 사람들 몇몇은 거의 상상도 할 수 없을 정도의 기대치를 달성해 왔다. 인도에서 목격한 소아마비 근절 캠페인 역시 그런 경우였다.

20년 넘게
공들인 탑

초기 발견 환자는 검은 머리칼이 무성한 생후 11개월짜리 사내아이였다. 아이의 엄마는 아이의 둥근 얼굴을 머리카락으로 감싸며 앞으로 빗어 내리기를 좋아했다. 가족은 인도 남부의 카르나타카주 퉁가바드라 강가에 접한 마을 움파라할라에 살고 있다. 마을은 삼면이 바짝 마른 울퉁불퉁한 바위산으로 둘러싸여 있다. 수도도 없고 전기도 거의 안 들어온다. 아이 엄마는 까막눈이고 아이 아빠도 도로표지판만 겨우 읽을 정도다. 그들은 농장 일꾼으로, 진흙으로 지은 한 칸짜리 초가집에서 세 아이와 함께 옹기종기 생활한다. 그래도 아이들의 영양 상태는 양호하고, 아이 엄마는 금과 은 귀걸이로 치장하며, 어쩌다 한 번씩 여행도 한다.

2003년 4월 이들 가족은 친척을 만나러 북부를 여행했다. 여행에서 돌아온 직후인 5월 1일, 사내아이가 고열과 함께 심한 구토 증세를 보였다. 부모는 아이를 가까운 진료소로 데려갔고 의사는 항생제 주사를 놓았다. 이틀 후 열은 내렸지만 아이는 한쪽 다리를 쓸 수 없게 되었다. 깜짝 놀란 부모는 아이를 다시 의사에게 데려갔다. 의사는 아이를 약 60킬로미터 떨어진 벨러리 지역병원으로 보냈다. 하루가 저물어 갈수록 아이의 병은 몸 전체로 퍼지기 시작했고 호흡도 점차 얕아지고 가빠졌다. 아이는 병원 침상 위에 축 늘어져 미동도 하지 않았다.

갑작스럽게 소아마비 환자가 발생했을 때 적용하는 표준 절차에 따라 그 병원의 의사는 카르나타카의 주도 벵갈루루의 세계보건기구 (WHO) 의료 관리 감독관에게 연락했다. 연락을 받은 담당자는 배양 검사를 위한 대변 표본을 채취해 이를 봄베이, 지금의 뭄바이에 위치한 국립 연구소에 보냈다. 6월 24일 마침내 연구소로부터 결과가 도착했다. 세계보건기구의 뉴델리 사무소의 젊은 기술 책임자가 그 전화를 받았다. 그동안 인도 남부 지역에서 없어졌다고 생각됐던 소아마비 환자가 확실하다는 내용이었다. 그리고 곧장 경보가 발령되었다.

세계보건기구는 전 세계에서 소아마비를 없애기 위한 캠페인을 거의 20년째 시행하고 있다. 이 캠페인이 성공한다면 인류의 가장 야심 찬 업적이 될 수도 있을 것이다. 그렇지만 이것은 가정일 뿐이다. 원래 국제기구라는 것이 걸핏하면 이 지구에 존재하는 이런저런 위협을 뿌리 뽑겠다고 원대한 포부를 늘어놓길 좋아하니까. 그러나 거의 예외 없이 실패로 끝난다. 위로부터의 지시를 따르기에는 세상은 너무 넓고 천차만별이다.

  개개의 질병을 없애려던 다른 시도들을 떠올려 보라. 1909년 새로 설립된 록펠러 재단은 구충제를 이용해 52개국에서 구충 질환을 종식시키려는 세계적 규모의 박멸 캠페인을 최초로 시작했다. 그러나 효과를 보지 못했다. 오늘날 전 세계 인구의 6분의 1인 10억 명이 장내에 기생하며 피를 빨아먹는 십이지장충에 감염돼 있다. 록펠러 재단과 미 육군의 주도로 17년간이나 지속되었던 황열병 퇴치 캠페인은 1932년 그 병원체가 인간 외부에 있다는 사실이 밝혀지면서 중단되는 운명

효율이 선택지에 없을 때

을 맞았다. 황열병 바이러스는 모기의 알에 잔존한다. 1955년 세계보건기구와 유니세프는 피부가 곪는 고통스러운 피부궤양을 유발하는 전염병인 딸기종을 근절하기 위한 캠페인을 벌였다. 실무자들은 61개국의 1억 6000만 명을 대상으로 감염자를 찾아내어 페니실린으로 치료했다. 십여 년이 지난 후, 잠복하는 무증상 감염이 계속해서 그 병을 전파시킨다는 사실이 드러나면서 캠페인은 중단되었다. 1950년대와 1960년대에는 말라리아 퇴치에 수십억 달러가 들었다. 그렇지만 지금도 매년 3억 명 이상이 이 병에 걸린다.

세계적으로 널리 퍼진 질병을 퇴치하려는 한 세기에 걸친 시도 가운데 유일한 성공작은 천연두와의 전쟁뿐이다. 이 전쟁은 소아마비 근절 캠페인만큼이나 대대적으로 시행되었지만 예방 작전은 그에 비하면 간단했다. 천연두는 물집이 생기는 두드러진 특징이 있어 한눈에 쉽게 파악할 수 있다. 환자가 발생하는 순간 의료팀이 급파되어 그 환자가 접촉했을지도 모르는 모든 사람을 면역 조치했다. '관련자 전원 예방'이라고 알려진 이 작전은 1979년까지 이 병을 근절시켰다.

소아마비 감염은 식별이 훨씬 까다롭다. 마비 환자 한 사람이 나올 때 200명에서 1000명 사이의 다른 감염 환자는 바이러스성 장염에 걸리는 정도다. 그러다가 증상이 잦아들고 나서 몇 주 동안 조용히 감염이 지속된다. 마비성 소아마비 환자가 다 그런 것은 아니다. 대변 표본을 채취해 연구실로 보내 질병 감염 여부를 적절히 검사하는 데 보통 수 주일이 걸리기 때문에 확진될 때까지 더 많은 사람이 감염된다. 따라서 소아마비 면역 조치는 천연두에 비해 훨씬 넓은 지역을 대상으로 삼게 마련이다. 게다가 천연두 면역 조치는 단 한 번에 끝나는 반면, 소아마비 면역은 한 번에 끝나는 경우가 거의 없다. 설사병을 동반한 아이들은 경구용 백신을 바로 쏟아내 버리기 때문이다. 그러므로 4~6주 간격으로 면역 조치를 반복할 필요가 있다. 비유하자면, 촛불을 끄는 것과 산불을 끄는 것의 차이라고나 할까.

　하지만 그러한 장애에도 불구하고 소아마비 근절 캠페인은 엄청난 성과를 거두었다. 정기적인 예방접종으로 서구에서 소아마비는 드문 병이 됐지만, 1980년대에도 미국과 캐나다, 유럽에서 소아마비 환자가 꾸준히 발생했고 세계 각지에서 여전히 풍토병으로 남아 있었다. 1988년에는 35만 명 이상의 마비성 소아마비가 발병했다. 그리고 적어도 7000만 명이 그 바이러스에 감염되었다. 2001년에는 환자 수가 498명에 불과했다. (아프리카와 아시아의 거의 모든 지역을 비롯해 아메리카 대륙과 유럽, 서태평양 전 지역은 현재 그 질병에서 완전히 벗어난 상태다.)

　그러나 소아마비가 완전히 근절되려던 찰나, 아시아와 아프리카의 일부 국가에서 소아마비가 발병해 국경을 넘어 퍼지면서 순식간에 재발할 위기에 처했다. 2002년 인도가 바로 그런 나라였다. 북부 지방에서 1600명의 환자가 발생했다. 그해 전 세계 환자의 5분의 4가 그곳에서 발생했다. 그럼에도 사람들은 그 병이 몇몇 북부 지역에만 해당한다고 믿었다. 그러다가 2003년 인도 남부의 한 소년이 소아마비에 걸렸다. 카르나타카주에서는 거의 3년 만에 처음 나온 환자였다. 바이러스가 퍼져 나간다면 그간의 캠페인은 끝장나고 마는 셈이었다.

　　　　　　　　　　　　　　효율이 선택지에 없을 때

소아마비
소탕 작전

6월 25일, 카르나타카의 소아마비 환자에 대한 보고가 접수된 지 하루가 채 안 되어 세계보건기구 델리 사무소 소속 내과의이자 기술 책임자인 수닐 발이 세계보건기구와 유니세프, 인도 정부 요직 인사들에게 이메일을 보냈다. 현지 사정을 맨 먼저 발 빠르게 평가하는 것이 그의 역할이었다. 수닐 발은 "환자가 발생한 지역은 카르나타카주에서도 최악의 역사를 지닌 곳입니다."라고 적었다. 카르나타카는 정기적인 예방접종도 잘 이뤄지지 않았을 뿐더러 캠페인 초창기에 소아마비 환자가 가장 많이 발생했던 곳이기도 했다. "대규모 소탕 작전의 형태로 신속하고 폭넓은 강력 조치를 취하지 않는다면 이 지역은 바이러스가 정착할 위험이 큽니다."

'소탕(mop-up)'은 새로운 환자 주변에 감염 위험이 높은 어린아이들을 모두 면역 조치하는 표적 캠페인을 뜻하는 세계보건기구의 전문용어로, 꾸준한 면역 조치를 통해 소아마비 환자가 사라졌지만 새로운 감염 환자가 발생하여 해당 질병이 재발할 위험에 처한 지역에서 행해지는 조치다. 전 주민에게 쏟아부을 백신과 자원봉사자를 확보하는 캠페인은 불과 사흘 만에 재빠르게 실행되었다.

수닐 발은 소탕 작전이 예정된 지역의 지도를 돌렸다. 거의 13만 제곱킬로미터에 달하는 지역이 포함되었다. 여름 휴가철과 축제 기간마저 고스란히 반납하고 몰두한 끝에 정부 관리들은 7월 27일을 1차

예방접종 시작일로 잡았다. 2차 접종은 한 달 뒤가 될 것이다. 인도의 세계보건기구 소아마비 근절 프로그램 운영 책임자인 텍사스주 출신의 브라이언 휠러가 나에게 세부 계획을 설명해 주었다. 인도 정부는 의료진과 자원봉사자로 구성된 인원을 모집해 조직해야 한다. 이렇게 모집된 사람들은 백신 투여 방법을 교육받고 교통편과 백신, 백신을 저온 저장할 아이스박스와 아이스팩을 제공받는다. 그러고 나면 그들은 뿔뿔이 흩어져 5세 미만 어린아이들에게 하나도 빠짐없이 백신을 접종한다. 바이러스 전파를 차단하는 데 필요한 비율, 즉 표적 인구의 90퍼센트를 채우지 못하면 계획은 실패로 간주한다.

나는 휠러에게 얼마나 많은 인력이 투입될 것인지 물었다. 휠러는 예산 서류를 살펴보며 이번 계획에서 백신 접종 인력 3만 7000명, 의료 감독관 4000명, 차량 2000대, 아이스박스 1만 8000개 이상을 지원하여, 집집마다 방문해 어린아이 420만 명에게 백신을 접종할 것이라고 말했다. 사흘 만에 말이다.

소아마비는 주로 어린아이들을 덮치는 병으로 마비 환자의 80퍼센트 이상은 5세 미만 어린아이다. 원인은 장 바이러스의 일종인 폴리오바이러스로, 입으로 들어가 감염을 일으킨다. 일단 장 내로 들어가면 장 내벽을 통과해 근처의 림프샘에 머문다. 림프샘에서 증식한 바이러스는 발열과 배탈을 일으킨 다음 대변으로 배출된다. 감염 환자들은 의복이나 멱을 감는 곳, 식수 등을 오염시킴으로써 질병을 퍼뜨린다. (이 바이러스는 몸 밖에서 60일 동안 생존이 가능하다.)

효율이 선택지에 없을 때

소아마비 바이러스가 감염시키는 신경세포는 몇 가지 유형밖에 안 되지만 바이러스에 감염된 세포는 파괴된다. 가장 치명적인 경우, 이 바이러스는 혈류를 따라 이동하여 숨을 쉬고 음식물을 삼키는 일을 주관하는 뇌 신경세포에까지 퍼지기도 한다. 그럴 경우 목숨을 부지하려면 튜브를 통해 영양분을 공급받고 기계 호흡에 의존할 수밖에 없다. 하지만 가장 흔하게 공격 대상이 되는 신경세포는 팔과 다리, 복부 근육을 관장하는 척수전각세포다. 여기에 문제가 생기면 신경이 심하게 손상되어 근 기능이 완전히 상실된다. 힘줄반사*가 소실되고 팔다리는 흐느적거리며 매달려 있을 뿐 힘을 쓰지 못한다.

소아마비에 효과가 있는 최초의 백신은 사상 최대의 임상시험을 거쳐 1955년에 도입되었다. 조너스 소크(Jonas Salk)는 그 실험에서 어린아이 44만 명에게 죽은 소아마비 바이러스로 만든 백신을, 21만 명에게는 위약 백신을 투여하고, 100만이 넘는 어린아이들은 아무런 백신 접종 없이 관리했다. 그로부터 5년이 흐른 뒤에, 앨버트 세이빈(Albert Sabin)은 당시 소아마비가 번지고 있던 인구 10만 명의 멕시코 톨루카에서 시행한 예방접종 캠페인에서 기존의 것과 다른 소아마비 백신을 사용한 결과를 발표했다. 세이빈이 사용한 백신은 소크의 주사용 백신보다 처방이 쉬운 경구용 백신이었다. 또한 그것은 약화되기는 했지만 손상되지 않은 소아마비 바이러스가 살아 있는 생(生)백신이어서 면역 작용을 할 뿐 아니라, 경미한 접촉 감염을 통해 그러한 면역 작

● 힘줄의 기계적 자극에 따라 일어나는 근육의 수축 이완을 말한다.

용을 다른 사람에게 전파하기도 했다. 불과 나흘 사이에 세이빈의 의료팀은 총 2만 6000명에 달하는 11세 미만 어린아이의 80퍼센트 이상에게 예방접종을 시행할 수 있었다. 그것은 기습이나 마찬가지였고 몇 주 내로 소아마비는 그 도시에서 자취를 감추었다.

세이빈은 이러한 조치로 국가 전체, 심지어 전 세계에서 소아마비를 퇴치할 수 있다고 주장했다. 세이빈의 아이디어를 받아들인 지도자는 쿠바의 피델 카스트로(Fidel Castro)가 유일했다. 1962년 카스트로의 혁명방어위원회는 지역 공동체 8만 2366개를 조직해 일주일 동안 전국을 돌면서 세이빈의 백신을 처방하는 예방접종 캠페인을 시행했다. 1963년 쿠바에서 발생한 소아마비 환자는 단 한 건뿐이었다.

그러한 결과에도 불구하고 세이빈의 놀라운 아이디어는 범아메리카보건기구가 아메리카 대륙에서 소아마비를 근절하려는 사업을 추진하기 시작한 1985년에야 비로소 빛을 보기 시작했다. 6년이 지나고 페루의 피치나키에 사는 두 살배기 사내아이 루이스 페르민 테노리오는 아메리카 대륙에서 마지막 소아마비 희생자가 되었다. 1988년, 캠페인의 계속된 성공에 한껏 고무된 세계보건기구는 전 세계에서 소아마비를 근절하기 위해 전력을 기울였다. 그해에 국제 로터리 클럽은 이 야심 찬 시도에 2억 5000만 달러를 지원하기로 약속했다. 이후로도 지금까지 3억 5000만 달러를 더 지원해 왔다. 유니세프는 전 세계적인 백신 생산 및 분배 체계를 구성하기로 합의했다. 그리고 미국은 그 캠페인을 질병통제예방센터의 핵심 사업 가운데 하나로 지정하여 전문 기술과 함께 상당한 추가 자금을 지원했다.

효율이 선택지에 없을 때

이러한 노력의 최대 핵심은 '국가 예방접종의 날'이었다. 각 나라에서 과거에 예방접종을 했느냐 여부와 관계없이 5세 미만 어린아이는 모두 사흘에 걸쳐 예방접종을 시행하는 것이다. 1997년 중국, 인도, 부탄, 파키스탄, 방글라데시, 태국, 베트남, 미얀마에서 어린아이 2억 5000만 명이 한 주 동안 동시에 예방접종을 마쳤다. 국가 예방접종의 날은 많게는 한 번에 어린아이 5억 명에게 예방접종을 시켰다. 전 세계 인구의 거의 10분의 1에 해당하는 수다. 이러한 노력과 발병을 조기에 탐지하는 믿을 만한 감시망을 통해 세계보건기구의 캠페인은 전 세계의 소아마비 발병률을 과거의 1퍼센트 미만으로 끌어내렸다.

놀라운 사실은 세계보건기구는 실제로 이 가운데 그 어떤 것도 할 수 있는 권한을 갖고 있지 않다는 점이다. 세계보건기구는 각국 정부에게 이래라 저래라 참견할 수 없다. 백신 접종 인력을 고용하지도 않고 백신을 배포하지도 않는다. 그저 각국 대표들 수백 명이 꾸려 나가는 제네바에 위치한 소규모 관료 조직일 뿐이다. 이들은 연례 투표를 거쳐 조직이 행할 바를 결정할 뿐 그 방법에 대해서는 논의하지 않는다. 인구 10억의 인도에서 세계보건기구는 내과의 250명을 고용해 전국 각지에서의 소아마비 감시 업무를 맡긴다. 세계보건기구가 양성해 온 유일한 내실 있는 자원은 정보와 전문 기술이다. 어떻게 이것만으로 충분한지 도무지 이해가 가지 않았다. 그리하여 나는 직접 카르나타카로 날아갔다.

바트나가르의
방식

소탕 작전이 시행된 사흘 동안 나는 판카즈 바트나가르(Pankaj Bhat-nagar)와 함께 카르나타카 곳곳을 돌아다녔다. 세계보건기구 소속 소아과 의사로 일하는 그는 작전이 제대로 실행되는지를 살피는 일을 맡았다. 배가 약간 튀어나온 40대 의사 바트나가르는 느긋하고 싹싹한 사람이었다. 델리에서 남쪽으로 향하는 항공편을 기다리는 동안 그는 아주 신중을 요하는 일이라며 그 작전을 설명했다. 세계보건기구는 소탕 작전에 상당한 자금을 분배한다. 유니세프 측에서 백신을 제공하고, 인도 로터리는 현수막을 제작하고 캠페인을 지지하고 나선다. 그러나 작전 자체를 수행하는 이들은 이들 조직에 소속된 사람들이 아니다. 백신을 접종하는 인력 수천 명을 고용하고 적절하게 훈련시켜 집집마다 파견해야 하는 사람들은 바로 인도 정부의 보건 관리들이다.

우리는 비행기로 벵갈루루까지 간 다음 기차로 밤새 8시간을 달려 사람들로 붐비는 먼지 낀 작은 도시 벨라리(움파라할라가 속해 있는 지역의 행정 중심지)에 당도했다. 그곳의 작고 이상한 사파리풍 호텔에서 바트나가르는 자신의 동료들을 아침식사 자리에 불러냈다. 400만 어린아이들의 예방접종을 감시하는 인력이 고작 네 명에 불과했다. 젊은 보건소 소장 셋과 바트나가르, 이렇게 넷이었다. 그들은 현지어인 카나다어를 할 줄 아는 유일한 사람들이었다. 보건소 소장들은 아침식사를 끝내고 담배에 불을 붙였다(인도에서는 공중보건의의 절반이 아마도 담배를 피

효율이 선택지에 없을 때

우는 것 같다). 그런 다음 바트나가르는 현황 보고를 요구했다.

초기 환자가 발견된 이래 웁파라할라에서 다른 아이 한 명이 추가
된 것을 비롯해 그 지역에서 소아마비로 확인된 환자가 4명이 더 있으
며, 바이러스 감염이 의심되어 확인 검사를 기다리는 중인 의심 환자
가 4명이라고 했다. 이들 중 하나를 뺀 나머지는 전부 벨라리에 있었
다. 소탕 작전 대상 지역으로 정해진 13곳 가운데서 말이다.

"우리는 이 지역에 감시망을 집중해야 합니다. 이곳은 이제 세계에
서 소아마비가 가장 집중적으로 전파되는 곳입니다." 바트나가르가 말
했다. 다른 의사 하나가 그 지역과 관련된 수치 자료를 보여 주며 벨라
리가 인구 296만 5459명에 촌락 542개와 소도시 9개로 구성된 지역
이라고 말했다. 남성 52퍼센트와 여성 74퍼센트가 문맹이었다. 지역
내 공중보건소에는 의사가 99명뿐이었다. 소아마비 환자는 약 60킬로
미터 떨어진 곳에 빈민가가 밀집한 소도시 시리굽파 주위로 삼각형을
이루는 촌락에 밀집되어 있다고 덧붙였다.

바트나가르는 자신이 맡을 일을 정했다. 웁파라할라는 물론이고
소아마비가 발생한 시리게레라는 마을, 의심 환자들이 있는 도시 지역
두 곳, 그리고 가옥이 민간 기업 사유지라 백신 접종 의료진의 진입에
상당한 어려움이 뒤따를 탄광 지역에서 소탕 작전의 진척 상황을 점검
하기로 했다. 바트나가르는 나머지 마을을 다른 사람들에게 맡기고, 웁
파라할라와 도시 지역은 그가 돌아가고 난 뒤 재차 철저하게 점검할
것을 당부했다. 그런 다음 무리는 뿔뿔이 흩어졌다. 오전 8시 30분 무
렵 바트나가르와 나는 길을 나섰다.

임대한 사륜구동 도요타를 타고 군데군데 움푹 팬 도로를 한 시간가량 달리자 빈랑나무 열매를 우적우적 씹던 운전자가 기다렸다는 듯이 배터리가 나갔다며 엔진이 꺼질 때마다 우리가 차를 밀어야 움직일 것 같다고 했다. 바트나가르는 이런 상황이 내심 우스운 모양이었다.

차창 밖 풍경은 뜨거운 태양에 바싹 말라 있었고 굽이진 언덕들은 사막도마뱀 같은 갈색을 띠었다. 올해는 우기마저 비껴갔다. 관개로 물을 댄 들판만 군데군데 초록이었다. 오막살이 흙집이 빼곡히 들어선 마을 시리게레까지 56킬로미터 남짓 가는 데 두 시간가량 걸렸다. 골목마다 쓰레기가 널브러져 있고 얼굴에 먼지를 뒤집어쓴 아이들은 곳곳에서 노느라 여념이 없었다. 바트나가르는 아무렇게나 늘어선 듯 보이는 집들 앞에 차를 세우게 했다. 집집마다 대문에 숫자와 'P', 날짜가 분필로 기록되어 있었다. 숫자는 가옥 번호였고, 'P'는 함께 표시된 날짜에 백신 접종 요원들이 와서 그 집에 사는 5세 미만 어린아이들을 빠짐없이 파악하고 예방접종을 했다는 의미였다.

바트나가르는 메모지를 꺼내 한 오두막집으로 성큼 걸어갔다. 그는 문 앞에 선 젊은 여자에게 아이가 몇이냐고 물었고, 하나라고 대답한 여자에게 아이를 보여 달라고 부탁했다. 여자가 아이를 찾아오자 아이의 손을 잡고 새끼손가락 손톱의 검은색 잉크 표시를 확인했다. 백신 접종 요원들이 소아마비 백신을 접종한 아이에게 해둔 표시였다. "들판에 나간 아이는 없습니까? 친척집에 보낸 아이는요?" 하고 묻자 여자가 "없어요."라고 대답했다. 바트나가르는 그 아이가 이전에 정기 예방접종을 받은 일이 있는지 물었다. 없다는 대답이 돌아왔다. 지역에

효율이 선택지에 없을 때

서 발생한 소아마비 환자 이야기는 들었는지 묻자 그렇다고 했다. 접종 요원들이 당도하기 전에 그들에 관해서 들은 적은 없었단다. 바트나가르는 고맙다는 인사를 남기고 자리를 뜨기 전에 대화 내용을 서류에 기록했다.

몇 집을 더 거치고 나서 바트나가르는 지금까지 요원들이 일을 제대로 했다고 평했다. 그렇지만 마을 주민 누구도 백신 접종 요원들의 방문 일정을 몰랐다는 게 당혹스러운 듯했다. 현수막을 내거는 것 말고도(마을에 들어섰을 때 현수막이 몇 개 걸린 것을 보기는 했다) 글을 읽지 못하는 주민들을 위해 확성기 홍보—삼륜 오토바이를 타고 거리 곳곳을 누비면서 확성기로 곧 시행할 캠페인을 알리는 녹음 테이프를 반복 재생하기—를 하기로 되어 있었다. 그러한 사전 홍보가 없다면 문을 두드리는 백신 접종 요원들을 내치는 사람도 있을 것이다.

몇 집을 더 돌아다니다가 백신 접종 팀과 마주쳤다. 샌들을 신고 푸른색 사리를 두르고 머리에 꽃을 꽂은 사회복지사와 역시 머리에 꽃을 꽂고 백신이 든 파란색 사각형 아이스박스를 어깨에 멘 대학생 자원봉사자였다. 그들은 'P'가 아니라 'X'라고 표시한 오두막집 앞에 서 있던 참이었다. 그 집의 안주인은 아이가 셋인데 그중 하나가 집에 없어 접종을 받을 수 없다고 했다. 바트나가르는 접종 요원들에게 아이스박스를 열어 보라고 했다. 그는 안에 든 아이스팩을 점검했는데, 아이스팩은 더위에도 불구하고 아직 얼린 상태 그대로였다. 바트나가르는 백신 병을 하나하나 살폈다. 아직 괜찮았다. 각각의 병에는 회색과 흰색으로 된 원형 표지가 붙어 있었다.

"이것이 뜻하는 바를 알고 있나요?"

"백신 상태가 아직 양호하다는 뜻이지요."

"백신의 유효 기간이 지나면 어떤 표시가 나타나죠?"

"표지 중앙의 흰색이 회색이나 검은색으로 변합니다."

"맞습니다." 바트나가르는 발걸음을 옮겼다.

우리는 마을에서 최근 발병한 소아마비 환자의 집으로 갔다. 생후 18개월 된 여자아이는 조용하기만 했다. 현재 임신 중인 엄마 옆에는 세 살배기 사내아이가 착 달라붙어 떨어질 줄을 몰랐다. 엄마는 여자아이를 뉘어 검사를 할 수 있게 해주었다. 다리는 양쪽 모두 미동도 없었다. 다리를 한쪽씩 들어 올려 봐도 아이의 엉덩이나 무릎, 발목에서 어떤 반응도 느껴지지 않았다. 아이는 발병한 지 겨우 4주가 지났을 뿐이다. 아이에게 아직 전염성이 있는 것이 거의 확실했다.

놀러 온 아이가 셋 있었다. 바트나가르는 아이들 손을 확인했다. 아직 누구 하나 백신을 접종하지 않은 상태였다.

우리는 다시금 사륜구동 자동차를 밀어 시동을 걸고 마을에서 외곽으로 몇 킬로미터 떨어진 시리게레의 보건소로 향했다. 페인트도 칠하지 않은 세 칸짜리 칙칙한 황갈색 건물이었다. 보건소 소장이 문 앞에서 우리를 맞았다. 다림질한 통바지와 단추 달린 반소매 셔츠 차림으로 근방에서 유일하게 대학 교육을 받은 40세가량의 이 남자는 우리 일행을 기다린 눈치였다. 소장은 차를 대접하며 담소라도 나눌 요량이었다. 하지만 바트나가르는 온통 일 얘기뿐이었다. "세부 계획서를 좀 볼 수 있을까요?" 미처 자리에 앉기도 전에 바트나가르가 물었다. 각 지역 담당자가 짜놓은 구역별 계획을 두고 하는 말이었다. 그 계획은 이번 작전을 구성하는 열쇠이기도 했다.

소장이 보여 준 세부 계획서는 마커로 그린 지도와 연필로 칸을 채운 도표가 가득한, 너덜너덜해진 종이 뭉치였다. 첫 페이지에는 3만 4144명의 인구 집단을 감당하기 위해 각각 2명의 백신 접종 요원을 한 조로 하여 22개 팀을 모집했다고 적혀 있었다. "이 인구 추정치가 제대로인지 어떻게 알죠?" 바트나가르가 물었다. 소장은 집집마다 돌며 방문 조사를 했다고 대답했다. 바트나가르는 지도를 훑어보았다. 그 지역 마을들은 15킬로미터 이상에 걸쳐 넓게 퍼져 있었다. "먼 곳에 있는 요원에게는 백신을 어떻게 보내죠?" "차로요." 소장이 대답했다. "차는 몇 대죠?" 두 대라는 대답이 돌아왔다. "어떤 차들이죠?" 한 대는 앰뷸런스고 다른 한 대는 렌터카였다. "그럼 감독관은 현장에 어떻게 갑니까?" 침묵이 감돌았다. 소장은 세부 계획서를 이리저리 뒤적거렸다. 침묵이 길게 이어졌다. 그것까지는 생각하지 못했던 모양이다.

바트나가르는 계속했다. 22개 팀이 하루에 약 100개, 사흘간 전부 300개의 아이스팩이 필요하다. "왜 아이스팩 예산을 150개로 잡았죠?" 다음 날 쓸 것을 밤사이에 미리 얼려 둔다고 소장이 대답했다. "어디서요?" 소장은 바트나가르에게 속이 깊숙한 냉장고를 보여 주었다. 바트나가르는 냉장고 문을 열고 온도계를 꺼냈다. 온도는 어는점 이상을 가리켰다. 전기가 나갔다고 소장이 말했다. "이제 어떻게 하실 작정인가요?" 발전기가 있다고 해서 보여 달라고 재촉하자 소장은 발전기도 작동하지 않는다고 실토하지 않을 수 없었다.

바트나가르의 체구는 그리 위압적이지 않았다. 한가운데로 가르마를 낸 소년 같은 그의 덥수룩한 검은 머리칼은 가끔 일부가 삐죽 튀어나와 있었다. 그의 휴대전화 벨소리는 '제임스 본드' 주제곡이었다. 차를 타고 갈 때는 차창 밖으로 지나치는 원숭이들을 가리키며 농담도 곧잘 했다. 웃을 때는 머리를 뒤로 젖히고 호방하게 웃었다. 그러나 현장에서 바트나가르의 태도는 근엄하고 과묵했다. 그는 사람들의 대답이 옳으니 그르니 말하는 법이 없었다. 그렇지만 모든 사람을 안절부절못하게 만드는 구석이 있었다. 나는 그 소장에게 그나마 잘하고 있다는 말을 해주고 싶었으나, 바트나가르는 그런 경우의 침묵을 메워줄 어떤 말도 하지 않았다.

소아마비 의심 환자 두 명이 발생한 시리굽파에서 우리는 또 다른 보건소 소장과 함께 마을을 돌았다. 시리굽파는 콘크리트 블록을 쌓아 만든 창 없는 아파트와 골강판으로 지은 녹슨 집에서 약 4만 3000명이 살고 있는 인구 밀도가 높은 소읍이었다. 우리는 물소 떼와 오토바이, 시끄럽게 울어 대는 염소와 과일 행상 들로 붐비는 좁은 거리를 헤치고 지나가야 했다. 듬성듬성 서 있는 전봇대 사이로 축 늘어진 전선들을 통해 이곳에는 전기가 공급된다는 사실을 알 수 있었다. 일부 집에서는 텔레비전 소리도 흘러나왔다.

소아마비 의심 환자 두 명은 불과 몇 달 전에 자리 잡은 작은 이슬람교도 거주지에 살았다. 집집마다 방문한 바트나가르는 그 지역에 사는 아이들 어느 누구도 정기 예방접종을 받지 않았음을 알아챘다. 일

효율이 선택지에 없을 때

부 주민들은 질문에 짤막하게 대답하거나 아예 피하려는 것으로 봐서 우리를 의심하는 눈치였다. 우리는 백신 접종 요원들이 빠뜨린 소년 하나를 발견했다. 바트나가르는 접종을 받지 않으려고 빼돌린 아이가 더 있을지 모른다고 걱정했다. 작년에 이슬람교도들 사이에서 인도 정부가 이슬람교도 남자아이들을 불임으로 만들기 위해 그 아이들에게만 다른 약을 접종한다는 소문이 나돌았다. 교육 캠페인과 면역 프로그램에 이슬람교도들의 참여가 확대되면서 소문은 잠잠해졌다. 그러나 의심이 완전히 사라진 것은 아니었다.

나중에 우리는 현지 의사와 백신 접종 팀 하나와 함께 발쿤디 마을을 걷다가 왜소한 체구의 예쁘장한 어느 여인의 집에 들렀다. 고리로 발가락을 치장한 여인이 아기를 허리짬에 느슨하게 매달고 있었다. 근처에는 서너 살쯤 되어 보이는 또 다른 남자아이가 우리 일행을 쳐다보며 서 있었다. 두 아이 모두 백신 접종을 하지 않은 터라 바트나가르가 소아마비 백신을 접종해도 되겠냐고 물었다. "안 돼요." 여인이 딱 잘라 말했다. 화를 내거나 겁이 난 표정도 아니었다. 바트나가르는 동네에서 소아마비 환자가 발생한 사실을 아는지 물었고 여인은 안다고 대답했다. 그럼에도 여인은 예방접종을 원치 않았고 이유를 물어도 끝까지 함구했다. 바트나가르는 알았다고 하면서 시간을 내주어 고맙다는 인사를 남기고 다음 집으로 향했다.

"그것으로 끝입니까?" 나는 물었다.

"네." 그가 대답했다.

그러나 현지 의사는 발걸음을 떼지 않았다. 뒤돌아봤더니 아이 엄마에게 언성을 높이는 중이었다. "몰라서 그래요? 당신 아이들 몸이 마비될 겁니다. 죽는다고요."

바로 그때 바트나가르가 화내는 것을 처음 봤다. 그는 가던 걸음을 되돌려서 의사를 제지하고 나섰다. "왜 아이 엄마에게 소리를 지릅니까?" 바트나가르가 따져 물었다. "적어도 아까는 우리 얘기를 듣기라도 했잖아요. 지금은 어떤가요? 더는 들으려고도 하지 않아요."

"저 여자는 일자무식이라고요! 어떻게 하는 것이 자식에게 옳은지 모른단 말입니다!" 바트나가르에게 공개적으로 힐책을 당하자 당황한 의사가 되쏘았다.

"그래서요? 당신이 언성을 높인다고 아무런 도움이 되지 않아요. 그뿐인가요? 우리가 사람들에게 접종을 강요한다는 소문이 퍼지면 전혀 좋을 게 없습니다." 바트나가르가 대답했다.

여태껏 접종을 거부한 이들은 거의 없었고 그것만으로도 충분하다고, 나중에 바트나가르가 설명해 주었다. 그러나 안 좋은 소문이 한 번만 돌아도 전체를 엉망으로 만들 수 있다.

원대한 목적과
현실의 한계

까다로운 질문 하나가 내내 제기되었다. 현지 의사들도 그랬고, 마을 주민들, 이 집 저 집 돌아다니는 요원들도 묻고 또 묻는 질문이었다.

왜? 정작 필요한 것은 깨끗한 물(인도에서는 설사병으로 매년 어린아이 50만 명이 사망한다), 영양 상태 개선(3세 미만 어린아이의 절반이 성장 장애를 겪는다), 효과적인 오수 정화 시스템(소아마비뿐 아니라 다른 질병 예방에도 도움이 된다), 관개시설(단 한 차례의 가뭄으로 농가가 빈곤에 허덕이는 일은 없어질 터이다)인데 이런 대대적인 소아마비 캠페인은 왜 한다는 말인가? 말라리아, 결핵, 콜레라가 발발한 마을도 있었다. 하지만 유력 인사는 수년째 발걸음 한 번 한 적이 없었다. 그래 놓고 이제 소아마비 환자 한 명 생겼다고 이 많은 인력이 총동원되다니?

빤한 대답들을 쏟아 낸다. 다 하면 되지 않느냐는 식이다. 소아마비도 퇴치하고 다른 문제도 개선해 나갈 수 있다고 말이다. 그렇지만 현실에서는 선택을 한다. 일례로, 꼬박 일주일 동안 카르나타카 북부의 의사들은 보건소를 거의 닫다시피 하고 소아마비 예방접종 업무에 전념했다.

그에 비하면 바트나가르의 답변은 좀 더 설득력 있는 편이다. 소아마비 퇴치는 그 자체로 가치 있는 일이라는 것이다. 나는 마을 사람 하나가 인도 정부나 세계보건기구에서 왜 영양실조 퇴치 노력은 하지 않느냐고 캐묻는 광경을 보았다. 바트나가르는 그들이 할 수 있는 일이 고작 거기까지라고 대답했다. "굶어 죽을 지경인데 마비까지 되면 좋을 리 없잖아요."

그렇게 보자면 실명, 암, 혹은 신장 결석까지, 우리가 씨름하는 인간의 어떤 문제에 대해서도 동일한 대답을 할 수 있다. "굶어 죽을 지경인데 신장병까지 걸리면 좋을 리 없잖아요." 그다음은 돈 문제다. 지금껏 전 세계적으로 이 캠페인에 들어간 비용이 30억 달러다. 환자 한 명당 600달러 이상이 든다. 사실을 이야기하자면 2003년 인도 정부의 보건의료 총예산은 1인당 4달러에 불과했다. 어느 관계자가 전해 준 대로라면 마지막 한 명까지 소아마비를 없애려면 2억 달러가 더 들 수도 있다. 설사 이 캠페인이 소아마비 퇴치에 성공을 거둔다고 할지라도, 그 돈을 올바른 하수시설 정비나 기본적인 의료 서비스 개선에 쏟아붓는다면 앞으로 더 많은 인명을 살릴 가능성도 분명 있다.

게다가 성공 가능성에 대한 보장도 없다. 세계보건기구는 소아마비 근절을 위한 목표 시한을 2000년에서 2002년으로, 그러다 2005년으로 연장해 왔고 지금은 다시 연장해야 할 처지다. 이처럼 지난 몇 년간 캠페인을 실시하면서 끊임없이 발생하는 환자 수백 명을 추적하느라 점점 더 많은 자금이 투입되었다. 이제 지칠 때도 됐다. 인도에서는 매년 2400만 명가량의 아기가 태어난다. 베네수엘라의 전체 인구와 맞먹는 잠재적 소아마비 희생자가 생겨난다는 이야기다. 이를 따라잡으려면 5세 미만의 모든 어린아이에게 예방접종을 실시하는 대규모 캠페인이 매년 기획되어야 한다. 사실, 비용 대비 효과를 계산하면 어느 모로 따져도 현재로서는 그 돈이 잘 쓰인다고 확언할 수 없는 실정이다.

이러한 유보적인 사항에도 불구하고, 이 캠페인은 지금껏 500만 명으로 추산되는 마비성 소아마비 환자의 발생을 예방해 왔다. 이 자체만으로도 기념비적인 업적이다. 그 병을 세상에서 완전히 몰아내겠다는 원대한 꿈은 어쩌면 터무니없는 야심일 수 있지만, 그렇다고 실현 가능성이 전혀 없는 것도 아니다. 성공만 한다면 우리 문명이 인류

효율이 선택지에 없을 때

에 줄 수 있는 몇 안 되는 혜택 중 하나를 영원토록 선사하는 셈이다. 천연두 박멸은 다가올 미래 세대에 길이 남을 선물이 될 것이고 이제 소아마비 또한 같은 길을 걷게 될지 모르는 일이다.

하지만 그렇게 되려면 마지막 남은 소아마비 환자 한 명까지 간과해서는 안 된다. 여차하면 수십만 자원봉사자의 노력과 그간 들인 수십억 달러의 자금은 무위로 돌아가 버리고 만다. 아니, 어쩌면 그보다 나쁠 수도 있다. 이 모험이 실패로 끝나면서 질병 퇴치라는 목적 자체가 의문시될 수도 있기 때문이다.

숭고한 목표를 한 꺼풀만 벗기면 거기에는 화려함과는 거리가 먼 고되고 불분명한 노동이 자리하고 있다. 소아마비 근절이 기념비적인 일이라면 이는 곧 한 치의 오차도 없는 완벽한 의료 행위를 기리는 기념비일 터이다. 원대한 꿈이 세세한 주의를 기울이는 근면성을 만났을 때 성취될 수 있는 결과를 보여 주는 기념비 말이다. 시스템은 엄연히 존재하며, 지금껏 이 시스템은 내가 인도에서 목도한 것보다 환경이 더 열악한 방글라데시, 베트남, 르완다, 짐바브웨 같은 국가에서 소아마비를 근절시켰다. 내란 중인 앙골라도 예외는 아니다. 2002년 아프가니스탄의 칸다하르에서 발생한 소아마비도 전쟁의 와중에도 세계보건기구가 주도한 소탕 작전 덕에 더 확산되지 않았다. 2006년에는 나이지리아 북부에서 새로운 소탕 작전이 펼쳐졌다. 이곳은 지금도 소아마비가 풍토병으로 남아 있고 이웃 국가들에까지 퍼지기도 한다.

바트나가르의 설명에 따르면 인도에서는 라자스탄의 타르 사막을 건너는 낙타들과 자르칸드 숲의 부족 공동체 사이를 오가는 지프

차, 홍수로 범람한 아삼과 메갈라야를 지나는 모터보트, 벵골만의 외딴 섬들을 항해하는 해군 순양함 들을 이용해 홍보 캠페인을 벌여 왔다고 한다. 이번에 소탕 작전을 펼치면서 사흘 동안 우리가 이 마을 저 마을 돌아다닌 지역은 1600킬로미터에 육박했다.

바트나가르는 쉴 새 없이 휴대전화로 업무를 지시했다. 현지 관리가 백신 접종을 실시해야 하는 인원수를 턱없이 낮게 책정한 어느 지역에서는, 아이스팩이 동날지 모르는 위험한 상황에서 바트나가르가 제공한 정보를 바탕으로 주 정부 관리들이 나서서 얼음 공장에서 각 조에 직접 배정하는가 하면 시행 일수를 하루 더 연장하기도 했다. 발쿤디 마을 외곽으로 6킬로미터가량 떨어진 곳에서는 지도에도 나와 있지 않은, 이주노동자들이 거주하는 임시 판자촌을 발견했다. 그렇지만 아이들을 검사해 보니 새끼손가락에 접종 요원들의 잉크 표시가 남아 있었다. 치트라두르가의 쇠락한 탄광촌에서도 주 정부 관리들이 회사에 미리 양해를 구해 놓은 터라 접종 요원들이 광부들의 주거지를 들락거리는 데 별문제가 없었다. 잠깐 동안 돌아다니며 여기저기서 아이들 몇 명을 발견했다. 그 아이들도 이미 백신 접종을 받은 상태였다.

작전이 마무리될 때까지 유니세프 직원들은 500만 개가 넘는 신선한 백신을 13개 지역에 배급했다. 텔레비전, 라디오, 지방신문은 공공서비스 공고문으로 도배하다시피 했다. 인도 로터리 클럽에서는 현수막 2만 5000장과 포스터 6000장, 65만 장이 넘는 전단을 제작해 배포했다. 그리고 대상 지역의 아이 420만 명 가운데 400만 명이 성공적으로 백신 접종을 받았다.

효율이 선택지에 없을 때

2005년 인도에서는 신규 소아마비 환자가 66명에 불과했다. 바트나가르와 동료들은 소아마비 퇴치라는 자신들의 목표가 마침내 목전에 다다랐다고 믿는다. 인도가 그렇다면 전 세계가 그럴지도 모른다.*

그럼에도 바트나가르와 동료들이 봉착한 난국을 부인하기는 어렵다. 바트나가르는 소아과 의사로 일하면서 접한 소아마비 환자가 천 명이 넘는다고 했다. 이 마을 저 마을, 이 도시 저 도시, 차를 타고 돌아다니는 동안에도 그는 소아마비 환자를 한눈에 집어냈다. 소아마비 환자들은 어디에나 있다는 사실을 나도 슬슬 깨닫기 시작했다. 바퀴 달린 나무판자에 깡마른 다리를 접고 앉아 구걸하는 걸인에서 한쪽 다리를 막대기 끌듯이 걷는 남자, 한쪽 팔이 쪼그라들어 옆구리에 달라붙은 행인에 이르기까지.

소탕 작전 이틀째에 우리는 카르나타카에서 소아마비 환자가 처음 발생한 움파라할라 마을에 당도했다. 초기에 발견된 소아마비 환자는 상체가 튼실하다고 해도 좋을 생후 14개월 된 사내아이였다. 처음 감염되고 며칠이 지나자 호흡은 정상으로 돌아왔다. 그러나 엄마가 아이를 눕히자 쇠약해진 양쪽 다리가 눈에 들어왔다. 간호사가 가르쳐준 운동을 꾸준히 시킨 덕에 아이의 왼쪽 다리는 기어 다닐 정도로 움직임을 회복한 상태였지만, 오른쪽 다리는 맥없이 축 처졌다.

● 2017년 기준, 전 세계에서 발생한 신규 소아마비 환자는 22명이었다. 발생 지역은 아프가니스탄과 파키스탄 두 곳이었다.

움파라할라의 노천 하수구와 진흙 범벅이 된 돼지들, 고양이처럼 몸을 웅크리고 앉은 소 떼 주변을 지나 우리는 그 사내아이에 뒤이어 발병한 이웃집 여자아이를 만났다. 당황한 표정의 커다란 얼굴과 새하얀 이, 짧은 머리칼이 인상적인 이 여자아이는 생후 18개월째로 앙증맞은 금귀걸이를 하고 황갈색 격자무늬 치마를 입고 있었다. 아이는 엄마 품에서 몸부림쳤지만 치마 밑으로 드러난 다리는 달랑달랑 흔들릴 뿐이었다. 마비된 아이를 품에 안고 땡볕 아래에 선 아이 엄마 얼굴에는 아무런 표정이 없었다. 바트나가르는 아이 엄마에게 경구용 물약을 받은 적이 있는지, 물약을 받고도 혹 먹이지 않은 것이 아닌지 조심스럽게 물었다. 아이 엄마는 딸아이가 아프기 몇 주 전에 보건 담당자가 물약을 가지고 찾아왔다고 말했다. 그러나 다른 아이들이 물약을 먹고 열이 났다는 이야기를 주변에서 전해 듣고 투약을 거부했다. 그렇게 말하는 여인을 깊은 슬픔이 감쌌다. 그녀는 땅바닥을 물끄러미 쳐다보며 도대체 영문을 모르겠다고 덧붙였다.

어찌 되었든 바트나가르는 백신 접종 요원들의 가가호호 방문을 감독하는 일을 계속해 나갔다. 그가 마지막 집까지 확인하고서야 우리는 마을을 떠났다. 자동차는 붉은 진흙 길에 난 소 수레바퀴 자국을 따라 덜컹거리며 달렸다.

"이제 소아마비가 사라지고 나면 무엇을 할 건가요?" 바트나가르에게 물었다. "글쎄요. 홍역은 늘 도사리고 있죠." 그가 대답했다.

효율이 선택지에 없을 때

3 전사자가 줄어든 진짜 이유

눈부시게 감소한
부상자 사망률

미 국방부는 화요일마다 이라크와 아프가니스탄 전쟁에서 발생한 미군 사상자 정보를 웹사이트에 업데이트한다. 이 자료에 따르면 2006년 12월 8일 기준, 현역 군인 총 2만 6547명이 부상을 당했다. 이 가운데 2662명이 사망했고 1만 839명이 목숨은 건졌지만 군 복무를 계속할 수 없게 되었다. 나머지 1만 3085명은 비교적 부상이 심각하지 않아 72시간 내에 부대에 복귀했다. 미군 의료진이 감당해야 했던 사상자 수로는 베트남전쟁 이래로 가장 부담스러운 규모이다.

2005년 9월 이라크에서 발생한 미군 교전 사망자가 2000명을 기록하자 새삼 세계의 이목이 집중되었다. 교전 사망자 수는 전쟁의 규모와 위험의 척도처럼 여겨진다. 살인 사건 발생률이 그 사회가 지닌 폭력성의 규모와 위험도를 보여 주는 잣대로 여겨지듯 말이다. 그러나 이 두 가지 수치는 모두 근거가 희박하다. 사람의 생사를 결정하는 데 (적군의 화력 이외에도) 의료 체계가 얼마나 핵심적 역할을 하는지를 간과한 수치이기 때문이다. 일례로, 미국의 살인 사건 발생률은 최근 몇 년 사이 1960년대 중반 이래로 유례없는 수준까지 떨어졌는데, 그 핵심 요인을 외상 환자 처치의 발전으로 볼 수 있다. 총상 환자 수가 늘더라도 의사들이 구하는 수가 훨씬 많아진 것이다. 총상으로 인한 사망률은 1964년 16퍼센트에서 오늘날 5퍼센트까지 감소했다.

전쟁에서도 이와 비슷한 진전을 볼 수 있다. 화력은 증가했지만 치명상은 감소했다. 미국 독립전쟁 당시 군인들은 총검과 단발소총에 맞섰고 부상자의 42퍼센트가 사망했다. 2차 세계대전에서 미군은 수류탄, 폭탄, 포탄, 기관총의 공격을 받았지만 부상자의 30퍼센트만이 사망했다. 한국전쟁이 발발한 무렵의 무기도 분명 끔찍하기는 마찬가지였지만 전투 부상자의 사망률은 25퍼센트까지 떨어졌다.

그 후 반세기 동안은 별다른 진전이 없었다. 부상자 15만 3303명과 전사자 4만 7424명을 낸 베트남전쟁과 부상자 467명과 전사자 147명을 낸 걸프전쟁(1990~91년) 동안 전투 부상자 사망률은 24퍼센트에 머물러 있었다. 부상자를 살리는 기술이 부상을 입히는 기술을 따라가지 못한 셈이다.

군은 개선 방도를 찾아야 했다. 가장 전도유망한 방법은 새로운 치

　　　　　　　　　　　　　전사자가 줄어든 진짜 이유

료법과 과학기술 개발에 초점을 맞추는 것이었다. 지난 세기 동안 눈부신 발전이 일어난 영역이기도 했다. 1차 세계대전 참전 병사들은 새로운 마취제와 혈관 수술 기법의 도움을 받았다. 2차 세계대전 병사들은 더 나은 화상 치료와 수혈 방법, 페니실린을 제공받았다. 한국전쟁에 참전한 병사들에게는 광범위한 항생 물질이 있었다. 미국은 새로운 가능성을 찾아 수억 달러를 투자했다. 혈액 대체재와 동결건조 혈장, 심각한 외상에 대한 유전자 치료법, 폐 손상을 막는 약물, 전쟁터에 나선 병사들의 바이털사인을 모니터하고 전송하는 초소형 기계 등이 개발된 것도 바로 이런 맥락에서였다.

그러나 이 가운데 결실을 약간이라도 본 분야는 거의 없다. 이라크와 아프가니스탄을 비롯한 최근의 전쟁에서 우리가 보고 있는 눈부신 성과, 즉 부상자의 치사율이 실로 역사적일 만큼 두드러진 감소를 보인 데 기여한 바는 아예 없다. 최근의 전쟁에서 미군 부상병 수가 과거 독립전쟁이나 1812년전쟁*, 미국-스페인전쟁** 중의 부상자를 모두 합친 것과 미군이 베트남전쟁에 개입한 첫 4년간의 부상자보다 많지만, 전사자 수만큼은 상당히 적은 편이다. 미군 부상자 가운데 10퍼센트만이 전사했다.

군 의료진이 어떻게 이를 달성했는가 하는 문제는 천천히 곱씹어 볼 만하다. 걸프전쟁 이래 근본적으로 새로운 기술이나 치료제가

* 나폴레옹전쟁 도중 영국의 해상 조처에 불만을 품은 미국이 영국과 벌인 전쟁.
** 쿠바의 이해관계와 카리브해 지배권을 둘러싸고 미국과 스페인 사이에 벌어졌던 전쟁.

나온 것도 아니었다. 그렇다고 의료 인력 공급이 수월했던 것도 아니다. 세계 각지의 파병지를 통틀어 2005년에 미 육군 소속 현역 군의관은 약 120명, 예비역 군의관은 200명에 불과했다. 이라크에서 싸우는 13~15만 명에 이르는 군대를 지원하는 현지 의료 인력은 일반외과의 50명과 정형외과의 10~15명이 고작이다. 더군다나 이들 의료진이 맞닥뜨리는 부상이 어디 보통의 부상인가. 그들은 사람을 망연자실케 할 정도의 부상과 씨름해 왔다.

나는 2004년 가을 워싱턴 D.C.에 위치한 월터 리드 육군의료센터에서 의사들이 '전지 회진(War Rounds)'이라고 일컫는 자리에 참관 요청을 받아 방문했을 때에야 비로소 그 부상의 정도를 실감했다. 매주 목요일 월터 리드의 외과의들은 바그다드의 육군 군의관들과 전화로 회의를 하면서 워싱턴 병원에 접수된 미군 부상자들을 검토한다.

내가 당도한 날 논의된 환자는 총상 환자 1명, 대전차 지뢰 부상자 1명, 수류탄 부상자 1명, 로켓추진 수류탄 부상자 3명, 박격포 부상자 4명, 급조폭발물° 부상자 8명, 원인 미기록 부상자 7명이었다. 이들 가운데 25세 이상인 병사는 한 명도 없었다. 그나마 부상이 가장 경미한 환자가 대규모 지뢰 폭발로 얼굴과 목에 관통상을 입은 환자였다. 그 밖의 환자 중에는 손을 부분 절단한 병사, 폭풍상해°° 로 하체 오른쪽 엉덩이가 잘리고 왼쪽 무릎 위까지 절단해 골반이 노출된 상처를 입은

● 정해진 규격이나 절차와 무관하게 제작되어 설치한 폭발물. 일명 사제폭탄.
●● 폭발에 직간접적으로 노출되었을 때 파편과 압력 등에 의한 복합적인 유형의 상해.

병사, 좌측 신장과 결장에 총상을 입은 병사, 팔 밑에 총상을 입어 겨드랑동맥과 혈관 재건술을 요하는 병사, 비장이 파열되고 두피가 벗겨지고 혀가 심하게 찢어진 병사도 있었다. 이들은 모두 끔찍하기 이를 데 없는 부상을 입었지만 모두 살아남았다.

신기술을
기다리지 않는다

사망률을 떨어뜨린 해결책이 신기술에 있지 않다면, 마찬가지로 군의관들이 특별한 기술을 지녀서 그랬던 것 같지도 않다. 마흔두 살의 종양외과의 조지 피플스는 내가 외과에 인턴으로 있던 당시 수석 레지던트였다. 피플스는 2001년 9월 세계무역센터와 미 국방부에 대한 9.11 테러 공격 직후에 외과 의료팀을 이끌고 최초로 아프가니스탄에 투입되었다. 2003년 3월, 임무를 마치고 돌아오자마자 다시 쿠웨이트에서 사막을 건너 바그다드까지 진격하는 지상군과 함께 이라크로 보내졌다.

피플스는 웨스트포인트의 미국육군사관학교를 졸업하고, 볼티모어의 존스 홉킨스 의과대학을 나와 보스턴의 브리검 여성 병원에서 외과 레지던트를 마치고, 휴스턴의 M.D. 앤더슨 암센터에서 종양외과 펠로(전임의)를 거쳤다. 마침내 모든 수련 과정을 마쳤을 때 피플스에게는 18년간 군 복무를 해야 할 의무가 남아 있었다. 나도 그렇거니와 주위의 그 누구도 피플스가 그러한 책무에 대해 불평을 늘어놓는 것을 한 번도 들은 적이 없다. 그는 1998년 월터 리드에 배정받고 이내 종양외과 과장으로 승진했다. 수련 기간 동안 그는 세 가지로 유명세를 떨쳤는데, 첫째는 그의 침착성이었고, 둘째는 지성(그는 수련 기간이 끝나기도 전에 유방암 백신 연구와 관련된 논문을 17편이나 썼다), 그리고 마지막으로 다산성. 피플스 부부는 레지던트 기간 동안 아이 다섯을 낳았다. 하지만 외상외과에 관한 특별한 전문 기술을 갖고 있지는 않았다. 피플스는 레지던트 이후로는 월터 리드에 배치되기 전까지 총상을 접하지 못했고, 월터 리드에서조차 이라크 정도로 심각한 수준의 부상은 본 적이 없었다. 당시 피플스는 주로 흉부외과 진료를 맡았다. 그런데도 피플스와 그의 의료팀은 이라크에서 역사에 남을 만큼 수많은 인명을 구했다.

"어떻게 이런 일이 가능했죠?" 피플스에게 물었다. 그의 동료들에게도 물었다. 그리고 전쟁터에서 의료팀으로 일한 적 있는 여러 사람들에게 같은 질문을 던졌다. 설명을 듣다 보니, 이들은 민간 의료계에 종사하는 우리가 기껏해야 한 번 시도할까 말까 한 어떤 노력을 지속적으로 해오고 있었다는 흥미로운 사실을 알 수 있었다. 업무의 과학적 체계 만들기, 즉 이미 갖고 있는 지식과 기술을 더 잘 활용할 수 있는 방안을 늘 연구하고 개선하는 시도가 그들에겐 일상이었다. 그들은 어마어마한 성과를 불러온, 지극히 간단하고도 진부하기까지 한 변화들에 관해 이야기해 주었다.

그 가운데 하나가 케블라* 조끼였다. 케블라라면 새로울 것이 없다. 1970년대부터 있었으니까. 도시의 경찰은 1980년대 초부터 케블

전사자가 줄어든 진짜 이유

라 조끼를 입기 시작했다. 미군은 걸프전쟁 때 이 조끼를 착용했다. 무게 7킬로그램의 케블라 방탄조끼는 폭발과 둔기 외상, 관통상으로부터 심장과 폐, 복부 장기와 같은 '인체의 핵'을 보호한다. 그러나 걸프전쟁 당시 부상 기록을 검토하던 연구자들은 부상병들이 의료 시설에 방탄조끼를 입지 않은 채 후송되고 있다는 사실을 발견했다. 부상병들은 애초부터 방탄조끼를 착용하지 않고 있었다. 곧바로 사령관들은 책임지고 병사들에게 방탄조끼를 착용시키라는 명령이 내려졌다. 조끼가 무겁다 덥다 불편하다 하면서 아무리 투덜거려도 소용없었다. 일단 병사들이 방탄조끼를 지속적으로 착용하기 시작하자 전사자 비율이 순식간에 감소했다.

이는 시스템이 굴러가는 상황을 주도면밀하게 관찰한 끝에 나온 성과였다. 또 하나의 중요한 발견도 마찬가지 과정에서 나왔다. 미 육군 산하 보든 연구소 소속 외과의인 로널드 벨러미(Ronald Bellamy) 대령은 베트남전쟁의 통계 수치를 조사하다가 헬기 후송 덕에 부상자를 병원까지 수송하는 시간이 2차 세계대전 당시 평균 11시간 이상에서 1시간 미만으로 대폭 줄어든 사실을 발견했다. 외과 처치를 받은 부상병 가운데 사망자는 3퍼센트에 불과했다. 그러나 전체 부상병 가운데 사망자는 24퍼센트에 달했다. 즉, 외과 처치를 받기까지 1시간 미만이라는 수송 시간조차 여전히 미흡하다는 소리다. 전쟁터가 아니라면, 중증 외상 환자가 이 골든아워(Golden Hour) 안에 치료를 시작할 경우 대

●　　미국 듀폰사가 개발한 고강도 인조섬유로 방탄조끼 원료로 널리 사용되고 있다.

부분은 목숨을 건질 수 있다고 외과의들은 말한다. 하지만 전투 중 입는 부상은 한층 심각하고, 특히 출혈은 상황을 더 급박하게 만든다. 따라서 전쟁터에서는 골든아워, 즉 1시간이 아니라 '금쪽같은 5분'이 주어질 뿐이라는 게 벨러미의 주장이다. 방탄조끼는 그 5분을 연장시켜 줄 수 있다.

그런데 최근에는 소규모 정예 부대가 보급선과 의료 시설로부터 멀리 떨어진 전방으로 재빠르게 이동하는 식의 작전이 중요해지면서, 부상병 후송이 더욱 어려워지고 시간 소요도 더 늘었다. 부상병 입장에서는 나아지기는커녕 더 나빠질 위험에 처했다.

그래서 육군은 2차 세계대전 시절 고립 상태에서 사용하던 이른바 '전방외과팀(FSTs, Foward Surgical Teams)' 방식으로 전환했다. 일반외과의 3명, 정형외과의 1명, 마취 간호사 2명, 일반 간호사 3명, 그 밖의 위생병과 지원 인력을 포함해 20명 정도로 구성된 소규모 의료진이다. 전방외과팀은 이라크와 아프가니스탄에서 군용 지프 여섯 대에 나눠 타고 군대를 바짝 뒤쫓아 교전지 바로 근처까지 이동했다. 그들은 간편하고 빠르게 설치할 수 있는 가벼운 이동식 천막, 일명 '드래시(DRASH)' 텐트 세 개를 들고 다녔다. 이 천막을 서로 연결하면 80제곱미터가량의 병원 시설이 세워진다. 재빠르게 심폐소생술을 실시하고 상처를 수술할 수 있는 비품이 총 다섯 개의 검정 나일론 배낭에 나뉘어 들어 있다. 각각 집중 치료 도구, 외과 전문 도구, 마취 도구, 일반외과 도구, 정형외과 도구다. 이 밖에도 소독 도구, 마취 장비, 약품, 소독포, 가운, 카테터, 피 한 방울로 일반 혈액검사는 물론 전해질과 혈액가

전사자가 줄어든 진짜 이유

스*까지 측정할 수 있는 휴대용 장치도 갖추었다. 여기서 끝이 아니다. 소형 초음파 기기와 휴대용 모니터, 휴대용 인공호흡기, 50퍼센트까지 순수한 산소를 공급하는 산소 농축기, 수혈에 필요한 충전 적혈구 20봉지, 지지대가 있는 접이식 들것 여섯 개도 휴대했다. 물론 이 의료진은 혈관조영이나 엑스레이 촬영처럼, 외과의들이 일반적으로 사용하는 수많은 기술을 쓸 수 없다. 정형외과의는 골절 여부를 판단할 때 직접 만져 보는 수밖에 없다. 그렇긴 해도 그들이 짐을 풀기 시작해서 수술대 두 개와 인공호흡기가 있는 회복용 침상 네 개를 갖춘 완벽한 병원의 면모를 구현하는 데 60분이 채 걸리지 않는다.

피플스는 제274전방외과팀을 이끌었다. 이들은 이라크 침공 당시 부대와 함께 1760킬로미터를 이동하며 나시리야, 나자프, 카르발라, 그 길을 따라 남쪽의 사막에서 몇몇 군데, 그런 다음 북쪽의 모술, 마지막으로 바그다드에서 진료를 펼쳤다. 여행 일지를 보면 의료진은 처음 몇 주 동안 미국인 사상자 132명과 이라크인 사상자 74명을 돌보았다. 이라크인 가운데 22명은 전투원이었고 52명은 민간인이었다. 평온하고 한산한 날이 있는가 하면 어떤 날은 눈코 뜰 새 없었다. 나시리야에서 하루는 중상자가 10명이나 들어왔다. 유산탄 파편에 오른쪽 다리를 다친 병사, 위와 소장과 간에 총상을 입은 병사, 담낭과 간과 횡행결장에 총상을 입은 병사, 목과 가슴과 등에 유산탄 파편이 박힌 병사, 직장

● 혈액에 용해되어 있는 산소, 이산화탄소, 질소 따위의 기체로, 혈액의 산성과 염기성의 정도를 측정할 수 있다.

에 총알 관통상을 입은 병사가 각각 1명씩이었고, 팔다리에 총상을 입은 병사가 2명이었다. 그다음 날에는 부상자 15명이 도착했다.

피플스는 새로운 시스템의 도입으로 자신과 의료진이 부상자 처치 방식이 얼마나 급격하게 바뀌었는지 설명해 주었다. 그의 팀 역시 부상병이 당도하면 그 즉시 여느 민간 외상치료센터와 같이 기본적인 상급외상소생술을 시행한다. 그렇지만 관통상 비율이 매우 높기 때문에 인명을 구하기 위한 수술 치료가 민간 외상치료센터보다 훨씬 빈번했다.(제274 전방외과팀이 봐온 사상자의 80퍼센트가 총상, 유산탄 혹은 폭풍상해에 의한 부상이었다.) 팀의 보급 물자가 한정되어 있어 병사 한 명당 수술 치료가 짧은 시간으로 제한되고 수술 후 집중치료도 여섯 시간을 넘지 않았다. 그러므로 의료진은 최종적인 치료가 아니라 손상 부위를 제어하는 응급조치에 중점을 두었다.

간 외상을 치료할 경우 의료진은 거즈 받침을 대어 출혈을 막고, 파열된 동맥에 임시 플라스틱 관을 삽입해 혈액이 찢어진 부위로 흘러 내리는 것을 막고, 구멍 난 장기를 스테이플로 찍고, 상처의 오염을 씻어내는 선에서 처리했다. 상처의 감염과 출혈을 방지하는 데 필요한 조치만 하는 것이다. 의료진은 수술도 길어야 두 시간 내로 끝내려 했다. 상처가 안정되고 나면 부상병을 다음 단계의 치료를 맡아 줄 의료진에게 실어 보냈다. 마취에서 깨지 않은 상태이거나 인공호흡기를 단 채로, 복부 상처는 거즈로 감쌌을 뿐 열어 놓은 채로, 창자 고리가 끊어지거나 혈관이 복구되지 않은 채로 후송되는 경우도 빈번했다.

전사자가 줄어든 진짜 이유

다음 단계 치료는 전투지원병원 네 곳에서 이뤄졌다. 병상 248개를 갖춘 이 병원들은 대개 수술대 6개와 특정 전문 외과 서비스, 영상의학과 시설 및 실험실도 갖추고 있다. 이동병원의 경우에도, 항공이나 견인 트레일러, 배편으로 팀 단위가 당도하여 24시간에서 48시간 내에 완벽한 제 기능을 수행할 수 있다. 전투지원병원 단계에서도 우선적 목표는 최종적인 치료가 아니다. 이곳에서의 최장 체류 기한은 3일이다. 더 오랜 치료를 요하는 미군 병사는 이른바 '4단계' 병원으로 이송된다. 쿠웨이트에 한 곳, 스페인의 로타에 한 곳이 있었지만, 가장 큰 병원은 독일의 란트스툴에 있다. 한 달 이상 치료를 요하는 환자는 주로 월터 리드나 텍사스주 샌안토니오의 브루크 육군의료센터로 이송된다. 그러나 이라크 전쟁포로나 민간인들은 회복될 때까지 전투지원병원에 남는다.

이 시스템에 익숙해지기까지는 시간이 좀 걸렸다. 어느 단계건 외과의들은 저마다 자신이 최종적인 치료까지 직접 할 수 있다고 믿었거나 아니면 다음 단계 의사를 못 미더워하며 자기 환자에게 집착했다. (어쨌든 '아무도 믿지 말라'는 신조는 우리가 외과 수련 과정을 거치면서 터득한 진리가 아니던가.) 월터 리드가 보고한 통계에 따르면, 전쟁이 터지고 처음 몇 달간은 중상을 입은 부상병, 누가 봐도 장기간의 포괄적인 치료를 요하는 환자가 전쟁터에서 미국의 치료 시설로 이송되는 데 평균 8일이 걸렸다. 그러나 외과의들은 차츰 요령을 터득해 나갔다. 이제 전지에서 미국까지 평균 후송 시간은 4일이 채 걸리지 않는다. 참고로 베트남전쟁 때는 45일이 걸렸다. 시스템은 효과를 거두었다.

워싱턴을 방문했을 때 만난 어느 비행기 조종사는 2004년 9월 11일 발라드 외곽에서 박격포 공격을 당했는데, 그로부터 불과 36시간 만에 월터 리드의 수술대 위에 누워 있었다. 양쪽 허벅지와 복부, 안면 부상을 입고 오른손엔 유산탄 파편이 박힌 극단적인 상황에서 그는 발라드의 제31전투지원병원으로 후송되었다. 지혈을 하고, 정맥주사액과 수혈로 소생 조치를 취하고, 허벅지 절단 수술에 돌입했다. 탐색적 개복 수술을 받는 도중 결장 파열이 발견되어 인공항문 수술까지 받았다. 그의 복부는 개복된 상태로 투명 비닐로 감아 봉해졌다. 의사는 자신들이 취한 조치를 메모지에 적어 그의 몸에 붙였다. 그런 다음 공군 중환자 수송팀이 그를 란트스툴로 후송했다. 독일의 육군 외과의들은 그가 회복하는 데 한 달 이상 걸릴 것으로 판단했다. 물론 살아 있을 경우에 말이다. 소생 조치가 이어지고, 재빨리 추가 세척이 이뤄지고, 그런 다음 월터 리드로 이송되었다. 그곳에서 수 주일간 집중치료와 여러 차례의 수술을 거친 끝에 그는 살아남았다. 이러한 일련의 의료 행위는 유례가 없는 것이다. 그에 따른 결과도 마찬가지로 유례가 없다. 그 정도의 부상을 당하고도 살아남는다는 것은 이전 전쟁에서는 불가능한 일이었다.

사망률은 줄어들었는지 몰라도 사람이 치러야 하는 희생은 여전히 막대하다. 그 조종사는 한쪽 다리는 무릎 위까지, 나머지 한쪽 다리는 엉덩이까지 절단했고, 오른손과 얼굴의 일부를 잃었다. 그 조종사나 그와 같은 처지의 사람들이 어떻게 인간답게 살아갈 것인가 하는 문제는 아직 미결로 남아 있다. 그는 복부 손상 탓에 혼자서는 침대에서 몸

전사자가 줄어든 진짜 이유

을 일으켜 휠체어에 올라타지 못했다. 남은 한쪽 손으로는 인공항문을 다룰 수도 없었다. 우리는 여태껏 이 정도 전신 부상을 입은 사람을 재활시켜 본 적이 없다. 어떻게 하면 그들이 가치 있는 인생을 살아갈 수 있을지, 이제 겨우 고민을 시작했을 뿐이다.

전장의 의사들이
밤새워 기록한 것

바그다드 서쪽 팔루자에서 민간인 군수업자 네 명이 살해되어 토막 난 시신이 발견된 뒤 2004년 4월 4일, 3개 해병대대가 그곳에서 활동하는 1만 5000~2만 명의 반군에게서 팔루자를 탈환하기 위한 공격을 감행했다. 그로부터 닷새 후, 극심한 전투와 이라크 당국의 항의가 이어지고 나서 미 백악관은 군대의 철수를 명했다. 그로부터 7개월이 지난 11월 9일 해병대는 또 한 차례 공격을 감행했다. 모두 합해 1만 2000 병력의 육군기계화보병 2개 대대와 해병 4개 대대가 팔루자에 위치한 이슬람교 사원 200곳과 건물 5만 동에 몸을 숨긴 저격병과 반군 세력을 상대로 시가전을 펼쳤다. 도시는 약 일주일 만에 탈환했지만 전투는 그 후로도 몇 주 동안 계속되었다. 팔루자 탈환을 위해 이렇게 두 차례의 전투를 치르면서 미군은 총 1100명이 넘는 사상자를 냈다. 반군 쪽 사상자는 여태껏 공개되지 않았다. 부상자 치료를 위해 인접 지역에 주둔해 있던 외상외과의는 20명이 채 되지 않았다. 신경외과의는 온 나라를 통틀어 2명밖에 없었다. 해병대와 육군 전방외과팀은 부상병들을 일부 받기는 했지만 곧 감당할 수 없는 지경이 되었다. 일부 부상병은 시속 320킬로미터의 블랙호크 구급 헬리콥터로 전투지원병원 몇 군데로 곧바로 후송되었고, 그 가운데 절반가량은 바그다드의 제31전투지원병원으로 실려 갔다.

보스턴에서 함께 수련 과정을 밟았던 또 한 명의 외과의 마이클 머피도 당시 그곳에서 보충병으로 근무 중이었다. 노스캐롤라이나 출신의 혈관외과의인 머피는 2004년 6월에 육군 예비군에 지원했다. 그해 10월 그는 중부 사령부로부터 호출을 받았다. "일요일에 더럼을 출발했는데, 일주일 뒤에는 호위대와 함께 M9 권총을 쥐고 이라크의 아이리시 가로 내려가고 있었지. 내가 어떤 상황에 처해 있는지 실감하지 못했어." 머피가 당시를 떠올리며 말했다.

제31전투지원병원에 도착하자마자 손에서 가방을 내려놓을 새도 없이 수술실로 불려 갔다. 복부에 유산탄 파편이 박혀 있고 두 다리를 잃은 데다 한쪽 팔은 동맥 파열로 피가 뿜어져 나오는 병사가 실려 온 참이었다. 그가 여태까지 본 가운데 최악의 부상이었다. 그곳의 내과의와 간호사, 위생병 들은 병사를 비에 젖은 강아지 감싸듯 맞아들였는데, 그들은 머피가 겪어 본 어떤 팀보다 손발이 잘 맞았다. "2주를 그렇게 보내고 났더니, 처음에는 그렇게 무섭던 팔다리 절단을 외과의로서 그 어느 때보다 편안하게 받아들이고 있더라고."

'유령의 분노' 작전으로 명명된 11월의 팔루자 무장세력 토벌 전투에 즈음하여 전투지원병원의 긴장과 피로도 극에 달했다. "부상병이 두 시간 간격으로 다섯, 열, 열다섯 명씩 들이닥쳤어." 전투지원병원에는 응급실에 침상이 25개, 수술대가 5개, 중환자 치료팀이 한 팀 있었지만 턱없이 모자랐다. 그래도 그럭저럭 해나갔다. 외과의들과 응급 내과의들은 최악의 사상자 수와 씨름했다. 가정의학과, 소아과, 심지어 안과 의사까지 동원할 수 있는 의사는 모조리 동원되어 부상이 덜한 병사들을 보살폈다. 수술실의 외과팀은 상처를 수습하는 수술 위주로 급한 불만 끄는 데 중점을 두었다. 일단 안정을 찾으면 미군 부상병은 란트스툴로 이송되었다. 환자의 3분의 1은 이라크인 부상자들이었는데 민간인이나 보안군인 경우는 이라크 병원에 자리가 날 때까지, 반군인 경우는 어느 정도 회복해 군 포로수용소로 이송될 때까지 그곳에 머물렀다. 의료진은 한창 눈코 뜰 새 없이 바쁠 때는 아무 데서나 30분 남짓 쉬면서 꼬박 48시간을 일했고, 잠시 눈을 붙였다가 일어나 다시 48시간을 일했다.

11월 전투가 시작되고 처음 6일 동안 미군 병사 609명이 부상당했다. 그럼에도 군 의료팀은 전체 사망률 10퍼센트 선을 유지했다. 두 번에 걸친 팔루자 공세 동안 의료팀은 미군 부상자 1100명 가운데 104명을 제외한 나머지 목숨을 구했다. 입이 딱 벌어질 일이다. 이런 성과는 상상을 뛰어넘는 성실성이 있었기에 가능했다. 팔루자의 부상병에 관해 남아 있는 온갖 통계 수치만 봐도 그렇다. 의료진이 그렇게 정신없고 피곤한 와중에도 짬을 내어 병사들의 부상과 치료 결과를 일지에 꼼꼼하게 기록한 것이다. 제31전투지원병원은 선임 내과의 세 명에게 자료 수집을 맡겼다. 세 사람은 각각의 사상자를 두고 75가지가 넘는 정보를 입력했다. 나중에 부상의 유형을 분석하고 그 치료가 얼마나 효과적이었지 분석하기 위해서였다. "컴퓨터 두 대가 놓인 작은 의사실이 있었어. 그들이 자료를 입력하느라 밤늦도록, 어떤 날은 이른 아침까지 남아 있던 걸 기억해." 머피가 당시를 회상했다.

정작 이곳에서는 그러한 조사를 거의 하지 않는다. 아무 병원이나 골라서 물어보라. 지난 6개월 동안 사망률과 수술 합병증 비율이 얼마였는지. 아마 대답하지 못할 것이다. 의사에게 이러한 정보를 수집하라고 요구하는 기관도 없다. 의사들로선 '그럴 시간이 어디 있어?'라는 말이 목구멍까지 차오른다. 하지만 이내 바그다드에서 그 야심한 밤에 컴퓨터 자판을 두드리는 세 의사가 떠오른다. 그 결과를 수집하는 일이 얼마나 중요했으면 밤잠을 설쳐 가며 자료 정리에 매달렸을까. 그들은 밤샘 작업을 해서라도 세부적인 치료 사항을 기록하는 것이 유일한 개선의 가능성임을 알고 있었다.

전 세계에서 소아마비를 근절하기 위해 애쓰는 세계보건기구 소속 내과의들의 밤샘 작업도, 병원 감염을 뿌리 뽑으려 노력하는 피츠버그 보훈병원 의료진의 밤샘 작업도 그것과 다르지 않다.

성과의
이면

전쟁이 계속되는 동안 의료진은 예기치 못한 상황과 숱하게 맞닥뜨려야 했다. 처음 계획보다 전쟁이 훨씬 장기화되면서 부상병 규모가 증가하고 부상의 특징도 변했다. 군 의료진이 수집한 자료는 그런 상황에서 오히려 엄청난 가치를 입증해 보였다. 예를 들어, 외상 일지를 살펴보던 외과의들은 부상으로 인한 실명이 놀랄 만큼 많다는 사실을 파악했다. 병사들은 물론 보안경을 착용하라는 지시를 받았다. 하지만 배급된 보안경은 모양이 너무 꼴사나웠다. 어느 병사의 말마따나 "플로리다 노인네에게나 어울릴" 법했다. 그리하여 군은 패션에 신경을 써봤다. 세련된 디자인의 와일리 방탄 보안경으로 바꾸자 눈 부상이 현저히 떨어졌다.

그 밖에도 군의관들은 자살폭탄 테러, 지뢰, 기타 급조폭발물이 증가 추세고 특히 다루기가 까다롭다는 사실을 알았다. 흔히 급조폭발물은 관통상과 둔기 손상, 화상을 복합적으로 일으킨다. 유산탄 파편에는 못, 나사, 흙, 의복, 심지어 공격자의 뼛조각도 포함돼 있다. 급조폭발물 공격의 부상자들은 겉보기에 사소해 보이는 여러 가지 상처로 심각한 출혈을 일으킬 수 있다. 그래서 군은 구급용품 구성에 한 손으로 환부에 지혈대처럼 죌 수 있는 응급처치용 붕대를 추가시켰다. 지혈을 촉진하도록 약품 처리한 새로운 붕대도 배포했다. 외과팀은 폭풍상해 환자의 복부 수술이나 그 밖의 조치에 앞서 거즈로 출혈 부위를 완전히 감싸는 방법을 터득했고, 수술 시 일련의 세척을 그때그때 실시해 감염 위험이 있는 파편을 충분히 제거할 수 있도록 했다.

그렇다고 군의관들이 늘 해답을 찾았다는 이야기는 아니다. 일지에는 아직 마땅한 해답을 찾지 못한 문제가 산적해 있다. 예를 들어, 이라크전쟁 초기에 방탄조끼가 상반신 상처 예방에 극적인 효과가 있음이 입증되었다. 그러나 외과의들은 급조폭발물이 방탄조끼 내부에서 위쪽으로, 그리고 겨드랑이 통풍구로 들어가 폭풍상해를 일으킨다는 사실을 발견했다. 또한 폭풍상해는 정형외과 용어로 이른바 '중증 사지 손상'을 일으켰는데, 팔다리의 연부조직과 골조직, 종종 혈관조직에까지 심각한 피해를 입혔다. 이러한 부상은 파괴적이고 치명상일 가능성이 높았다. 정형외과에서 사지 절단 여부는 가장 어려운 결정 가운데 하나다.

처음에는 결정을 내릴 때 민간 외상 척도를 참고했다. 그러나 치료 기록을 종합해 본 결과 그런 척도가 전쟁에서는 통하지 않는다는 사실이 드러났다. 전장에서의 팔다리 부상은 부상의 정도가 심하거나 다른 장기 손상과 복합적으로 일어나는 경우가 많아 민간 척도에 따라 팔다리를 구하려는 시도는 생명에 위협이 되는 과다출혈, 괴저, 패혈증으로 이어져 더 큰 위험을 초래하기 십상이었다. 나중에 뒤따르는 합병증 역시 상당한 난관으로 떠올랐다. 일례로, 심한 사지 부상과 장거리 이송 탓인 듯한 폐색전증과 심부정맥 혈전증*이 놀랄 정도로 많이 보이기 시작했다. 초기 자료를 보면 월터 리드에 도착한 부상병의 5퍼센트가 폐색전증이 발병했고, 그 가운데 두 명이 목숨을 잃었다. 뾰족한 해결책이 없었다. 복합적인 조치를 요하는 부상 환자에게 혈액응고 억제제를 투여하는 것은 현명한 처사가 아닌 듯했다.

●   하지의 정맥 내에 생긴 혈전 때문에 발생하는 질환이다. 떨어져 나온 피떡이 우심방, 우심실을 거쳐 폐동맥으로 흘러가 폐동맥을 막으면 폐색전증을 유발할 수 있다.

한편, 불가사의하게도 이라크에서 이송된 부상병들은 아시네토박터 바우마니균이라 불리는 다제 내성 박테리아 감염률이 높았다. 아프가니스탄에서 이송된 병사들에게는 이러한 감염이 나타나지 않았는데, 이 약제 내성이 항생제 사용에 의한 것인지 아니면 이 박테리아 계열이 원래 갖고 있는 특성인지는 아직 밝혀지지 않았다. 어쨌든 2004년 월터 리드로 이송된 부상병 442명에 관한 자료를 보면 8.4퍼센트에 달하는 33명이 아시네토박터균에 양성을 보였다. 유례없이 높은 비율이었다. 부상병의 상처, 인공 보철물, 카테터를 감염시킨 이 병원체는 적어도 다른 환자 3명에게 더 퍼져 나갔다. 나중에는 이라크에서 이송된 부상병은 으레 도착하자마자 격리시켜 박테리아 검사를 시행했다. 또한 의료진이 손 씻는 일을 게을리하지 않도록 단속이 이뤄졌다.

이것들은 그저 의학적 난관에 불과했다. 전황 변화가 야기한 어려움도 이에 못지않았다. 동에 번쩍 서에 번쩍 하는 뛰어난 기동성을 바탕으로 하던 군사 작전이 비교적 장기적인 수비전 양상으로 바뀌면서 전투지원병원은 점차 고정 시설로 변모해 갔다. 가령 바그다드에 주둔한 군 의료진은 그린존*의 이븐시나 병원으로 아예 둥지를 옮겼다. 이러한 변화와 더불어 치료를 원하는 이라크 민간인 수가 늘어났지만 의료 서비스를 제공하는 체계적인 정책이 없었다. 일부 병원은 자살폭탄 테러범들이 이라크 민간인 환자로 위장하고 미군 표적에 접근할까 봐

● 　바그다드는 각국 외교 사절이나 다국적군이 주둔한 특별 경계 구역인 그린존과 그 외의 위험 구역인 레드존으로 나뉘었다.

민간인 치료를 거부하기도 했다. 그런가 하면 이라크 민간인들, 특히 소아과 환자들을 받다가 인력과 물품이 턱없이 모자라 쩔쩔매는 병원도 있었다.

각 단계별로 의료진과 물품을 충당하는 일이 시급한 과제로 떠올랐다. 그러나 군이 당면한 의료 관련 요구가 증가하면서 의료 인력 공급이 점차 빠듯해졌다. 군 복무 지원에 대한 관심은 뚝 떨어졌다. 육군에 따르면 2004년 예비군에 지원한 외과의는 머피를 제외하고 14명에 불과했다. 상당수 외과의가 2차 혹은 연장 복무에 돌입했으나 그것만으로는 충분하지 않았다. 그런 까닭에 군 비뇨기과, 성형외과, 심장 흉부외과 의사들이 일반외과 영역에 투입되었다. 군 참모관들은 외과의들에 대해 또 한 차례의 복무 연장을 심사숙고하기 시작했다. 미 국방부는 의료 전문 인력 확충을 위해 더 나은 재정적 인센티브를 제공할 것이라고 발표했다. 그러나 그 전략은 성공하지 못했다. 임금 수준도 경쟁력을 갖지 못한 데다 해외 파견으로 가족과의 생이별을 감수해야 하고 일 자체도 워낙 위험하다 보니, 그 정도로는 군 입대를 장려하기에 충분하지 못했다. 2005년 중반을 기점으로 이라크전쟁과 아프가니스탄전쟁은 2차 세계대전 혹은 여타 징병이 없었던 전쟁에서의 군사 개입보다 길어졌다.* 징병을 하지 않고도 국가의 군 의료진이 괄목할 만한 실적을 거두기란 이만저만 어려운 일이 아니다.

● 　전쟁은 여전히 진행 중이다. 2018년 6월 기준, 이라크와 아프가니스탄 전쟁의 미군 전사자는 약 6700명, 부상자는 약 5만 2000명 남짓이다.

그럼에도 그들은 적어도 지금까지는 그런 실적을 거두었다. 2006년 말 기준, 여전히 의료진은 전투에서 부상당한 군인의 90퍼센트라는 믿어지지 않을 정도의 목숨을 구했다. 군의관들은 전쟁 부상자 치료를 위한 전략을 시시각각 수정했다. 그 이면에는 그저 손 놓고 앉아서 새로운 기술 개발을 기다리기보다는 당장 가지고 있는 지식과 정보를 체계화하려는, 헌신에 가까운 노력이 있었다. 고되기 그지없는 업무 환경과 개인의 영웅적인 희생도 뒤따랐다.

그 가운데 한 명은 특별히 기억해야 한다. 마크 테일러는 2001년 노스캐롤라이나에 위치한 포트 브래그 기지의 워맥 육군의료센터에서 일반외과의로 군복무를 시작했다. 수년 전 조지 워싱턴 대학교 의과대학에 진학하면서 받았던 군 장학 규정을 이행하기 위해서였다. 여느 군의관들처럼, 테일러 역시 이라크에 두 차례 파견되었다. 처음에는 2003년 2월에서 5월까지, 두 번째는 2003년 8월부터 이듬해 겨울까지였다. 제782전방외과팀 소속이었던 41세의 이 외과의는 2004년 3월 20일 팔루자 외곽에서 귀국 날짜를 불과 나흘 앞두고 막사 바깥에서 전화 통화를 하려다 로켓 추진 유탄 공격을 당했다. 소속 의료진의 필사적인 노력에도 불구하고 그는 살아나지 못했다. 이보다 더 큰 희생을 치른 의사는 없으리라.

P A R

올바름에
관하여

T   2

한때는 의사로서 가장 힘든 싸움이
기술을 터득하는 일이라고 생각했다.
하지만 아니었다.
비록 일에 자신감이 붙기 시작하려는 찰나
실패를 겪고 좌절하곤 하지만 말이다.
내가 깨달은 바로는, 의사라는 직업에서
가장 어려운 과제는
능력 안의 일과 능력 밖의 일을 아는 것이다.

4 의사와 환자 사이

탈레반 정권하의 아프가니스탄을 배경으로 하는 2001년 영화 〈칸다하르〉를 보는데 어느 남성 내과의가 여성 환자를 진찰하는 장면이 눈길을 끌었다. 두 사람 사이에는 담요 같은 검은 가림막이 드리워 있다. 한쪽에는 부르카로 머리에서 발끝까지 전신을 감싼 여자가 있다. 두 사람은 직접 대화를 나누지 않는다. 여섯 살 정도로 보이는 환자의 어린 아들이 중간에서 다리를 놓는다. 엄마가 배앓이 때문에 왔다고 꼬마는 말한다.

"먹은 것을 토했습니까?" 의사가 묻는다.

"엄마, 먹은 거 토했어요?" 꼬마가 묻는다.

"아니." 여자의 목소리는 다 들릴 정도이지만 의사는 못 들은 양 기다린다.

"아뇨." 꼬마가 의사에게 말을 전한다.

가림막에는 검사를 위해 지름 5센티미터가량의 구멍이 나 있다. "어머니께 조금 더 가까이 오시라고 하렴." 의사가 말한다. 꼬마는 말을 전한다. 여자가 입을 구멍에 갖다 대면 의사가 입안을 들여다본다. "어머니께 눈을 갖다 대시라고 하렴." 의사가 주문을 한다. 그렇게 검사가 진행된다. 이런 식으로 내외하는 것은 말할 나위 없이 예의범절 때문이다.

샤프롱을
원하십니까

외과 진료를 시작했을 당시 나는 진찰 에티켓에 대한 인식이 전혀 없었다. 미국에서는 명확한 기준이 없다. 기대치도 모호할뿐더러 이러한 주제는 온갖 위험을 내포하기도 한다. 신체 검진은 지극히 내밀한 작업이다. 의사가 환자의 벌거벗은 몸을 대할 때는, 특히 의사가 남성이고 환자가 여성인 경우 어쩔 수 없이 예의와 신뢰의 문제가 제기되게 마련이다.

이상적인 방식을 찾아낸 사람은 아직 없는 듯하다. 어느 이라크인 의사가 자기 나라에서의 신체 검진 관례를 이야기해 준 적이 있다. 그는 필요할 때는 여성 환자라도 주저 없이 꼼꼼하게 검진하지만, 의사와 환자의 성별이 다르다 보니 단둘만 있으면 아무래도 주변에서 눈살을 찌푸리게 마련이라 검진 시에는 늘 가족을 한 명 동반시킨다고 말했다. 여성은 옷을 벗지도 가운으로 갈아입지도 않는다. 대신 신체 부위를 조금씩만 드러낸다. 보호자 역할을 하는 이러한 '샤프롱'*으로 간호사가 동석하는 경우는 거의 없다고 했다. 여성 의사라면 꼭 그럴 필요가 없지만 남성 의사인 경우에는 가족이 자리를 같이하여 불미스러운 일을 미연에 방지한다는 얘기다.

베네수엘라 출신 의사를 만나 들어 보았더니, 카라카스에서는 여성 환자가 가슴이나 골반 검사를 받을 때는 의사가 여자든 남자든 상관없이 사실상 언제나 샤프롱을 동반한다. "그렇게 하면 혼란스러울 것이 없지요." 그러나 이때 샤프롱은 반드시 의료 전문가여야 한다. 그래서 가족은 검사실 밖으로 내보내고 여성 간호사를 들인다. 마땅한 샤프롱이 없거나 환자가 샤프롱을 들이기를 거부하면 아예 검진을 하지 않는다고 했다.

반면, 키예프 출신의 우크라이나인 내과 전문의는 우크라이나에서 샤프롱을 들이는 의사는 없다고 했다. 일단 샤프롱이 무엇인지부터 그에게 설명해야 했다. 그 의사는 만약 가족이 진료실에 들어오면 나가 달라고 요구한다고 했다. 환자와 의사 모두 각자 정해진 옷을 입는데, 환자는 환자대로 흰색 검진복을 입고 의사는 의사대로 흰색 가운을 걸친다. 호칭은 늘 성씨로만 부른다. 공무를 변질시키는 친근한 행

● 과거 사교 행사에서 젊은 미혼 여성의 보호자 역할을 하던 나이 든 여인을 지칭하던 단어. 의료에서 '샤프롱 제도'는 환자를 안심시키고 성적으로 부정한 행위를 미연에 방지하기 위해 동성의 간호사나 가족, 보호자 등이 동석하는 제도이다.

위는 어떤 것도 용납되지 않는다. 이러한 관행이 양자 간 신뢰를 구축하고 치료 행위를 둘러싼 오해를 사전에 불식시키는 데 충분하다고 그 의사는 믿는다.

그러고 보면 의사에게는 다양한 선택의 폭이 있다. 2003년 10월, 나는 진료 시간을 공지하고 첫 환자를 받았다. 그때 처음으로 환자와 단둘이라는 사실을 의식했다. 병실에는 감독하는 혹은 들어오기로 된 주치의도, 빙 둘러친 커튼 너머로 느껴지는 응급실 의료진의 부산함도 없었다. 환자와 나 오롯이 둘뿐이었다. 우리는 자리에 앉았다. 대화를 나눈다. 나는 병원을 찾은 경위와 과거의 건강 문제, 약물, 가족력 및 사회력에 관해 묻는다. 그러고 나면 드디어 몸을 살펴볼 시간이다.

솔직히 말하자면 볼썽사나운 순간이 없지도 않았다. 나는 검진복에 본능적인 반감을 지녔다. 우리 병원의 검진복은 몸에 맞지 않는 얇은 천이나 종이로 되어 있다. 환자 몸이 드러나 추위를 느낄 수밖에 없는 디자인이다. 나는 환자의 인격을 존중하는 차원에서 평상복을 입게 하고 검진하기로 했다. 담석 환자라고 치자. 셔츠를 입고 있으면 복부 검진을 할 때 셔츠를 들어 올렸다 내리면 그만이니 여기까지는 좋았다. 문제는 타이츠나 치마를 입은 환자였다. 내가 아는 방법이라고는 치마를 목까지 들어 올리거나 타이츠를 내리게 하는 것뿐. 나나 환자나 이게 무슨 꼴이냐는 생각을 하지 않을 수 없었다.

유방의 혹을 검사하는 일이 뭐 대수일까. 이론상으론 그랬다. 여성 환자가 브래지어를 풀고 셔츠를 들어 올리거나 단추를 풀면 되지 않나. 하지만 실제로 해보면 망측하기는 이것도 마찬가지였다. 맥박을 재

의사와 환자 사이

는 일마저 문제가 될 수 있었다. 바짓단을 아무리 밀어 올려도 대퇴맥박을 짚을 수는 없다.(대퇴동맥은 사타구니의 갈라진 부분에서 만져지니 말이다.) 그렇다고 신발 위로 바지를 내리면… 음… 아서라. 결국 나는 환자들에게 그 빌어먹을 가운을 입힐 수밖에 없었다. (그렇지만 남자들에게는 여자들에게만큼 자주 권하지는 않는다. 친한 여성 비뇨기과 의사에게 남자 환자들의 생식기나 직장을 검사할 때 가운으로 갈아입게 하는지 물어봤는데, 아니라고 했다. 그 친구도 그렇고 나도 그렇고 우리는 그냥 지퍼를 열고 바지를 내리라고 해왔다.)

서로를
믿을 수 있는가

여성 환자 검진에 샤프롱을 동석시키는 문제에서도 나는 확고한 방침이랄 것이 없었다. 골반 검사에는 늘 간호조무사에게 들어와 달라고 했지만 유방 검사는 대체로 혼자서 하는 편이었다. 직장 검사는 일관성 없이 이랬다저랬다 했다.

　동료들은 어떻게 하는지 의견을 구했고 다양한 대답을 들었다. 상당수는 골반 검사와 직장 검사, 말하자면 '허리 아래는 무조건' 샤프롱을 동석시킨다고 말했지만, 유방 검사는 그런 경우가 드물었다. 그런가 하면 유방 검사와 골반 검사에만 샤프롱을 참관시키고 직장 검사는 그냥 한다는 이도 있었다. 어떤 경우에도 샤프롱을 동석시키지 않는다는 의사도 일부 있었다. 사실, 내가 면담한 어느 산부인과 의사는 자기 과 남자 의사들 절반가량은 대개 샤프롱을 옆에 두지 않는다고 추정하기 도 했다. 그 산부인과의는 샤프롱이라는 말 자체가 불신을 전제로 하 고 있어서 싫다고 했다. 어쨌든 그 역시 골반이나 유방 검사를 할 때는 간호조무사를 들였지만, 첫 검진 이후부터는 굳이 샤프롱을 필요로 하 는 환자가 거의 없었다고 했다. 환자가 검진을 받는 동안 자매나 애인, 혹은 어머니가 동석하기를 바란다면 반대는 하지 않았다. 다만 환자의 가족인 샤프롱이 부정한 행동을 둘러싼 비난으로부터 바람막이가 되 어 주리라는 환상은 갖고 있지 않았다. 대신 그는 그때그때 환자를 보 고 샤프롱을 들이는 것이 현명한 처사인지 판단했다.

런던에서 얼마간 수련 과정을 밟은 레지던트 하나는 미국에서의 그러한 취사선택이 이상하다고 했다. "영국에서는 간호사가 없는 상 태에서 여성 환자의 배를 검진한다는 것은 있을 수도 없어요. 그런데 이곳 응급실에서는 직장 검사나 사타구니 림프샘 검사 때문에 간호사 를 들이려고 하면 저를 미쳤다고 생각하죠. 다들 '그냥 들어가서 해!'라 고 말해요. (영국에서는) 특히 젊은 여자의 유방이나 직장 검사, 심지어 대퇴맥박 검사도 샤프롱 없이 하면 바보나 멍청이로 전락합니다. 자 기 무덤 파는 행위라고 말이죠. 환자의 불평 한마디면 끝장나거든요. '발에 통증이 생겨서 왔는데 의사가 난데없이 사타구니로 돌진하지 뭐 야.' 그러면 정직 상태에서 성추행 조사를 받는 신세가 되고 맙니다."

영국의 기준은 엄격하다. 종합의료협의회(GMC)와 왕립내과의사 협회, 왕립산부인과의사협회는 '내밀한' 검진, 말하자면 가슴이나 생식기, 직장과 같은 부위의 검사를 받는 환자는 환자의 성별이나 의사의 성별과 관계없이 모두 적절한 샤프롱을 제공받아야 한다고 명시한다. 남자 의사가 여성 환자의 내밀한 신체 부위를 진찰할 때에는 반드시 샤프롱이 동석해야 한다. 이러한 샤프롱은 여성 의료진 가운데 한 명이고 샤프롱의 이름도 일지에 함께 기록되어야 한다. 환자가 샤프롱을 거부하는 경우, 검사가 분초를 다투는 경우가 아니라면 여자 내과의가 진료할 때까지 연기하게끔 되어 있다.

이러한 지침이 없는 미국에서는 환자들도 딱히 어떤 기대를 갖고 있지 않다. 분명한 점은 최소한의 기준은 마련이 되었다는 사실이다. 주의료위원회연합은 진료 이외의 목적으로 환자의 가슴이나 생식기를 만지는 것은 성적 침해 행위이며 제재가 필요한 위법 행위라고 규정했다. 그리고 환자와의 구강 접촉, 다른 사람 앞에서 환자의 자위행위 조장, 성을 대가로 의료 서비스를 제공하는 것도 마찬가지다. 접촉은 없으나 그와 마찬가지로 금지되는 성적인 부적절 행위로는, 환자에게 데이트 신청을 한다거나 환자의 성적 기호를 비판한다거나 환자의 신체나 의복에 대해 성적인 언급을 한다거나 자신의 성 경험이나 성적 환상에 대한 이야기를 꺼내는 것도 포함된다. 의과대학에서 나에게 이러한 경계를 가르쳐 준 사람이 있다고 말할 수는 없지만, 굳이 그럴 필요는 없었다고 여기고 싶다.

에티켓의
기준

진찰이란 것이 원래 애매모호하다는 사실은 올바른 행동을 보여야 하는 의사가 겪는 고초라면 고초다. 어떤 환자라도 의구심을 품을 수 있다. 의사가 정말로 거기를 만져야 했을까? 의사가 환자에게 과거의 성적 경험을 물을 때 그 의도를 확신할 수 있는 사람이 몇이나 되겠는가. 의료 전문가들이 환자를 진료하는 동안 자기도 모르게 전혀 원치 않는 방향으로 생각이 흘러 낯을 붉힌 사례가 있다는 사실은 부적절한 행위가 충분히 일어날 수 있다는 가능성을 말해 준다.

진료실 분위기는 예기치 못한 곳에 있는 문신에 대한 언급, 말 한마디, 농담 한 번에 뒤집어질 수도 있다. 내가 아는 어느 외과의가 "젖통"에 딱딱한 응어리가 만져진다며 내원한 젊은 여성 환자의 이야기를 들려준 일이 있다. 그 의사가 답변할 때 환자가 사용한 단어를 똑같이 입에 올리자 그 환자는 매우 불편해하다가 결국 불만을 토로했다. 내가 아는 어떤 여성은 골반 검사를 받는 도중 부인과 의사가 볕에 그은 자국에 대해 무심코 내뱉은 말에 화가 나 진료실을 박차고 나가 버렸다.

물론 어떻게 그리고 어디에 손을 대느냐 하는 문제, 즉 검진이란 것 자체가 어찌 보면 아슬아슬한 영역이긴 하다. 의사가 하는 일의 적절성을 환자가 의심하기 시작한다면 무언가가 잘못된 것임이 틀림없다. 그렇다면 대체 어떻게 해야 할까?

좀 더 엄격하고 일관된 직업상 기준이 필요한 이유는 숱하다. 우선 환자가 피해를 입지 않도록 보호하기 위해서다. 주의료위원회연합이 내과의들에게 내리는 징계 명령의 4퍼센트가량이 성과 관련한 위법 행위 때문이다. 내과의는 200명당 1명꼴로 의사로 재직하는 동안 환자와 연관된 성적인 비행으로 징계를 받는다. 이들 사례 가운데는 골반 검사 도중 환자와 성관계를 가진 천인공노할 경우도 있었다. 문제의 태반은 남성 의사와 여성 환자의 경우다. 사실상 이러한 범죄는 모두 샤프롱이 자리하지 않은 가운데 벌어졌다. 어떤 주에서는 보고된 사례의 약 3분의 1이 환자와 데이트를 하거나 환자와 성적으로 접촉한 경우였고, 나머지 3분의 2는 성적으로 부적절한 행위 또는 성적 접촉까지는 아니지만 어찌 되었든 부적절한 접촉을 한 경우에 해당되었다.

　　더 명확한 기준은 의사를 향한 그릇된 비난을 잠재울 수도 있다. 특히 샤프롱은 이러한 비난이 제기되었을 때 의사에게 강력한 방어책이 된다. 한편으로는 환자의 부적절한 행위를 방지해 줄지도 모른다. 1994년에 실시된 어느 조사에 따르면, 여성 의대생의 72퍼센트와 남성 의대생의 29퍼센트가 적어도 한 번쯤 환자에게서 먼저 성적인 접근을 받은 적이 있다고 대답했다. 그렇게 대답한 여성들 가운데 12퍼센트는 환자가 몸을 쓰다듬거나 덮친 경우였다.

　　이 모든 논란거리에도 불구하고, 위법 여부나 고발 같은 것이 환자 몸을 검진할 때 의사들이 고려하는 최우선 조건이 되어서는 안 된다. 저런 불상사는 드문 일이라거나(통계 수치는 드물지 않다고 말하고 있지만), 철두철미한 예방(불관용 원칙)은 사실상 불가능하다고 반박하는 목소리도 있지만, 결코 그런 논란도 핵심은 아니다. 이런 일을 예방한답시고 어쩔 수 없이 탈레반 방식을 취하다 보면 의사는 철저한 정밀 검사를 기피하게 되고 결국 환자가 그 부담을 고스란히 지게 된다는 것이 진짜 문제이다.

표준 의료 프로토콜을 강화해야 하는 가장 중요한 이유는 오로지 환자와 의사 사이의 신뢰와 이해를 키우기 위해서이다. 하얀색 가운이 사라지고 환자와 의사가 서로 이름을 부르는 등 격식을 따지지 않기 시작한 최근의 분위기는 한때 우리의 길잡이가 되어 주던 관습의 경계선을 지우고 있다. 진료실에서의 에티켓을 의사가 모르는데 환자가 어찌 알겠나? 오해가 생긴다 한들 황당해할 일인가? 우리는 낡은 관습을 내던져 버렸지만 그것을 대체할 만한 것을 아직 찾아내지 못했다.

정답은 없지만,
더 나은 선택은 있다

비뇨기과 전문의인 나의 아버지는 이러한 불확실성을 타파할 방법을 진지하게 고민해 왔다. 오하이오 남부의 작은 도시에서 개업한 아버지는 처음부터 인도계 이민자로서 이방인의 취약한 입지를 신경 쓰고 있었다. 게다가 진료실에서의 자신의 행동이 비뇨기과 의사로서 일상적이라는 점을 환자들에게 인식시킬 만한 지침도 없었다. 그러한 상황에서 아버지는 한 치의 의구심마저 떨쳐 내기 위해 무던히도 애썼다.

그 과정은 진찰에 앞서 시작된다. 아버지는 늘 하얀 가운과 넥타이 차림으로 진료실에 들어선다. 언행도 점잖게 한다. 환자들과는 허물없이 아는 사이인 경우도 종종 있고 발기부전이니 성생활이니 하는 사적인 문제에 대해서도 주저 없이 이야기를 나누지만, 어디까지나 의학적인 용어만을 철저하게 고수한다. 여성 환자가 가운을 입어야 하는 경우에는 옷을 갈아입는 동안 자리를 피한다. 검진을 할 때는 무엇을 왜 하려 하는지를 반드시 설명한다. 환자가 누운 상태에서 지퍼를 더 내려야 한다거나 단추를 끌러야 하는 경우에도 결코 돕는 법이 없다. 심지어 복부 검진을 할 때도 장갑을 벗지 않는다. 환자가 여성이거나 18세 미만인 경우에는 '내밀한' 검진이든 아니든 관계없이 여자 간호사를 샤프롱으로 입실시킨다.

아버지의 방식은 신뢰를 얻었고, 병원은 밀려드는 환자로 북새통을 이뤘다. 망측한 추문이 나돈 적은 한 번도 없었다. 나는 아버지의 환자들 상당수를 어릴 때부터 알았고, 그들은 아버지를 전적으로 신뢰하는 듯했다.

그렇지만 아버지의 방식 가운데 몇 가지는 나에게 맞지 않았다. 내 환자들은 아랫도리만큼이나 윗도리에 문제가 있을 소지가 다분하다. 게다가 일상적인 복부 검사나 겨드랑이 아래 림프샘 비대 검사에까지 샤프롱을 동석시키는 것은 내가 볼 때 터무니없다. 나는 생식기 검진을 할 때를 제외하고는 장갑도 끼지 않는다. 그럼에도 환자를 대할 때 아버지가 고수해 온 그 자세─깍듯한 말투와 복장, 겸손한 태도, 꼼꼼한 진찰─만큼은 본받으려 노력해 왔다. 나아가 아버지의 선례를 찬찬히 곱씹어 본 끝에 나의 방식에도 변화를 꾀했다. 지금은 여성 환자의 골반 검사뿐 아니라 유방이나 직장 검사에도 통상적으로 여성 간호조무사를 들인다. 그리고 이렇게 말한다. "괜찮으시다면 재니스를 부를게요. 그녀가 우리의 샤프롱이 되어 줄 거예요."

의료계에서의 성공이 어느 한순간 물거품처럼 사라질 수 있다는 사실을 깨닫고 나면 마음이 편치 않다. 의사들은 전문 지식과 기술을 겸비한 전문가로 이 세계에 발을 들여놓는다. 사소한 에티켓이 인생을 송두리째 망가뜨릴 수 있다고는 상상도 하지 못한다. 그러나 빼어난 실력만큼이나 사회적 차원의 문제 역시 중요하기 이를 데 없다. 즉, 환자를 대할 때 얼마나 허물없이 대할지 혹은 얼마나 격식을 차릴지, 얼마나 과묵할지, 얼마나 터놓을지 등의 문제 말이다. 그뿐인가. 얼마나 저자세를 취할지, 얼마나 자신만만하게 굴지, 얼마나 타산적일지까지 신경 써야 한다.

질병과 싸우는 이 일은 유전자나 세포와의 씨름이 아니라 사람들 사이 관계 설정에서부터 시작된다. 의사라는 직업이 그렇게 복잡하면서도 매력적인 것도 이 때문이다. 각각의 관계가 어떻게 설정되느냐에 따라 의사를 신뢰할 수 있는지, 환자의 말을 제대로 듣는지, 올바른 진단이 내려지는지, 적절한 치료가 이뤄지는지 여부가 달라질 수 있다. 그러나 이 영역에서 완벽한 공식이란 존재하지 않는다.

샤프롱 문제만 놓고 봐도 그렇다. 맨해튼에 사는 한 친구가 몸에 생긴 검은 반점이 걱정되어 피부과를 찾았던 일을 들려준 적이 있다.

그 친구는 30대 여성이고, 의사는 60대 남성으로 그 분야의 전문가였다. 그녀가 걱정한 반점과 함께 혹여 검진복 아래로 다른 반점이 더 있을지 검사해야 하는 때가 오자 의사는 샤프롱을 불러들였다. 이론적으로 보면 이런 조치는 환자를 안심시키기 위한 것이다. 하지만 의사가 자신의 몸을 검사하는 것을 서서 지켜보던 그 여성 보조 겸 샤프롱 때문에 친구는 도리어 구경거리가 된 것 같은 기분을 느꼈다.

"기분이 정말 묘하더라고. 샤프롱이 마치 이렇게 외치는 것 같았어. '이건 아주 긴장된 순간이야. 혹시라도 서로 이러쿵저러쿵 하는 분쟁이 생길까 봐 내가 이렇게 한쪽 구석에 잠자코 서 있는 거라고.' 그쯤 되니까 더욱 의식하게 되고 나중엔 어색함이 폭발 직전까지 갔어. 정말이지 평범한 신체 검진을 무슨 엄숙한 빅토리아 시대극으로 바꿔 버리더라니까." 친구가 말했다.

남성 의사가 샤프롱을 들이면 내밀한 검진을 받는 여성 환자가 편안하게 느낀다는 것은 과연 사실일까? 어쨌든 나는 손실보다는 이득이 크다고 확신하지만, 모르는 일이다. 그에 관한 어떤 연구도 이뤄진 바가 없으니 말이다. 이러한 공백 자체가 그동안 우리가 의료 행위에서 인간적 상호 작용이 얼마나 중요하고 또 까다로운지를 과소평가해 왔음을 여지없이 보여 준다. 에티켓에서 경제학, 분노에서 윤리학에 이르는 모든 것이 겉으로는 그저 일상적으로 보이는 진료 예약에까지 파고들고 있다. 의사와 환자의 유대는 약속과 신뢰, 그리고 희망으로 이루어진 지극히 사적인 관계다. 바로 이 점이 좋은 의사가 된다는 게 비단 의료 행위와 통계의 문제만은 아니라는 사실을 말해 준다.

의사는 잘할 뿐 아니라 올바로 해야 한다. 환자들 편에서 어떤 것이 옳은지는 명확하지 않을 수도 있다. 어떤 경우에는 도무지 오리무중이다. 여러분은 샤프롱을 진료실에 들이는가? 검진하다가 발견한 사마귀가 꺼림칙했는데 다른 의사는 나와 견해가 다를 경우에 진단을 재고하는가? 몇 가지 치료를 시도해 봤으나 예후가 좋지 않으면 끝까지 싸우는가 아니면 포기하는가? 우리는 늘 선택을 해야만 한다. 항상 옳은 선택을 할 수는 없다. 하지만 우리의 선택을 더 나은 것으로 만들 방법은 늘 존재한다.

의사와 환자 사이

5 실패를 책임질 것인가

여느 때와 다름없이 정신없는 월요일, 매사추세츠주 케임브리지의 미들섹스 카운티 지방법원에서는 형사소송 52건과 민사소송 147건이 진행 중이었다. 6A호 법정에서는 다니엘 카줄이 강간 세 차례와 폭행을 세 차례 저지른 혐의로 재판 중이었고, 10B호 법정에서는 데이비드 산티아고가 코카인 밀수와 불법 살상무기 소지 혐의로 재판을 받고 있었다. 7B호 법정에서는 차량 과실을 둘러싼 민사청구 미니핸 대 월링거 사건의 심판 일정 협의가 한창이었다. 그리고 바로 옆 7A 법정에서 케네스 리드 박사가 의료 과실 혐의로 재판정에 섰다.

리드 박사는 하버드에서 수학한 21년 경력의 피부과 의사로, 의료사고로 소송을 당하기는 그때가 처음이었다. 그날은 거의 10년 전에 있었던 두 차례의 진료와 한 차례의 전화 통화를 두고 신문을 받는 중이었다. 바버라 스탠리(당시 58세)는 1996년 여름, 왼쪽 허벅지에 생긴 지름 6밀리미터가량의 짙은 사마귀성 결절 때문에 담당 내과의로부터 리드 박사를 소개받았다. 리드는 국부 마취 상태에서 결절의 윗부분을 긁어내 생체검사를 했다. 며칠 뒤 병리과 의사의 소견서가 왔다. 피부 암, 즉 악성 흑색종이 거의 확실하다는 진단이었다. 이어진 진료에서 리드는 스탠리에게 암종을 완전히 제거해야 한다고 말했고, 그러려면 손상 조직 주변의 건강한 피부를 2센티미터까지 더 들어내야 했다. 리드는 암의 전이를 우려해 가급적 빠른 수술을 권했지만, 스탠리는 망설였다. 다리에 표시된 절제 부위는 지름이 거의 8센티미터에 걸쳐 있었고 수술을 하면 보기 흉해질 텐데 그런 수술이 꼭 필요한지 의심스러웠다. 그녀는 암으로 오진되어 불필요한 수술을 받은 친구의 이야기를 꺼냈다. 그럼에도 리드는 수술을 고집했고 논의 끝에 결국 생체검사를 한 번 더 하기로 했다. 스탠리도 검사를 위해 허벅지에 남아 있는 겉으로 보이는 종양—13밀리미터 정도—은 제거해도 좋다고 동의했다. 리드 박사도 다른 병리과 의사에게 조직을 보이고 소견을 구하는 것에 합의했다.

놀랍게도 새로운 조직 표본에서는 어떠한 암의 징후도 발견되지 않았다. 두 번째 생체검사를 담당한 윌리스 클라크 박사는 첫 번째 표본도 검사한 후 최초의 암 진단이 틀렸다는 결론을 내렸다. 클라크 박사는 흑색종 분야의 권위자다. 클라크는 "흑색종인 것 같지 않다. 하지만 그럴 가능성을 완전히 배제할 수는 없다."라고 소견서에 적었다. 리드 박사와 스탠리는 1996년 9월 중순 무렵 전화로 새로운 검사 결과를 짚고 넘어갔다. 이 사실 자체에는 의문의 여지가 없었다. 문제는 그 전화 통화의 내용이었다.

바버라 스탠리는 리드 박사가 결국 흑색종은 아니다, 즉 1차 생체 검사 결과에 대한 2차 소견이 부정적이므로 추가 수술은 필요하지 않다고 말했다고 했다. 리드 박사는 그 대화를 다르게 기억했다. "저는 바버라 스탠리에게 월리스 클라크 박사가 그것을 스피츠 모반이라는 양성 종양이라고 생각하지만 흑색종이 아니라고 100퍼센트 장담하지 못한다는 점을 말했습니다. 게다가 클라크 박사의 생각에 그 종양이 적절하게 치료되었으며 후속 치료가 필요하다는 점, 클라크 박사는 추가 수술이 긴급하다고 여기지는 않는다는 점을 설명했습니다. 뿐만 아니라 1차 병리학 소견서와 결과가 어긋나긴 해도 안심하려면 2센티미터 정도 피부를 추가로 절제하는 것이 최선책이라는 점을 바버라 스탠리에게 설명했습니다." 리드가 증언한 내용이다.

그렇지만 당시 바버라 스탠리는 애초에 오진이 난 것에 분노한 나머지 더는 수술을 받고 싶지 않다고 쏘아붙였다. "저는 그렇다면 적어도 꾸준히 후속 치료라도 받아야 한다고 강조했습니다." 그렇지만 그녀는 그 길로 발길을 끊었을 뿐 아니라, 나중에 리드 박사의 오진을 비난하면서 치료비 납부를 거부하는 분노에 찬 편지를 쓰기도 했다.

그로부터 2년이 흐르고 암종이 다시 나타났다. 바버라 스탠리는 다른 의사를 찾아갔고, 이번에는 명확한 진단이 적힌 병리학 소견서가 되돌아왔다. 피부 깊숙이 침투한 악성 흑색종이라는 진단이었다. 그녀는 애초에 완전히 절제를 했어야 했다는 이야기를 들었다. 좀 더 과감

한 수술을 받았을 때는 이미 암이 사타구니의 림프샘까지 전이된 상태였다. 1년에 걸친 화학요법을 시작했지만, 5개월이 지났을 무렵 발작이 일어났다. 암은 뇌와 왼쪽 폐까지 번져 있었다. 방사선 치료를 받았지만, 그로부터 몇 주일 후에 사망했다.

바버라 스탠리는 사망하기 직전에 병원 침상에서 변호사를 불렀다. 전화번호부에서 배리 랭(Barry Lang)이라는 의료사고 전문 변호사의 전면광고를 발견했고 바로 그날 침대 맡에서 랭을 만났다. 그녀는 케네스 리드를 고소하고 싶다고 말했다. 6년 후 랭은 바버라 스탠리의 자녀들 변호를 맡아 법정에 서서 리드를 첫 증인으로 소환했다.

법정에 선
의사

의료사고 소송은 의사의 일생에서 두려움은 물론 종종 분노를 자아내기도 하는, 그렇지만 흔하다면 흔한 사건이다. (나는 아직 정당한 의료사고 소송을 당해 본 적이 없지만, 앞날은 장담할 수 없다.) 수술이나 산부인과 같은 위험 부담이 큰 의료 행위를 하는 의사들은 평균 6년에 한 번꼴로 소송에 휘말린다. 그때마다 70퍼센트는 원고가 소송을 취하하거나 법정에서 의사의 승리로 끝이 난다. 그러나 변호사 비용이 어마어마하고 의사가 지기라도 하는 날에는 배심원 평결 배상액이 평균 50만 달러에 이른다. 자신이 근무하는 주의 소송 환경에 따라 다르지만, 일반 외과

실패를 책임질 것인가

의가 납입하는 의료 과실 보험료는 연간 3만 달러에서 30만 달러에 달한다. 신경외과와 산부인과 의사는 약 50퍼센트가량 더 낸다. 이것은 의사들 대부분이 보기에 합리적이지 못한 처사다. 의료란 어려운 작업이다. 자칫 잘못하여 저지를 수 있는 실수는 한두 가지가 아니고, 의사라면 누구나 끔찍한 실수를 저지를 가능성이 있다. 그러므로 패소할 경우 수십만 달러를 물게 되는 소송은 의사들 입장에서 억울하기 그지없다. 실제로는 실수를 저지르지 않았는데 소송당하는 경우는 말할 것도 없다.

의사라면 누구나 소송에 얽힌 황당무계한 사연 하나쯤은 갖고 있다. 소아과 의사인 어머니는 두 달 된 갓난아기가 정기검진을 할 때만 해도 건강하고 멀쩡하다가 일주일 뒤 영아돌연사증후군으로 사망하면서 소송에 휘말린 일이 있다. 영아돌연사증후군의 가장 두드러진 특징이 아무런 징후 없이 갑자기 발생하는 것임에도 불구하고, 고소인은 의사가 아이의 죽음을 미연에 방지해야 했다고 주장했다. 내 동료 가운데 하나는 췌장암에 걸린 여성 환자의 수술을 성공적으로 진행해 생명을 구했는데도 몇 년 후 소송을 당했다. 그 환자는 팔에 만성 통증이 생겼다며, 수술에서 회복하는 동안 정맥주사로 칼륨을 공급받았는데 이것이 화근이 되었다는 얼토당토않은 주장을 늘어놓았다.

나도 이런 황당한 경험이 있다. 의대 재학 시절이던 1990년, 북적거리는 케임브리지의 어느 버스정거장에 서 있었는데 지나가던 노부인이 내 발에 걸려 넘어져 한쪽 어깨가 부러졌다. 걱정되기도 하고 이후 경과가 어떤지 알았으면 싶어서 할머니에게 내 전화번호를 알려 드렸다. 그러나 할머니는 그 번호를 변호사에게 건넸고, 변호사는 의과대학의 내선 번호임을 알아채곤 나를 의료 과실로 고소하려 했다. 내가 그 할머니를 도우려 했을 때 부러진 어깨를 제대로 진단하지 못했다는 게 이유였다. 수사관이 생리학 수업을 듣던 강의실로 소환장을 갖고 들이닥쳤다. 내가 그 할머니를 치료하지 않았음은 물론이고 의대에 들어온 지 일주일밖에 안 된 햇병아리 학생이라는 사실이 밝혀지면서 법원에서 소송을 기각했다. 그러자 변호사는 내가 자전거로 자신의 의뢰인을 치었다면서 50만 달러의 소송을 제기했다. 당시 나는 자전거가 없었다. 하지만 그 사실을 입증하는 데 1년 반이라는 시간과 법률 비용 1만 5000달러가 들었다.

공교롭게도 내가 재판을 받았던 그 법정에서 리드 박사의 재판이 열렸다. 그 사실을 깨닫는 순간 온몸에 전율이 감돌았다. 물론 모두가 이 문제를 의사들과 같은 시각에서 바라보지는 않는다. 그러한 관점의 차이가 만드는 간극을 이해하고 싶었다. 법원 방청석에 들어선 나는 바버라 스탠리의 아들 어니 브로우의 옆자리에 앉았다. 브로우는 6년이나 질질 끈 재판으로 이미 지쳤다고 말했다. 워싱턴주의 어느 화학 연구소에서 근무하는 브로우는 휴가를 내는 것은 물론이고 호텔 비용이며 항공료를 대느라 저축한 돈을 써야 했다. 그 가운데 두 번은 도착하자마자 재판 날짜가 연기되기도 했다. "어머니 유언이 아니었으면 여기까지 오지도 않았을 겁니다. 하지만 돌아가시기 전에 당부하신 것이라…. 어머니는 리드 때문에 잃어버린 세월에 무척이나 분노하셨어

　　　　　　　　　　실패를 책임질 것인가

요." 브로우는 리드가 법정에 소환된 것으로도 만족해했다.

리드는 랭이 질문을 퍼붓는 동안 증인석 의자에 꼿꼿한 자세로 앉아 있었다. 리드는 당황하지 않으려 애썼다. 의료사고 소송을 당해 재판까지 갔던 소아성형외과 의사인 친구가 변호사에게 들었다며 법정에 출두할 때의 주의사항 몇 가지를 알려 준 적이 있다. 번쩍이거나 비싼 옷을 입지 말 것. 미소 짓거나 농담을 하거나 눈살을 찌푸리지 말 것. 화를 내거나 불편한 내색을 하지 말고, 너무 자신만만하거나 남을 무시하는 표정도 짓지 말 것. 그럼 대체 어떤 표정을 지으라는 말인가? 리드 박사는 그저 무덤덤한 표정을 짓기로 한 모양이었다. 그는 질문을 하나하나 분석해 가며 함정을 피하려 했지만 실수를 피하려다 보니 오히려 불안하고 방어적으로 보였다.

"흑색종은 전이되기 전에 절제하면 치료가 가능하다는 데 동의하지 않습니까?" 환자가 이런 질문을 했다면 리드는 즉각적으로 동의했을 터였다. 그러나 랭이 질문하자 리드는 확실치 않다는 듯 잠시 뜸을 들였다가 입을 열었다.

"아직 가설 단계이지요."

랭은 이런 모호한 대답을 반겼다. 리드 입장에서 가장 큰 문제는 9월 중순에 있었던 스탠리와의 전화 통화 내용을 기록해 놓지 않은 것이었다. 따라서 자신의 말에 관해 어떠한 확증도 제시할 수 없었다. 랭이 수차례 배심원에게 상기시켰다시피, 원고는 피고가 의료 과실을 범했을 수 있겠다고 의심할 만한 정황만 입증하면 된다. 배심원 12명 가운데 10명이 그런 의심을 품어 준다면 랭은 더 바랄 것이 없었다.

"당신은 8월 31일 바버라 스탠리와의 전화 통화를 기록했습니다.
맞죠?" 랭이 물었다.

"맞습니다."

"8월 1일의 대화는 비서가 정리했고요. 그렇죠?"

"그렇습니다."

"몰든 병원과의 통화도 기록했고요?"

"그렇습니다."

"9월 6일 스탠리 씨에게 감염 관련 처방전을 준 전화 통화도 기록
했습니다. 맞죠?"

"맞습니다."

"이렇듯 당신은 환자와 대화한 사실이나 전화 통화를 꼬박꼬박 기
록하려고 애쓰는 편이고, 실제로 그렇게 해왔습니다. 맞죠?"

"맞습니다."

랭은 이제 그 실마리들을 잇기 시작했다.

"당신이 말한 내용을 보면, 바버라 스탠리에게 필요했던 것은 바로
2센티미터 절제였습니다. 맞나요?"

"스탠리 씨에게 그렇게 이야기를 했습니다."

"하지만 호크먼 박사에게는 2센티미터 절제가 필요하다는 이야기
를 안 하셨지요?" 호크먼 박사는 스탠리의 담당 내과의이다.

"맞습니다."

"그런데도 당신이 스탠리 씨에게 그런 이야기를 했다고 배심원들
더러 믿으라는 건가요?"

"저는 배심원들께서 진실을 믿기를 바랍니다. 저는 바버라 스탠리에게 2센티미터 절제가 필요하다고 분명히 말했습니다."

랭은 목소리를 높였다. "당신은 스탠리 씨에게 그 사실을 얘기했어야 옳았습니다. 그렇지 않습니까?" 랭은 리드를 거의 위증자 취급했다.

"저는 분명 스탠리 씨에게 말했습니다. 여러 차례 말이죠! 하지만 그녀가 거부했습니다." 리드가 항의했다. 랭이 그에 대한 불신을 조장하려 드는 동안 리드는 분노를 억누르려고 애썼다.

"지금까지 의사로 일하면서 논문을 몇 편이나 발표하셨지요?" 초점을 달리 한 질문을 랭이 던졌다.

"세 편입니다." 리드가 대답했다.

랭은 눈을 치켜뜨고 입을 딱 벌린 채 잠시 그대로 있었다. "20년 동안 세 편을 쓰셨다고요?" 잠시 뒤 랭이 물었다. "박사님은 미용의학 쪽 일을 많이 하시죠, 아닌가요?"

배심원들이 랭이 교묘하게 빗댄 이 말을 곧이들었는지는 알 수 없었다. 아무튼 랭의 증인 신문은 소름이 끼칠 정도였다. 내가 증인대에 섰다면 어땠을지 상상이 갔다. 일이 잘 되지 않은 경우라면 이러저러한 상담 내용을 빠짐없이 기록해 놓지 않았을 테니 이를 변명하느라 진땀깨나 흘리고 있을 터였다.

랭은 땅딸막한 체구에 머리가 벗어진 남자로, 나이가 예순이지만 목청이 좋았다. 그는 한결같은 자세를 유지하며 리드의 이의 제기에 눈을 희번덕댔고, 상대에 대해 눈곱만큼의 존경이나 예의를 보이지 않았다. 가히 의료사고 전문 변호사의 전형이라 할 만했다. 한 가지 사실만 빼면 말이다.(내가 굳이 이 재판을 눈여겨보게 된 이유이기도 하다.) 배리 랭은 전직 의사였다.

랭은 20년 동안 정형외과 개업의로서 나름대로 성공을 거뒀다. 특히 소아정형외과 분야에 정통했다. 심지어 다른 의사들을 위해 법정에 전문가 증인으로 나선 전력도 있었다. 그러다가 방향을 급선회했다. 로스쿨에 진학한 뒤 의사를 그만두고 급기야 의사를 고소하는 새로운 일에 투신한 것이다. 그를 지켜보면서 내내 궁금했다. 랭은 의사의 책임에 관해 보통의 의사들과 생각을 달리하게 된 것일까?

랭을 만나러 갔다. 보스턴 시내 금융 중심가에 위치한 건물 10층에 사무실이 있었다. 그는 나를 따뜻하게 맞아 주었고, 우리는 언제 으르렁거릴지 모르는 적군이라기보다 동료 의사로서 더 많은 이야기를 나누었다. 왜 의사를 그만두고 의료사고 전문 변호사가 되었느냐고 그에게 물었다. "돈 때문이었습니까?"

랭은 웃음을 터뜨리며 법조계 진출은 "재산상으론 끔찍한 실패"였다고 말했다. 변호사 일을 처음 시작하면서는 내심 얼마간 기대를 했다. "소송을 몇 건 맡게 될 테고, 잘만 하면 의사들이 빨리 합의 보고 끝내려 할 거라고 생각했죠. 하지만 아니었어요. 제가 순진했던 거죠. 실제로 재판이 시작되기 전까지 합의 보는 사람은 아무도 없습니다. 아무리 강력한 증거가 있더라도 상관없어요. 의사들은 늘 자신이 옳다고 생각합니다. 시간을 끌면 상황도 바뀔 수 있고요. 게다가 지금 돈을 내느냐 나중에 내느냐의 문제이기도 하죠. 당신이라면 어떻게 하겠어요?"

실패를 책임질 것인가

랭이 변호사 사무실을 낸 것은 잘할 자신도 있었고 남들을 돕고 싶기도 했다. 무엇보다 23년을 의료계에 몸담았더니 완전히 고갈된 상태였다. "처음에는 '오늘은 고관절 치환술이 두 건이야, 와우!' 했던 것이 점차 '맙소사, 오늘은 고관절 치환술이 두 건이나 돼?' 하는 식으로 변해 버렸죠." 랭이 예전을 떠올리며 말했다.

랭의 아내인 재닛은 남편이 직업을 바꾸기로 결심했을 때 깜짝 놀랐다. 그도 그럴 것이 대학 재학 시절 처음 만난 날 이래로 랭이 원한 것은 오로지 의사였기 때문이다. 뉴욕의 시러큐스 의과대학을 나와 필라델피아의 램플 대학교에서 정형외과 레지던트를 마치고 매사추세츠 주 뉴베드퍼드에서 정형외과의로 바쁜 나날을 보내면서도 랭은 충만하고 다채로운 삶을 영위했다. 그가 병원에서 몇 블록 떨어진 서던뉴잉글랜드 로스쿨의 야간 수업에 등록했을 때조차 재닛은 대수롭지 않게 여겼다. 재닛이 표현하기로, 랭은 '만년 학생'이기 때문이었다. 어느 해에는 지역 단과대학에서 영문학 수업을 듣고, 어느 해에는 유대교에 관한 강의를 들었다. 랭은 조종사 수업을 받고 얼마 안 되어 곡예비행 대회에 출전하기도 했다. 로스쿨 역시 처음에는 그저 심심풀이였다. "재미 삼아 시작했죠."

그렇지만 그는 로스쿨을 마친 뒤 변호사 시험을 쳤고 면허를 땄다. 국선변호사 인증을 받은 후에는 가끔씩 궁핍한 고객을 변호하기도 했다. 그때가 나이 쉰이었다. 이미 랭은 정형외과의로 오래 일해 많은 돈을 벌었고, 슬슬 법학이 의학보다 재미있어지기 시작했다. 1997년 7월, 랭은 동업자에게 병원을 넘겼다. "그 길로 의사 일은 끝이었죠."

랭은 자신이 내세울 만한 강점이 의학 지식이라 판단하고, 의사들의 송사를 변호하는 것으로 경력을 쌓아 보려 했다. 그러나 의료사고 변호를 다루는 대형 법률회사에서는 경험이 없는 랭을 고용하지 않았다. 매사추세츠주의 의료보험사들도 사건을 의뢰하지 않았다. 그래서 랭은 자그마한 사무실을 임대해 환자들을 위한 의료사고 전문 변호사로 개업했다. 처음에는 텔레비전과 전화번호부에 "의사 출신 변호사"라는 광고를 내느라 한 달에 수천 달러씩 지출했다. 그러자 전화가 오기 시작했다. 새로운 일을 시작하고 5년 만에 마침내 랭이 맡은 사건들이 재판정에 오르기 시작했다. 지금은 의료사고 전문 변호사로 일한 지 8년째로, 그간 합의로 이끈 사건이 적어도 30건에 달한다. 재판까지 간 사건은 8건이고 대부분 승소했다.

리드의 재판이 있기 2주 전에도 또 한 건 승소를 올렸다. 담낭 수술을 받은 여성이 담낭관에 손상을 입어 수차례에 걸쳐 복원 수술을 받은 의료사고에 대한 소송으로, 40만 달러를 배상하라는 배심원 평결을 이끌어냈다. 랭은 그 배상액의 3분의 1 이상을 받았다. (매사추세츠 주법에서는 변호사가 처음 15만 달러의 40퍼센트, 그다음 15만 달러의 33.3퍼센트, 그다음 20만 달러의 30퍼센트, 50만 달러가 넘는 금액에 대해서는 25퍼센트까지 받게 되어 있다.) 현재 랭은 계류 중인 소송이 적어도 6건에 달한다. 설사 처음에는 그가 금전 문제로 돈이 쪼들렸다 하더라도 이제는 옛말이다.

실패를 책임질 것인가

교통사고와
다르지 않다

랭은 하루에 열에서 열두 통에 이르는 문의 전화를 받는다고 했다. 환자나 환자의 가족에게서 걸려 온 전화가 대부분인데, 의료사고를 취급하지 않는 변호사들이 소개하기도 한다. 하지만 대부분은 거절한다. 랭이 원하는 것은 좋은 사건이고, 좋은 사건은 두 가지를 갖추고 있어야 한다는 것이 그의 지론이다. "첫째, 의사가 주의를 태만히 한 경우여야 합니다. 둘째, 의사 때문에 피해를 입은 경우입니다." 전화로 문의해 오는 의뢰 사건들 상당수는 이 두 가지 요건을 충족시키지 못한다. "한번은 어떤 남자가 전화를 해서 이러더군요. '응급실에서 네 시간을 기다렸습니다. 나중에 온 사람들이 먼저 치료를 받더군요. 정말이지 아파 죽는 줄 알았습니다.' 제가 물었지요. '그래서 어떻게 되었는데요?' '어떻게 되긴요. 어쨌든 네 시간이나 기다리게 하는 건 너무하잖아요.' 어처구니없죠."

개중에는 부주의한 진료를 받기는 했지만 거의 피해 본 게 없는 의뢰인이 있다. 전형적인 경우를 예로 들어 보면, 어느 여성 환자가 가슴에 멍울이 만져져 병원을 찾았는데 의사는 걱정하지 않아도 된다고 했다. 안심이 안 된 여자는 다른 의사를 찾아가 생체검사를 받고 암이라는 사실을 알게 되었다. "그래서 저한테 전화해 첫 번째 의사를 고소하고 싶다고 말합니다." 랭은 말했다. "첫 번째 의사가 과실을 범한 것은 맞습니다. 그렇지만 그 때문에 무슨 피해를 입었죠? 아무런 피해가 없

119

잖아요." 그 환자는 제때 필요한 진단과 치료를 받았다.

그렇다면 예상되는 피해가 어느 정도여야 나설까? "그건 직감으로 알죠." 그가 대답했다. 소송 한 건당 랭이 들이는 경비는 대개 4만에서 5만 달러에 이른다. 그런 까닭에, 가령 치과 관련 소송 따위는 가급적 맡지 않는다. "기껏 이빨 하나 잃어버린 것을 갖고 배심원들이 저에게 5만 달러를 주겠습니까? 대답은 뻔하죠." 피해는 클수록 좋다. 어떤 변호사의 말을 그대로 옮기자면, "전화번호 정도는 되어 주어야 합니다." 피해액이 일곱 자릿수, 즉 100만 달러 이상이어야 한다는 것이다.

고려할 사항을 한 가지 더 꼽자면, 원고가 배심원들에게 어떻게 비칠까 하는 점이다. 서류상으로 완벽한 소송 조건을 갖춘 경우일지라도, 랭은 배심원의 마음속 소리에 귀 기울인다. '이 사람은 표현이 조리가 있는가? 남의 눈에 비합리적이거나 이상하게 비치지는 않는가?' 말이 나왔으니 하는 얘기지만, 내가 이야기를 나눈 의료사고 전문 변호사들은 손해배상을 받아 내는 데 있어서 의료적 손상뿐 아니라 원고의 인간성이 핵심적인 요소라고 이구동성으로 말했다. 사우스캐롤라이나주 찰스턴에서 승승장구하는 법정변호사인 버넌 글렌(Vernon Glenn)은 이렇게 말했다. "가장 이상적인 고객은 우리와 사회적, 정치적, 문화적 배경이 맞는 사람이라고 할 수 있지요."

글렌은 사우스캐롤라이나주 렉싱턴 카운티에서 자신이 담당한 소송 이야기를 들려주었다. 렉싱턴 카운티라고 하면 2004년 대통령 선거에서 72퍼센트가 조지 W. 부시를 찍었고 사회적으로 보수적 색채가 짙은 독실한 기독교 지역으로, 의료 소송 변호사를 바라보는 배심원들

실패를 책임질 것인가

의 시선이 곱지 않다. 그러나 글렌이 맡은 사건의 원고는 의료사고로 남편을 잃고 어린 자식이 셋 딸린 30대 백인 여성에 기독교 신자였다. 39세의 성실한 트럭 정비공이던 남편은 흔한 담낭 수술을 받다가 장에 상처가 났는데 의사들이 미처 이를 발견하지 못했다. 그녀는 퇴원 후 남편의 통증이 심해지자 병원에 여러 차례 전화했지만 진통제를 더 먹이라는 대답만 들었다. 결국 남편은 사망하고 말았다. 여자는 말을 조리 있게 했고 매력적이었지만 배심원이 혹할 만큼 미인은 아니었다. 분노하거나 복수심에 불타지도 않았다. 그저 누가 봐도 도움을 필요로 하는, 안타깝고 슬픈 미망인이었다. 그 가족이 영어를 못했다거나, 남편에게 오랜 정신병 병력이나 알코올중독 혹은 흡연 이력이 있었다거나, 과거에 소송에 연루된 사실이나 범죄 기록이 있었더라면 글렌은 소송을 맡지 않았을지도 모른다. 누구 말마따나 "그 여성은 완벽한 고객에 가까웠어요." 피고 측은 재판을 하루 앞두고 240만 달러에 합의했다.

매주 걸려 오는 전화 60통 가운데 랭이 다음 단계로 넘어가서, 의사가 주의를 태만히 한 결정적인 증거를 찾아 의료 기록을 검토하는 경우는 두 건 정도에 불과하다. 수많은 법률회사는 초기 검토 작업을 맡아서 하는 간호사나 전문간호사를 고용한다. 그러나 랭은 직접 모든 기록을 수집하고 시간대별로 배열하고 하나하나 검토한다.

　의료 태만 행위에 대한 법적 정의는 '의사가 치료 의무를 위반한 경우'이지만, 나는 랭이 이 용어의 실제적인 정의를 어떻게 내리는지 궁금했다. 랭은 '의사가 충분히 미연에 방지할 수 있었던 어떤 실수를 저질러 피해를 야기한 경우'를 의료 태만 행위로 본다고 대답했다.

이 정의는 의사 대부분에게 경종을 울릴 만하다. 까다로운 케이스—진단을 내리기 애매모호하다거나 수술에 큰 위험이 따른다거나—가 넘쳐나는 현실을 감안하면, 피할 수도 있었을 심각한 합병증이 초래되는 경우는 거의 모든 의사에게 예외 없이 벌어지는 일이다. 랭에게 내가 돌본 환자 몇몇의 사례를 들려주었다. 복강경 간 절제술을 받고 피를 많이 흘린 남성 환자와 갑상샘 수술을 받고 영영 쉰 목소리를 갖게 된 환자, 수개월간 유방암을 못 보고 넘어간 여성 환자 등 하나같이 힘든 케이스였다. 그러나 돌이켜보면 나 역시 더 잘할 수도 있었을 거란 생각이 든다. 랭이 나를 고소했을까? 만약 내가 피해를 방지할 수 있었다는 사실을 랭이 입증할 수만 있다면, 그리고 그 피해가 얼마나 큰지를 배심원에게 보여 줄 수만 있다면 "당장 고소를 했겠지요."라고 랭은 말했다. 하지만 대체로 수술 결과가 뛰어나고 양심적으로 진료하는 터라 의사들 가운데에서도 평가가 좋은 편이라면 어떨까? 그런 건 상관이 없다고 랭은 말했다. 중요한 것은 그저 문제가 된 그 사건에서 내가 한 행동이다. 자동차 운전과 다를 바 없다고 랭은 설명한다. 그간의 운전 경력이 완벽하면 뭐 하나. 단 한 번 신호를 위반하거나 아이를 치었다면 그것으로 부주의한 운전자가 되는 것 아닌가.

랭은 자신이 절대 의사를 반대하는 세력이 아니라고 주장한다. 외과의로 일하던 시절 랭 역시 의료 과실로 세 차례나 소송을 당했다. 처음은 운동하다가 무릎 연골이 파열돼 병원에 온 젊은 여성 환자에게

실패를 책임질 것인가

시행한 관절경 검사가 문제였다. 몇 년이 지나고 나서 그 여성이 무릎에 관절염이 생겼다고 랭을 고소한 것이다. 하지만 그 경우 관절염은 대개 피할 수 없는 후유증이었다. 그의 뜻과는 반대로 보험회사에서 (랭의 말을 빌리자면) "몇 푼 쥐여 주고 떼치기 위한 돈" 5000달러가량을 주고 그 환자와 합의해 버렸다. 그렇게 하는 것이 법정 소송 비용보다 싸게 들기 때문이었다.

두 번째는 손목 부상으로 손가락 세 개가 마비된 어느 육체노동자가 제기한 소송이었다. 랭의 치료를 받고 도리어 마비가 심해져 일을 할 수 없는 지경이 되었다는 것이다. 랭은 그 환자에게 지극히 위험한 수술이라고 사전에 경고했다. 환자가 병원에 왔을 때 이미 주요 신경이 모두 두꺼운 흉터 조직으로 덮여 있었다. 신경을 감싼 흉터 조직을 제거하는 일은 무척이나 어려웠다. "벽지에 붙은 스카치테이프를 벗겨내는 것"처럼 말이다. 어쩔 수 없이 신경섬유 몇 가닥은 걷어낼 수밖에 없었다. 이번에도 보험회사는 30만 달러에 합의를 보았다. 재판에서 그러한 주장이 먹혀들지 확신할 수 없었기 때문이다.

두 경우 모두 부당한 경우였고 랭은 여느 의사들처럼 분통이 터졌다. 그렇지만 세 번째 경우는 명백한 실수로 인한 결과였다. 벌써 20년 전이지만 그 실수는 여전히 랭을 괴롭히고 있었다. "내가 더 잘했어야 했습니다." 무릎관절 치환술을 받기로 되어 있던 60대 노인이 수술을 며칠 앞두고 종아리 통증을 호소하며 랭의 진료실을 찾았다. 랭은 하지 정맥에 혈전이 생기는 심부정맥 혈전증의 가능성을 생각해 봤지만 이내 아닐 거라고 일축하곤 추가 검사를 지시하지 않았다. 그렇지만 환자는 심부정맥 혈전증이 있었고 이틀 후 떨어져 나온 혈전이 폐까지 흘러가는 바람에 결국 사망했다. 랭의 보험회사는 약 40만 달러에 합의했다.

"내가 원고의 입장이었다면 나 자신을 상대로 소송을 했을까요?" 그가 스스로 답했다. "물론입니다."

"그때의 기분이란 말할 수 없을 정도로 비참했습니다. 어떤 의사가 고의로 환자에게 해코지를 하겠습니까." 랭은 소송을 당했을 때 "끔찍하기 그지없었다"고 당시를 회상했다. 그랬지만 그 당시에도 자신은 소송에 대해 다분히 냉정을 유지했다고 주장한다. "소송은 당신의 밑바닥까지 뒤흔들어 놓지만 그것은 또한 이 일을 하면서 치러야 하는 대가라는 사실을 알아야 합니다. 누구나 살면서 한 번쯤은 부주의하게 됩니다. 그것이 의사든 자동차 정비공이든 회계사든 말이죠. 부주의는 발생하게 마련입니다. 보험을 드는 것도 그 때문이죠. 집에서도 깜박 잊고 오븐을 켠 채로 뒀다가 불이 나면 그것도 부주의한 경우입니다. 그렇다고 범죄자라는 뜻은 아니죠." 랭이 볼 때 일반 대중이 거는 기대는 합당하다. 의사가 수준 이하의 치료나 누가 봐도 분명한 실수로 환자에게 심각한 피해를 끼쳤다면 그 결과에 책임을 져야 한다.

랭이 의사로서 맞닥뜨렸던 소송은 내가 볼 때 의료 분쟁의 전형이나 다름없다. 그 세 건 가운데 두 건은 근거 없는 것으로 보인다. 하지만, 랭이 이제 와서 뭐라 말하건 간에, 돈과 신뢰라는 측면에서 우리의 시스템이 치러야 하는 대가는 그렇게 간단히 넘어갈 수 있는 문제가 아니다. 어쨌든 나머지 한 건은 한 사람의 목숨을 대가로 가져간, 진짜

실패를 책임질 것인가

실수에 대한 것이다. 이런 경우, 의사들은 환자와 그 가족에게 뭔가를 크게 빚진 것이 아닐까?

아무도 보지 못한
암 덩어리

빌 프랭클린은 보스턴에 있는 매사추세츠 종합병원에서 40년 이상 재직한 내과의로, 나와도 안면이 있는 사이다. 그는 목숨까지 위협하는 극심한 알레르기 분야의 권위자이면서, 한편으로 자녀를 둔 아버지이기도 하다. 수년 전, 당시 보스턴 대학교 의과대학 2학년에 재학 중이던 그의 아들 피터가 아프다면서 전화를 했다. 피터는 땀이 나고 기침을 하며 몸에 기운이 하나도 없다고 했다. 프랭클린은 아들을 진료실로 불러 진찰을 했지만 증상에 대해 이렇다 할 명확한 원인을 찾지 못해 흉부 엑스레이 촬영을 받게 했다. 그날 늦게 영상의학과 의사가 전화를 했다. "문제가 좀 있어요." 프랭클린에게 그 의사가 운을 떼었다. 엑스레이 사진상 피터의 가슴에 종양이 퍼져 양쪽 폐를 바깥으로 밀어 압박한다는 것이었다. 영상의학과 의사도 일찍이 본 적 없을 정도로 커다란 종양이었다.

냉정을 되찾고 나서 프랭클린은 아들과 며느리에게 이 끔찍한 소식을 전하기 위해 전화를 걸었다. 피터 부부에겐 두 아이와 새로이 단장 중인 부엌 딸린 자그마한 집 한 채가 있었다. 그들의 삶은 돌연 멈춰

섰다. 피터는 병원에 입원했고 생체검사 결과 호지킨 림프종*으로 드러났다. 피터는 가슴과 목에 방사선을 쬐는 고선량 방사선 치료에 착수했다. 학교로도 돌아가기로 결심했다. 그는 교과 학습과 방사선 치료를 병행했다. 왼쪽 횡격막이 마비되고 왼쪽 폐가 손상되어 정상적으로 호흡할 수 없는 지경이 되어서도 피터는 뜻을 굽히지 않았다.

종양이 너무 크고 범위가 넓어 방사선 치료만으로는 역부족이었다. 종양은 계속해서 증식했고 하복부의 림프샘까지 전이되었다. 의사들은 프랭클린에게 여태껏 자신들이 본 것 중 최악이라고 말했다. 피터는 몇 달 동안 화학요법을 받을 예정이었다. 그러면 구토 증세에 시달리고 불임이 되겠지만 어쨌든 효과는 있을 거라고 의사들은 말했다.

프랭클린은 지켜보는 눈이 하나둘이 아닌데 어떻게 종양이 그렇게 크게 자랄 때까지 아무도 모를 수 있었는지 이해할 수 없었다. 지난 몇 년 동안 아들이 받은 병원 진료를 돌이켜보다가 4년 전 사랑니 발치 수술이 생각났다. 그때 같은 병원에서 전신마취를 하고 하룻밤 입원해 수술을 받았으니, 아마 흉부 엑스레이를 찍었을 것이었다. 프랭클린은 영상의학과 의사 한 명에게 그때의 엑스레이 사진을 끄집어내 다시 살펴봐 달라고 부탁했다. "암 덩어리가 보이네요." 영상의학과 의사가 말했다. 당시 피터의 흉부 엑스레이를 판독했던 영상의학과 의사도 그것을 보았을 게 분명했다. 4년 전 보고서에는 "이 부분은 추가 검진이 요구된다."라고 적혀 있었다. 그러나 프랭클린 부자는 금시초문이었다.

• 면역 체계 내에 있는 림프구 자체가 암세포로 바뀌어 무한 증식하는 악성 종양의 일종.

실패를 책임질 것인가

구강외과 의사와 외과 레지던트 둘 다 피터의 차트에 엑스레이가 정상이라고 적어 놓았다.

그때 치료했더라면 분명 방사선만으로, 그것도 유독성이 훨씬 적은 양으로 치료가 가능했을 것이다. 지금으로서는 피터가 설사 목숨을 부지한다고 하더라도 의대를 마치지 못할 가능성이 컸다. 프랭클린은 제정신이 아니었다. 어떻게 이런 일이 일어날 수 있단 말인가. 다른 곳도 아닌 매사추세츠 종합병원에서. 이제 피터는 처자식을 어떻게 부양한단 말인가.

이와 비슷한 상황에 처한 수많은 사람들이 질문의 답을 찾아 소송을 제기한다. 그렇지만 빌 프랭클린은 소송을 원하는 게 아니었다. 피터의 문제에 관련된 의사들이 동료이자 친구였기 때문이다. 게다가 프랭클린은 의료 분쟁 시스템의 신봉자도 아니었다. 그 역시 소송을 당한 적이 있었다. 오랫동안 천식을 심하게 앓아 온 그의 환자 하나는 호흡곤란이 올 정도로 발작이 심할 때면 스테로이드 처방을 받았다. 천식은 나아졌지만 고용량의 스테로이드 복용으로 장기적인 정신 이상 증세를 보였고, 결국 병원에 들어가게 되었다. 이렇게 해서 제기된 소송의 내용은, 스테로이드의 위험성을 감안하면 프랭클린이 처방에 좀 더 신중을 기해야 했는데 그러지 못했으므로 환자의 후유증에 대한 경제적 책임을 져야 한다는 것이었다. 프랭클린은 분노했다. 당시 환자는 목숨이 오락가락하는 위험한 상황이었고 그 처방은 자신이 할 수 있는 최선책이었기 때문이다.

그렇지만 프랭클린은 피터를 위해 병원장을 만나 보기로 했다. 그는 어떻게 해서 그런 실수가 일어났는지 그리고 차후에 같은 실수를 되풀이하지 않으려면 어떻게 해야 할지 알아보기 위한 조사를 실시해 달라고 요청했다. 또한 피터의 가족을 위한 금전적인 지원책이 마련되기를 바랐다. 병원장은 그 문제에 대해 어떤 말도 할 수 없다고 했다. 프랭클린은 변호사를 선임하겠다고 으름장을 놓았다. 그것 말고 다른 방법은 없었을까? 프랭클린도 정말이지 알고 싶었다. 하지만 다른 길이 없었다.

이것이 의료계에 몸담고 있는 우리가 실패한 부분이다. 치료를 받다가 잘못되면 환자와 가족은 그 일이 어쩔 수 없는 것이었는지 아니면 끔찍한 실수에서 빚어진 것이었는지 알고 싶어 한다. 그럴 때 이들은 누구에게 호소해야 하는가? 대부분 처음에는 관련된 의사들을 붙잡고 늘어진다. 자신의 실수로 환자에게 피해를 입혔을 때 의사들은 이를 환자에게 알려야 하는 윤리적 책임이 있다. 그러나 의사들이 책임을 회피한다면 어떻게 해야 할까? 환자 걱정보다는 소송 걱정에 더 전전긍긍하는 것 같다면? 해명이라고 한 말이 그야말로 핑계에 불과하다면? 사람들은 진상을 파악하기 위해서라도 변호사를 찾을 것이다.

"저를 찾아온 사람들 대부분도 자기가 왜 왔는지 확실히 모르는 경우가 허다합니다." 사우스캐롤라이나의 법정변호사 버넌 글렌이 들려준 이야기다. "흔히 간호사들이 수군거리는 것을 듣고 의혹이 불거집니다. '이건 뭔가 잘못됐어. 어떻게 이런 일이 일어났지?' 라고 말이죠." 환자의 가족은 글렌에게 의료 기록을 조사해 달라고 부탁한다. 손

실패를 책임질 것인가

실이나 부상이 심각한 경우에는 전문가에게 의뢰해서 의료 기록 검토를 맡긴다. "이것이 사건의 진상입니다. 우리가 볼 때 소송감은 아닙니다만.'이라고 말해야 하는 경우가 생각보다 많습니다. 그러면 환자의 가족은 말합니다. '적어도 어찌된 영문인지는 알았으니 됐습니다.'라고요."

의료사고 전문 변호사들이 치우침 없이 가장 공정하게 의료 행위를 평가한다고 말하기는 어렵다. 그렇지만 의료계가 이를 대체할 만한 마땅한 대안을 제시하지 못한 것도 사실이다. 의사들은 대개 자신의 실수로 빚어진 결과에 대해 재정적인 책임을 지려고 하지 않기 때문이다. 솔직히 이야기하면, 여태껏 많은 의사가 자신의 실수를 터놓고 말한 까닭은 그렇게 해야만 환자가 소송을 진행할 확률이 줄어든다는 설득이 먹혀들었기 때문이다.

그러나 형세가 역전되어 의사와 가까운 사람이 의료 과실로 피해를 당하면 생각이 달라진다. 최근 전국적으로 실시된 여론조사에서 내과의와 일반인에게 다음과 같은 사례를 들려주고 질문을 던졌다. 외과의가 항생제에 알레르기가 있는 67세 노인 환자의 차트를 제대로 보지 못하고 항생제를 처방했다. 뒤늦게 실수를 깨달았지만 온갖 노력에도 불구하고 환자는 사망하고 말았다. 이제 어떻게 될까? 일반인의 50퍼센트가 외과의의 면허가 취소될 것이라고 생각한 반면, 그렇게 될 거라 예상하는 내과의는 거의 아무도 없었다. 한편 내과의의 55퍼센트는 외과의를 의료 과실로 고소하겠다고 응답했다.

책임을 물을
유일한 방법

난처한 일이긴 했지만 결국 빌 프랭클린이 선택한 방법도 소송이었다. 변호사 친구들은 만약 상황이 좋지 않게 흐르면 현재의 일자리를 그만두어야 할지도 모른다고 경고했다. 프랭클린은 자신이 몸담은 병원과 일을 사랑했다. 피터의 구강외과의와는 친구 사이였다. 그러나 아들이 피해를 봤고, 아들과 가족들이 그동안 겪은 고통과 잃어버린 것에 대해 보상받을 권리가 있다고 느꼈다. 피터는 소송에 반대했다. 소송을 하면 분명 의사들의 반감을 사게 될 테고 그러면 자신이 부당한 대우를 받지 않을까 두려웠다. 하지만 끝내는 동참하기로 했다.

처음에는 그들의 소송을 맡겠다는 변호사가 없을 거란 얘기를 들었다. 4년 전에 일어난 일이라서 주법으로 정해진 3년의 공소시효가 이미 지난 상태였다. 그 당시엔 대다수 주에서 그랬듯, 오래전 행위를 두고 민사소송을 제기할 수 없었다. 피터가 사실을 뒤늦게 알게 되었다는 점은 전혀 참작되지 않았다. 그러던 차에 마이클 몬(Michael Mone)이라는 보스턴의 젊은 법정변호사를 알게 되었다. 몬은 이 사건을 매사추세츠주 대법원까지 끌고 간 끝에 1980년 법 개정을 쟁취해 냈다. 대법원은 '프랭클린 대 매사추세츠 종합병원 및 그 외' 사건의 공소시효는 피해를 발견한 시점을 기준으로 해야 한다고 판결했고, 그 판례는 오늘날까지 유지되고 있다. 이러한 변화가 프랭클린 부자의 소송을 속행하는 밑거름이 되었다.

실패를 책임질 것인가

재판은 1983년에 열렸다. 60여 년 전 무정부주의자 사코와 반제티*가 살인 혐의로 유죄를 선고받은 데덤의 바로 그 법정에서였다. "재판에 관해선 기억이 잘 안 나요. 지워 버린 것 같아요." 피터의 어머니 베브 프랭클린이 말했다. "하지만 법정은 기억이 나요. 그리고 우리가 그토록 듣고 싶었던 말을 쏟아내는 마이클 몬의 모습도 떠올라요. '신사 숙녀 여러분. 이 젊은 청년의 가슴에는 지금 시한폭탄이 째깍거리고 있습니다. 그 4년 동안, 자그마치 4년입니다, 의사들은 아무것도 하지 않았습니다.'" 재판은 나흘이 걸렸다. 배심원단은 피터의 손을 들어주었고 배상액 60만 달러 지급을 평결했다.

빌 프랭클린은 병원에서 어떤 부당한 일도 겪은 적이 없다고 말한다. 동료들은 그의 입장을 이해하는 것 같았고 피터의 담당 의사들도 최선을 다했다. 기나긴 1년의 시간이 끝나갈 무렵 꼬박 6주기의 항암 화학 치료를 받고 난 피터의 흉부 림프샘에는 아직도 암 덩어리가 남아 있었다. 새로운 화학 약물을 투약했다. 이로 인해 면역체계가 너무 약해져 바이러스에 의한 폐 감염으로 거의 죽다시피 했다. 피터는 수 주일 동안 병원에 입원했고 결국 학교를 휴학할 수밖에 없었다. 계단을 조

---

* 1920년 매사추세츠주 구두공장에서 살해 및 강도 사건이 발생했고, 목격자 진술을 토대로 니콜라 사코와 바르톨로메오 반제티가 체포되었다. 명확한 범행 증거가 없었지만 두 사람이 이탈리아계 이민자이고 1차 세계대전 당시 징병을 거부한 사실이 반감을 사는 바람에 결국 처형되었다. 이후 1977년 매사추세츠 주지사가 이들의 재판이 공정하지 못했음을 인정하고 명예 회복을 선언한 바 있다.

금만 올라도 숨이 차서 헐떡거렸고 발은 불에 덴 듯한 통증이 느껴졌다. 결혼 생활도 서서히 파탄에 이르기 시작했다. 재난은 사람들을 뭉치게도 하지만 흩어지게도 한다. 피터 부부의 경우는 후자에 속했다.

그렇지만 피터는 살아남았다. 마침내 피터는 의대를 졸업하고 영상의학과로 진로를 정했다. 하지만 피터가 1순위로 신청한 레지던트 과정마다 퇴짜를 맞았다. 보스턴 대학교 학장이 그 가운데 한 곳의 학과장에게 전화를 걸어 이유를 물었다. "이 사람은 이단아입니다. 의사들을 고소했다고요!" 그 학과장의 대답이었다. 학장은 그 학과장에게 피터의 사연을 들려준 다음 물었다. "당신 아들이 그랬다면 어떻게 하겠습니까?" 마침내 피터는 레지던트 과정을 밟게 되었다. 피터는 보스턴 대학교의 레지던트 과정을 선택했고 과정을 마친 후 그곳에서 일해 달라는 제안을 받았다. 이내 피터는 영상의학과 과장으로 승진했다. 이제는 재혼을 했고, 콧수염을 기르고 머리는 희끗희끗한, 화학요법 후유증으로 폐와 간에 만성 장애를 앓는 58세의 정형외과 영상의학 분야의 전문가이다. 2000년에 그는 원격 영상진료 사업을 시작해 지금은 전국 150개 병원을 상대로 스캔을 판독해 주고 있다. 또한 샌디에이고 차저스와 시카고 베어스를 비롯한 프로 스포츠팀의 특별자문 의사로도 활동하고 있다.

피터 프랭클린은 자신이 겪은 시련이 꼼꼼한 일 처리의 밑거름이 되었다고 말한다. 피터는 착오가 생긴 부분을 찾아 분석하는 검토위원회를 구성했다. 그래도 여전히 그의 위원회에서 단일 항목으로 가장 큰 예산을 차지하는 부분은 의료 과실 보험이다. 가장 흔한 의료사고 유형은 피터도 이미 겪었듯이, 진단이 누락되거나 지연된 경우다. 피터에게 이처럼 의료 과실 소송이 한결 수월해진 계기가 된 소송의 주인공으로서 소감이 어떠냐고 물었다. 피터는 주춤거리며 한동안 생각에 잠겼다.

"제가 볼 때 의료 분쟁 시스템이 도를 넘은 것 같습니다." 마침내 피터가 입을 열었다. "제 경험이 그것과 상관이 있다고는 생각하지 않습니다. 그저 시스템 자체가 문제투성이일 뿐입니다. 그렇지만 환자가 피해를 입었다면 피해를 입은 것이지요. 의사들이 실수를 했으면 책임을 져야 합니다." 앞뒤가 맞지 않는 것 아닌가? 피터는 아니라고 했다. 앞뒤가 맞지 않는 것은 시스템이다. 정작 보상을 받아야 하는 사람들은 거의 받지 못하고 있다. 피터의 경우는 보상을 받았다는 점에서 이례적이지만, 그것도 이런저런 항소며 이의 신청이 모두 기각되기까지 7년을 싸워야 했다. 그런가 하면, 의료 과실 요건에 해당되지 않는 환자들이 너무 많이 소송에 달려든다. 그로 인한 비용과 고통이 이만저만이 아니다. 그가 보기에 이 시스템은 뿌리부터 잘못돼 있다.

의사도 반드시 실패한다

의료의 본질에 있어 역설은 그것이 잘 작동할수록 결코 충분할 수 없다는 것이다. 의료 덕택에 그게 없었다면 건강한 삶이 불가능했을 사람들이 건강한 세월을 살고 있다. 1950년대 이래로 심장병 사망률은 거의 3분의 2 정도 떨어졌다. 뇌졸중으로 인한 사망 위험은 80퍼센트 이상 떨어졌다. 암 생존율은 이제 70퍼센트에 이른다. 그렇지만 이러한 발전은 그냥 생긴 것이 아니다. 온갖 약물과 의약품, 수술, 그리고 무엇보다 사람을 구하는 것만큼이나 쉽게 해치기도 하는 결정을 감수했기 때문에 가능했다. 사람들이 우리가 실패한 경우 무엇이 문제인지를 생각해 보게 된 것도 바로 우리의 엄청난 성공이 있었기 때문이다.

외과의인 나는 내년 한 해 동안 교액성 사타구니 탈장*에 대처하는 응급 수술에서 갑상샘암 제거 수술에 이르기까지 약 350건의 수술을 행할 것이다. 그 환자 가운데 대략 2퍼센트에 달하는 6~8명은 결과가 좋지 않을 것이다. 출혈이 심해 목숨이 위태로울 수도 있다. 아니면 내가 중요한 신경을 건드릴 수도 있다. 히포크라테스가 뭐라고 했는지 모르겠지만, 간혹 의사도 피해를 입히는 것이 사실이다. 연구에 따르면, 중증 합병증의 절반가량은 피할 수 없는 경우에 해당한다. 그런 불가피함이 위안이 될 수도 있다. 하지만 나머지 절반의 경우는 내가 잘못한 것일 수 있다. 그리고 나의 실수로 누군가의 삶이 영원히 바뀔 수 있다. 지금도 사회는 이러한 경우를 어떻게 받아들여야 할지 갈피를 잡지 못하고 있다. 실수를 저지른 의사들이 악당일까? 아니다. 만약 그렇다면 세상에 악당 아닌 이가 없기 때문이다. 하지만 우리가 일으킨 피해는 오명으로 남는다.

●   복벽 틈새로 빠져나온 장의 일부가 혈액순환이 되지 않아 썩는 증상.

        실패를 책임질 것인가

나는 야구를 자주 본다. 그러면서 3루수의 역할에 관해 종종 생각한다. 시즌 중에 3루수가 송구해 주자를 아웃시킬 기회가 찾아오는 것이나 내가 수술을 하게 되는 경우나 횟수로 따지면 비슷비슷할 것이다. 마이크 로웰이나 행크 블레이록, 빌 뮬러 같은 최고의 선수들은 거의 매번 완벽하게 공을 처리한다. 그렇지만 공을 떨어뜨리거나 1루수에게 악송구를 할 경우도 2퍼센트는 된다. 시즌 내내 어이없는 실수를 한 번도 안 하는 선수는 없다. 선수가 실수를 하면 팬들은 우우 하면서 야유를 보낸다. 그 실수로 경기에 지기라도 하는 날에는 야유가 욕설로 바뀐다.

그렇지만, 상상해 보라. 마이크 로웰이 실수할 때마다 그 때문에 당신이 돌보는 사람이 목숨을 잃거나 피해를 입는다면 어떻겠는가. 한 번의 실수로 노인 환자가 기관을 절개해 튜브를 삽입하게 되고, 젊은 여자가 휠체어 신세를 지게 되고, 심지어 아이가 뇌 손상을 입고 평생을 그렇게 살아가게 된다면? 그래도 팀 동료들은 그를 동정할 것이다. 하지만 나머지 사람들은? 개중에는 로웰을 가만두지 않겠다고 악을 쓰며 경기장으로 쫓아가는 이도 있을 것이다. 아니면 그동안의 공로를 인정하여 로웰의 실수를 용서하려는 이도 있을 것이다. 그렇지만 다시는 그를 예전처럼 생각하지 않는다. 그뿐 아니라 앞으로는 아무 일도 없었던 것처럼 즐거운 마음으로 경기를 지켜보지 못할 것이다. 우리는 그가 슬픔을 내보이며 책임지기를 바란다. 그가 다치게 한 그 사람들이 제대로 도움받기를 바랄 것이다.

이것이 의료계에 몸담은 우리가 처한 상황이다. 지금까지 드러난

바로는 소송은 독자적으로 만족스러운 해결책이 되지 못했다. 비용도 많이 들고, 시간도 오래 걸리며, 적의를 품는 것도 고통이다. 누구에게도 득이 되지 않는다. 의료사고를 당한 미국인 가정의 98퍼센트는 소송을 하지 않는다. 승산을 보고 덤벼드는 변호사를 찾지 못했거나 아니면 그저 망연자실해 있는 경우가 대부분이다. 매년 5만 5000건에 달하는 소송이 제기되지만 고소인 대부분이 패소한다. 결국 응당한 보상을 받아 마땅한데도 돈을 받는 경우는 백에 하나가 안 되는 셈이다. 나머지는 한 푼도 받지 못한다. 아무런 도움도, 심지어 사과도 받지 못한다. 이런 시스템은 모두에게 최악의 결과를 가져다줄 뿐이다.

보험 대신
기금이 할 수 있는 일

대안이 없지 않다. 원래는 백신으로 피해를 본 이들을 위해 만들어진 제도가 하나의 방법이 될 수 있다. 백신은 어린이 수천만 명을 보호하지만 매년 1만 명 가운데 1명꼴로 부작용 피해를 입는 아이가 발생한다. 1980~1986년 사이에 미국 법정에서 개인상해 변호사들이 의사들과 백신 제조업체를 상대로 청구한 손해배상액은 35억 달러가 넘었다. 그들이 승소하면서 백신 가격이 치솟고 일부 제조업체는 문을 닫았다. 백신 비축량이 감소하다가 기어이 부족 사태가 발생하자 의회가 개입했다. 현재 미국의 백신은 원가 총액의 15퍼센트에 해당하는 75센트를 추가로 물린다. 이 돈은 백신으로 피해 입은 아동을 위한 기금으로 적립된다.

이 백신피해보상프로그램(NVCP)은 의료 과실로 피해를 입은 사람과 운이 나빠 피해를 입은 사람을 가려내는 수고를 요하지 않는다. 전문가로 구성된 심사위원회가 백신 때문에 생길 수 있는 모든 피해를 일일이 열거한 목록을 만들고, 여기에 해당되는 경우 의료 비용을 비롯한 그 밖의 명목으로 기금에서 배상금을 지급한다. 이것으로 만족하지 못하면 소송을 제기할 수 있다. 그러나 여태껏 그런 경우는 드물었다. 1988년부터 이 프로그램을 통해 피해 환자들에게 지급한 금액이 총 15억 달러에 이른다. 이런 비용은 예측이 가능하고 공평하게 분배되기 때문에, 시장을 떠났던 백신 제조업체들이 다시 돌아왔을 뿐 아니라, 간염, 수두, 자궁경부암을 비롯한 새로운 백신 개발도 이뤄졌다. 또한 의료 사건을 둘러싼 법적 다툼의 결과가 사실상 언제나 비밀에 부쳐지는 것에 반해, 이 프로그램은 제조업체에 관한 자료—어떤 업체가 무슨 일로 소송을 당했는지까지—를 공개한다. 이 제도도 결점이 없는 것은 아니지만 법원이 했던 것보다 훨씬 많은 사람을 도운 것이 사실이다.

이처럼 공정하고 효율적인 시스템이라 할지라도 폭넓게 적용하다 보면 으레 배상 청구로 몸살을 앓는 문제가 생기게 마련이다. 줄잡아 의사 한 명당 매년 한 명의 피해 환자만 발생한다고 하더라도 완벽하게 배상해 주려면 미국 전체의 백신 접종 비용을 능가할 것이다. 현실적으로 이 제도는 배상금뿐만 아니라 배상 자격에 대해서도 확고한,

어쩌면 자의적으로 비칠 수도 있을 일정한 제한을 두어야 한다. 뉴질랜드는 이러한 제도를 정착시켰다. 뉴질랜드 정부는 거의 30년 동안 드물고(1퍼센트 미만으로 발생하는) 심각한(사망이나 오랜 장애를 야기하는) 의료상해에 한정해 배상금을 지급해 왔다. 미국의 백신 기금의 경우는 과실로 인한 피해자와 운 나쁜 피해자를 가려내지 않아도 된다. 자격을 갖춘 사람들에게는 손실 소득과 필요한 의료비를 지급하고 영구 장애를 입은 환자와 그 가족에게는 추가로 목돈을 제공한다. 지급은 손해배상을 청구한 날로부터 9개월 내에 집행된다. 미국의 의료 소송 시스템과 달리 막대하고도 무작위적 횡재는 없다. 사람들은 대체로 그 금액을 합리적인 것으로 간주하고 법정으로 끌고 가 시끄럽게 싸우는 일은 없다.

변명을 하나 하자면, 우리의 의료 소송 시스템은 의사가 치명적인 과실을 저질렀을 때 그나마 예의를 갖추어 울분을 풀어내는 방법이라는 것이다. 합리적인 제도는 아닐지라도 가슴이 찢어지는 피해를 입은 사람들에게 싸울 수 있는 수단이 되는 것은 사실이다. 이따금 의사의 주머니에서 손해배상을 넘어 철저한 응징이라 할 만한 정도의 돈을 뽑아 가기도 한다. 공정하건 공정하지 않건 말이다. 게다가, 대다수의 고소인에게 아무 도움도 되지 않는 일이긴 하지만, 사랑하는 사람이 고통받고 있는 상황에서 일부 나라에서처럼 가족이 우르르 몰려 가 병원 복도에서 한바탕 난리를 피우지 않아도 된다.

미국에서는 몇 년에 한 번씩 의료 소송 시스템을 개혁하려는 노력으로 부산하다. 미국의 50개 주 가운데 절반 이상은 의사의 과실로 상

실패를 책임질 것인가

해를 입은 환자에게 배심원이 선고할 수 있는 배상금의 상한선을 법으로 정해 놓았다. 하지만 상한선이 있다고 해서 그 제도가 더 공정하거나 의사나 환자 공히 느끼는 좌절감을 덜어 주는 것은 아니다. 그저 금액에 자의적인 한계를 정한 것뿐으로, 적어도 일시적으로는 의사의 보험료로 감당할 수 있을 터이다.

상한선이 있든 없든 나는 앞으로 10년 동안 50만 달러가 넘는 보험료를 납입해야 한다. 그러느니 차라리 나의 치료를 받고 문제를 겪는 환자를 위한 기금으로 그 돈이 적립되면 좋겠다. 설사 그 기금이 우리가 생각하는 것만큼 후하지는 않더라도 말이다. 현재로서는 한낱 꿈같은 얘기다. 지금은 그저 이 상태에서 최선을 다할 뿐이다.

케임브리지의 에드워드 J. 설리번 법원의 7A 법정에서는 드디어, 7년이라는 세월 동안, 의료 전문가에게 든 비용만 2만 달러가 넘고, 법 집행관에서 법원 서기, 판사, 시간당 수임료가 250달러인 피고 측 변호사에 이르기까지 모두가 동원되어, 빡빡한 법원 스케줄에서 어렵게 시간을 잡아 가며, 14명 배심원이 징발되어 거의 2주간 꼼짝없이 발이 묶인 상황을 연출한 끝에, 배리 랭이 바버라 스탠리의 유족을 대신해 최종변론을 했다. 이번 재판을 하면서 처음으로 랭은 한결같던 속도를 늦추었다. 그는 천천히 그리고 분명하게 말했다. 명쾌하고 논리 정연했다. 운명이 걸린 그 전화 통화에서 리드가 스탠리에게 좀 더 철저한 피부 절제를 권했다면 그녀가 생명을 구할 수 있었을 텐데 그러지 못했다고 랭은 주장했다.

"리드 박사는 범죄자가 아닙니다. 하지만 부주의했던 것은 사실입니다. 그런 부주의는 바버라 스탠리의 죽음에 주요한 요인으로 작용했습니다."

하지만 랭은 명백한 주장을 펼치지는 않았다. 리드의 변호사가 최종변론에서 배심원에게 주장했다시피 당시 리드는 어려운 문제에 봉착했다. 최초의 생체검사를 놓고 병리학과 의사가 피부암 여부에 관해 서로 상반된 의견을 내놓은 데다, 한 번 더 실시한 생체검사에서도 해답이 나오지 않았고, 불신에 찬 환자가 화가 난 나머지 의사에게 너무 심하게 군 것도 사실이었다. 철저한 피부 절제 수술이 도움이 되었을지도 확신하기 어려웠다. 당시로서도 그렇고 지금 돌이켜 봐도 그렇다. 리드가 스탠리의 종양 둘레에서 잘라낸 가장자리 조직을 현미경으로 살펴보았을 때 암이 분명했다. 리드 측 전문가들은 암이 이미 퍼진 상태였으므로 조직을 더 들어냈다고 해도 달라질 것은 없으리라고 증언했다. 더욱이 리드는 애초부터 철저한 피부 절제를 권했다고 시종일관 주장했다.

양측 변호사가 최종변론을 마치자 케네스 피시먼 판사가 배심원에게 지시사항을 전달했다. 바버라 스탠리의 아들 어니 브로우는 한쪽 관람석 맨 앞줄에, 케네스 리드는 다른 쪽의 두 번째 줄에 앉아 있었다. 둘 다 녹초가 된 듯했다. 마침내 판사가 절차를 끝냈을 때는 오후 느지막한 시간이었다. 그러나 판사는 판결을 내리지 않고 사람들을 내보냈다. 그날이 가기 전에 결과를 알 수 있으리라 기대했던 두 사람의 실망은 이만저만이 아니었다.

실패를 책임질 것인가

이튿날 아침 마침내 배심원이 심리를 시작했다. 정오 바로 직전에 배심원단 평결 내용을 법원 직원이 발표했다. "케네스 리드 박사는 바버라 스탠리의 치료에 부주의하지 않았다." 고소인은 의자에 풀썩 주저앉아 바닥을 응시하며 오랫동안 그렇게 앉아 있었다. 배리 랭은 신속하게 일어나 서류를 챙겼다. "힘든 사건이었습니다." 랭이 말했다.

평결을 듣는 자리에 리드는 없었다. 그는 환자를 보느라 오전 내내 진료실을 떠나지 못했다.

6 얼마를 벌어야 충분할까

의사가 되기 위해서는 수련 과정이라는 긴 터널을 지나야 한다. 그동안 행여 실수를 하지 않을까 머리를 숙이고 가슴 졸이며 하루하루를 버텨야 한다. 그러다가 마침내 터널의 반대편 끝에서 누군가와 악수를 하며 일자리 제의를 받고 있는 자신의 모습에 전율한다. 여하튼 그날은 온다.

외과 레지던트로 마지막 해이자 수련 8년 차를 마칠 무렵 나에게도 그런 날이 찾아왔다. 수련 과정을 밟은 적 있는 보스턴 소재 병원의 외과 의료팀에 2차 면접을 봤다. 굉장히 좋은 자리였다. 일반외과는 물론이고 관심이 있는 특정 종양을 전문적으로 다룰 수도 있었다. 면접일에 나는 멋진 양복을 차려입고서 원목으로 마감한 외과 과장의 사무실에 앉아 있었다. 맞은편에 앉은 외과 과장이 내게 합격 소식을 전했다. "우리와 함께 일하시겠습니까?" 물론이죠, 나는 깜짝 놀라며 대답했다. 3년 동안은 임금이 보장된다고 그는 설명했다. 그 이후로는 나에게 달렸다. 환자에게서 들어오는 액수만큼 버는 셈이고 내가 쓴 경비만 제하면 된다는 것이다. "그렇다면" 하고서는 그가 말을 이었다. "얼마를 받기를 원하십니까?"

얼마를 내는지(의대는 1년에 4만 달러가량 낸다), 얼마를 받는지(레지던트 시절에는 1년에 약 4만 달러를 번다), 그동안 들을 만큼 들은 질문인데도 순간 말문이 막혔다. "외과의는 보통 얼마를 받습니까?" 내가 되묻자 과장은 고개를 가로저었다. "당신이 홀로서기를 하는 그 날까지 당신이 적정선이라고 여기는 금액을 말씀하세요. 합당하다고 생각되면 우리는 그 돈을 지급할 겁니다." 그는 나에게 며칠간 생각할 말미를 주었다.

병원 메뉴판
만들기

사람들은 대부분 같은 일을 하는 다른 사람들이 얼마를 받는지에 따라 자신이 얼마를 받으면 될지를 판단한다. 그래서 나는 외과에 몸담은 다양한 사람들에게 물어보았다. 이런 대화는 자못 어색하기 이를 데 없다. 간단하기 짝이 없는 질문에 사람들은 입에 과자라도 잔뜩 문 양 웅얼거리곤 한다. 나는 체계적으로 조목조목 물었다. 가령 일주일에 대형 수술 여덟 건을 집도한다고 치면 내가 가져가는 순수익이 얼마나 되는가? 혹은 내가 얼마를 요구해야 한다고 생각하는가? 그렇지만 누구도 구체적인 숫자를 언급하려 하지 않았다.

사람들은 대부분 자신의 수입을 밝히는 일을 꺼리지만 의료계에서는 특히 심하다. 의사는 돈과는 먼 사람이라는 인식이 있다. 돈벌이에 관심이 많은 의사일수록 사람들은 그의 진료를 미덥지 않아 한다.(TV 속 메디컬 드라마에 등장하는 훌륭한 의사들은 낡은 차를 몰고 허름한 아파트에 사는데, 파렴치하고 나쁜 의사들은 고급 맞춤 양복을 입고 다니는 것도 그런 이유에서다.) 최저임금을 겨우 넘는 돈으로 주당 100시간을 일하는 레지던트 시절을 거치는 동안에는 우리가 얼마나 죽어라 일하는지 그러면서 돈은 또 얼마나 쥐꼬리만큼 버는지를 사람들에게 넌지시 내비치는 데서 자못 으쓱하는 쾌감도 느낀다. 그러나 몇 년 후 정식 진료를 보기 시작하면서 의사들은 조개처럼 입을 다문다. 1980년대 초반 이래로 여론조사에서 드러난 내용을 보면, 미국인의 3분의 2는 의사들이 '돈벌이에 관심이 너무 많다'고 믿는다. 그러나 내가 이내 알게 된바, 의사들이 돈과 비용 문제에 과도한 관심을 쏟게 된 것은 바로 의료보험제도 탓이다.

관련된 수치를 파악해 볼 요량으로 원무과에 우리 병원 의사회의 '종합 요율표' 사본을 부탁했다. 여기에는 의사들의 진료에 보험업체가 지급하는 금액이 나와 있다. 가로 24칸으로 나뉜 도표에는 칸마다 주요 보험 상품이 명시되어 있고 세로로는 의사가 요금을 청구할 수 있는 각각의 의료 서비스가 죽 열거되어 있다. 현재 사용하는 이 요율표는 600쪽이 넘는다. 그 안에는 금액과 함께 모든 항목이 다 들어 있다. 노인을 위한 국가의료보험인 메디케어의 경우 '난이도가 낮은' 증상(서비스번호 99203)으로 진료실을 찾은 신규 환자의 진료비가 77달러 29센트, '난이도가 높은' 증상(서비스번호 99205)으로 찾아온 환자는 151달러 92센트이다. 탈골된 어깨뼈를 맞추는 진료(서비스번호 23650)는 275달러 70센트이고, 무지외반증 치료는 492달러 35센트, 충수돌기 절제술은 621달러 31센트, 폐 절제술은 1662달러 34센트다.(메디케어의 보험 수가는 중간 정도 수준이다.) 항목 가운데 가장 비싼 의료 서비스는? 신생아의 횡격막 재건 수술이 5366달러 98센트로 제일 비싸다. 그럼 가장 싼 것은? 환자의 손톱 손질(서비스번호가 대수인가)로, 10달러 15센트다. 병원은 발생 비용에 대해 개별적으로 징수한다.

　의료 서비스와 요금을 칠리스 레스토랑의 메뉴판처럼 나열해 놓은 이러한 요율표라는 것이 이상하게 보일 수도 있다. 사실 이 요율표는 고대 역사에서 비롯된 것이다. 의사들은 적어도 함무라비 법전 이래로 품을 팔고 그에 따라 품삯을 받아 왔다. 기원전 18세기에 바빌론의 외과의는 환자의 목숨을 살린 수술 한 번에 10셰켈을 받았다.(하지만 환자가 노예인 경우에는 2셰켈밖에 받지 못했다.) 그렇다곤 해도 표준화된 요율표는 전적으로 현대의 산물이다. 1980년대에 보험업체들은 민간 보험이든 공공 보험이든 너나없이 좀 더 "합리적인" 진료비 체계를 위한 여론몰이에 착수했다. 수십 년 동안 보험업체들은 이른바 "일상적이고 통례적이며 합리적인 요율"에 따라 의사들에게 비용을 지급해 왔다. 이는 정도의 차이는 있겠지만 의사들이 청구하기로 마음먹은 수준에서 크게 벗어나지 않았다. 당연히 어떤 항목들은 청구액이 상당히 오르기 시작했고, 터무니없는 왜곡도 발생했다. 예를 들어, 1985년에 6000달러에 달했던 백내장 수술비는 수술 시간이 보통 두세 시간씩 걸리던 시절에 책정된 것이다. 이후 신기술 덕분에 수술이 30분이면 끝날 수 있게 되었는데도 요금은 변하지 않았다. 결국 이 단일 항목의 수술 청구서가 메디케어 예산의 4퍼센트를 차지하기에 이르렀다. 수술비와 진단비의 격차도 컸다. 수술비가 진단비를 훨씬 상회했는데, 1980년대 중반에는 꼬박 1시간 동안 생사가 걸린 복잡한 진단을 내리고 난 비용이 고작 40달러였다. 같은 시간 동안 결장경검사를 실시하고 용종 제거 수술을 하고 받는 돈은 600달러가 넘었다.

연방 정부는 더는 이를 수용할 수 없다는 결론에 도달했다. 이 수가 체계는 우수한 1차 진료의 사기를 떨어뜨리고 전문 진료의 부패를 낳았다. 정부는 비용이 업무량에 부합해야 한다는 쪽으로 가닥을 잡았다. 원칙은 단순하면서도 사리에 맞았지만 그것을 실행하는 것은 또 다른 문제였다. 1985년, 하버드 대학교의 경제학자 윌리엄 샤오(William Hsiao)는 의사들이 수행하는 각각의 직무와 관련된 정확한 노동량을 산출해 달라는 의뢰를 받았다. 세상에 퍼져 있는 분노의 양을 정확히 재라는 요구만큼이나 황당무계한 임무였을 것이다. 그러나 샤오는 공식을 하나 생각해 냈다. 그가 결론 짓기를, 일이라는 것은 들인 시간과 정신적 수고와 판단, 기술과 물리적 수고, 스트레스의 복합적 작용이었다. 샤오는 대규모 팀을 조직해 약 24개 전문 분야별로 의사 수천 명을 인터뷰하며 조사했다. 그 팀은 공황발작을 일으킨 환자를

얼마를 벌어야 충분할까

상대로 한 45분간의 심리 치료에서부터 자궁경부암 환자의 자궁 적출 수술에 이르는 모든 치료와 관련된 사안들을 분석했다.

그들은 자궁 적출술이 심리 치료보다 2배의 시간, 3.8배의 정신노동, 4.47배의 기술과 육체노동, 4.24배의 위험부담을 요구한다고 결론 내렸다. 총계는 4.99배나 일이 많다는 것이었다. 이런 식으로 수천 가지 의료 서비스에 대한 어림값과 추정치가 만들어졌다.(백내장 수술의 경우는 자궁 적출술보다 노동량이 약간 적다는 계산이 나왔다.) 간접비와 수련 비용도 계산에 포함되었다. 마침내 샤오와 그의 팀은 의사들이 하는 모든 일 하나하나에 객관적인 가치를 매겼다. 일부 전문의는 특정한 어림값을 놓고 분노를 표하기도 했다. 그러나 의회는 배율을 정해 그 상대적 가치를 구체적 금액으로 환산하였고 이 새로운 요율표는 곧 법으로 제정되었다. 메디케어는 1992년부터 요율표에 따라 의사들에게 치료비를 지급하기 시작했다. 민간 보험업체도 곧바로 뒤따랐다. 그렇지만 민간 업체들은 현지 의사들과 체결한 계약에 따라 배율을 다소 달리 적용했다.

그 결과에 자의적인 점이 전혀 없다고는 말하지 못한다. 사실 자궁 적출 수술이 백내장 수술보다 노동집약적인지 아닌지 누가 알 수 있다는 말인가? 뒤이어 후속 위원회가 발족하여 6000가지가 넘는 의료 서비스의 상대적 가치를 재검토하여 조정했다. 이러한 수고가 앞으로도 계속되리라는 것은 의심의 여지가 없다. 하지만 어찌 되었든 이 제도는 지금껏 성공적으로 뿌리를 내렸다.

의사가
파산하는 이유

눈앞에 빤히 요율표를 갖다 놓고도 내 벌이가 얼마쯤일지 가늠하기가 쉽지 않았다. 나는 주로 진료실 진료와 충수돌기 절제술, 담낭 제거, 장 수술, 가슴 수술을 비롯한 일반외과 수술, 개인적으로 내분비종양에 관심이 많아 갑상샘과 부신 수술을 많이 하는 편이다. 이런 수술은 각각 600달러에서 1100달러 사이인데 보통 일주일에 여덟 건 정도 있다. 48주를 일한다고 가정했을 때 1년에 50만 달러라는 어마어마한 돈을 벌어들인다는 계산이 나온다. 그러나 매년 의료 과실 보험료로 3만 1000달러, 진료실과 병원 공간 임대료로 8만 달러씩 나간다. 컴퓨터와 그 밖의 사무용 집기를 사야 하고, 비서와 간호사와 간호조무사도 고용해야 한다. 게다가 외과 간접비로 19.5퍼센트를 공제해 간다.

보험도 없고 경제적 여유도 없는 환자들이 있다. 따지고 보면 미국인의 15퍼센트는 의료보험이 없다. 그렇지만 여느 의사들과 마찬가지로 나 역시 의사들은 이런 환자들도 성심성의껏 보살필 의무가 있다고 믿는다. 환자가 보험에 가입돼 있다고 하더라도, 일부 보험업체는 여타 업체에 비해 적은 금액을 지급하고 아예 지급을 거부하기도 한다. 보험업체들이 이런저런 이유를 들어 지급을 거절하는 청구서가 30퍼센트에 이른다는 연구 결과도 있다.

로베르타 파릴로(Roberta Parillo)는 의사들을 주 고객으로 삼는 재정난 전문가다. 어느 날 갑자기 수지 적자를 깨달은 병원이나 병원 의

얼마를 벌어야 충분할까

사회에서 연락해 오는 경우가 다반사다. "제가 그 난장판을 수습하죠."
파릴로의 표현을 빌리자면 그렇다. 파릴로는 대학원에서 미국문학을
전공했다. "작가가 될 생각이었어요." 하지만 그 꿈은 실현되지 못했고,
그녀는 코네티컷주의 의사들을 상대로 보험 양식의 이해를 돕는 일을
시작했다. 50대에 접어든 지금도 비행기와 호텔에서 살다시피 하며 일
한다. 우리가 통화했을 때는 재정난에 빠진 어느 병원의 실태를 파악
하느라 펜실베이니아에 있었다. 그전 몇 달 동안은 미시시피에서 뒤늦
게 적자 수지를 깨달은 의사 125명을 도왔고, 워싱턴 D.C.에서 존폐
위기에 내몰린 어느 의사회의 상담을 했고, 뉴잉글랜드에서는(정확한
소재를 언급하기를 꺼렸지만) 5000만 달러를 손해 본 어느 큰 병원의 마
취과를 찾았다. 그 밖의 십여 군데는 의뢰를 거절해야 했다. 파릴로의
말로는, 어떤 의사들은 아예 한 푼도 벌지 못하는 경우가 있다고 한다.

의사들은 그들의 돈벌이가 능력과는 별 상관이 없다는 사실을 금
세 배우게 된다. 즉 사업적인 측면을 어떤 식으로 다루느냐가 관건이
다. 의사들은 대개 보험 문제는 환자들이 알아서 할 것이라고 기대한
다. 하지만 그렇게 했다가는 떼이기 십상이다. 의사가 청구서를 보냈는
데 보험사에서 퇴짜를 놓을 경우, 90일 이내에 그 문제를 해결하지 않
으면 보험사는 한 푼도 내지 않아도 된다. 청구서를 다시 환자에게 보
낸다고 해도 돈을 내지 않는 경우가 부지기수다. 그러므로 낭패를 보
지 않으려면 상당수 보험 문제는 직접 나서서 처리해야 한다는 게 파
릴로의 조언이다.

"환자가 전화해서 진료 예약을 합니다. 바로 여기에서부터 상황이

꼬일 수 있습니다." 만약 환자가 보험이 없다면 메디케이드* 같은 주정부 지원을 받을 수 있는 대상인지 살펴봐야 한다. 환자가 보험이 있다고 하더라도 안심해선 안 된다. 우선 자신이 보험사 명단에 법적으로 유효한 의사로 올라 있는지 알아봐야 한다. 환자가 받으려는 의료 서비스가 보험 처리가 되는 것인지 확인하고 그 서비스와 관련한 보험 약정을 찾아봐야 한다. 1차 진료 의사로부터 받은 위탁번호가 있는지도 확인해야 한다. 그뿐만 아니라 환자가 미납한 가입자 부담금 공제나 진료비 분담금이 있는지도 점검해야 한다.** 그런 것이 남아 있으면 환자가 진료 시 그 돈을 지불하도록 되어 있다.

"환자는 이런 것을 매우 짜증스러워하죠." 파릴로가 말했다. "'보험이 있다고요! 근데 왜 돈을 내라는 겁니까! 돈 안 갖고 왔어요!' 그럴 때는 금융상담사 노릇까지 해야 합니다. 게다가 다음부터 현금이나 수표, 신용카드 없이는 오지 말라고 말하기도 마음이 썩 편하지는 않습니다. 어쨌든 환자를 그냥 돌려보낼 수는 없으니 진찰을 하겠지요. 그러면 보험에서 (가입자가 부담해야 하는) 20퍼센트는 한순간에 떼이는 겁니다. 본전도 못 찾는 거죠."

이런 사실을 모두 가려낸다고 해서 시련이 끝나는 것은 아니다. 정

---

* 저소득층이나 신체장애인을 대상으로 정부가 제공하는 의료보험 제도.
** 미국의 의료보험은 구성이 복잡하다. '진료비 분담금'은 진료를 받을 경우 그때그때 정해진 액수를 조금씩 내는 것이다. '본인 부담금 공제(Deductible)'란 가입자가 연간 부담해야 하는 의료비의 일정액을 미리 지불하는 것으로, 이를 넘기면서부터 보험사에서 의료비를 지급한다. 보험사와 상품마다 액수가 다르다.

신이 아뜩할 정도의 요식 행위가 기다리고 있다. 외과의의 경우 환자를 진료하거나 수술할 때마다 그때그때 위탁번호와 사전승인번호가 필요한 경우도 있다. 그다음에는 제대로 된 청구서 양식에 위탁번호와 사전승인번호, 보험상품번호, 진단코드, 시술코드, 진료코드, 납세자식별번호, 그 밖에 보험사에서 요구하는 기타 정보를 모두 기입해야 한다. "하나라도 틀리는 날에는 돈은 물 건너 갑니다. 바로 거부당하는 거죠." 또한 보험업체의 소프트웨어 프로그램은 진단, 시술, 진료 코드의 특정 조합에 대해서는 거부하게끔 설계되어 있다. 이유가 뭐든 거부된 즉시 모든 요금 청구서는 환자의 손에 떨어진다. 보험사에 전화를 해봤자 자동 음성 안내와 지루하기 짝이 없는 통화 대기음만 이어질 뿐이다.

파릴로가 추천하는 방식은 상당히 단도직입적이다. 우선 진료비 청구 시스템을 전산화해야 한다. 보험업체에 발송하는 청구서는 물론이고 보험업체가 보낸 지급서도 주의 깊게 검토해야 한다. 아예 보험 업무를 전담할 사무 인력을 고용해야 한다. 이들이 제대로 일을 하면 보험사의 지급 거부 비율을 30퍼센트에서 15퍼센트로 줄일 수도 있다. 이것이 바로 의사들이 돈 버는 방법이라고 파릴로는 귀띔해 주었다. 그 길에는 걸음걸음마다 보험사와의 전쟁이다.

사업가가 될 것인가,
혁신가가 될 것인가

수련받던 시절, 나이 많은 의사들이 이럴 줄 알았으면 절대 의사는 안 했을 거라고 걸핏하면 불평해 대는 걸 들을 때마다 맥이 빠졌다. 그들 대다수는 보험이라는 난맥상을 제대로 들여다볼 수조차 없어 보였다. 2004년 매사추세츠주의 의사들을 대상으로 실시한 여론조사 결과, 58퍼센트가 자신이 일하는 시간 대비 벌어들이는 수입에 대해 만족하지 못했고, 56퍼센트가 비교 가능한 다른 직업군에 속한 사람들에 비해 자신의 수입이 경쟁력이 떨어진다고 봤으며, 40퍼센트가 향후 5년 동안 자신의 수입이 줄어들 것이라고 응답했다. 아마도 보험 문제에 대한 의사들의 불안이 반영된 결과일 것이다.

다트머스 대학교 교수인 윌리엄 위크스(William Weeks)는 의사의 업무량에 관한 연구를 여러 차례 실시했다. 위크스와 그 동료들은 의사의 근무 시간이 정말로 다른 직업보다 길다는 사실을 발견했다.(보통 일반외과 의사의 경우 주당 63시간 일한다.) 또한 대학과 전문대학원 진학 비용을 투자라고 본다면 의료계의 수익이 여타의 전문직에 비해 다소 떨어진다는 사실도 확인했다. 입학 성적이 비슷한 의대, 로스쿨, MBA 졸업생의 재산과 이들이 중년이 될 때까지의 연간 수익률을 조사해 봤더니, 종사하는 분야별로 1차 의료는 16퍼센트, 외과 18퍼센트, 법조계 23퍼센트, 경영 26퍼센트라는 계산이 나왔다. 전반적으로 나쁘지는 않지만 그렇다고 차이가 없는 것도 아니다. 게다가 의사의 수입은 개업 후 5년에서 10년 사이에 정점에 달하지만, 뒤이은 세월 동안은 장시간 일하고픈 의욕이나 능력이 저하되면서 소득도 감소하는 경향이 나타난다.

그렇다고 불평을 늘어놓기에는 불편한 구석이 있다. 한번 짚고 넘어가 보자. 2003년 1차 의료에 종사하는 의사들의 평균 수입은 15만 6902달러였다. 나와 같은 일반외과 의사들은 26만 4375달러였다. 특정 전문 의학 분야의 경우 소득이 훨씬 높을 수도 있다. 환자가 많은 정형외과의, 심장전문의, 통증전문의, 종양전문의, 신경외과의, 손전문외과의, 영상의학과의 들은 흔히 1년에 50만 달러 이상 번다. 어쩌면 변호사나 사업가는 더 많이 벌 것이다. 그렇지만 대부분의 생화학자, 건축가, 수학 교수 들은 벌이가 더 적다. 결국 문제는 이것이다. 과연 우리가 돈을 보고 일하는가, 환자를 위해 일하는가? 우리는 운이 좋은지도 모르겠다. 선택의 여지가 없으니 말이다.

물론 선택을 하는 사람들, 즉 남보다 많이 벌기 위해 애쓰는 의사들이 분명 있다. 그런 의사 하나를 찾아가 이야기를 나누었다. 30년 동안 미국 동부 연안의 한 병원에서만 일반외과의로 일한 그는 자신의 일을 사랑한다고 말했다. 쓸데없이 힘들게 일하지도 않았다. 그의 진료 시간은 일주일에 단 하루 9시 30분에서 3시 30분까지였고, 일주일에 약 여섯 건의 수술을 했다. 여태껏 그는 복강경 수술(조그맣게 절개한 구멍으로 광섬유 비디오카메라와 초소형 기구를 이용하여 시술한다)에 특별한 관심을 두고 기술을 연마해 왔다. 더는 한밤중의 응급 상황을 떠맡지도 않는다. 은근슬쩍 지나가는 말투로 이런 수술로 얼마를 버느냐고 물었다. "순수익 말입니까?" 그 외과의가 대답했다. "작년에 120만 달러쯤 벌었습니다."

순간 숨을 멈춰야 했다. 그는 적어도 지난 10년 동안 매년 백만 달러 이상을 벌었다. 나는 일반외과에서 그렇게 많은 돈을 버는 일이 어떻게 가능했는지 아니 용납될 수 있는지 궁금했다. 그 병원은 이 문제를 두고 그 의사나 병원의 이름이 지면에 나오기를 원치 않았다. 의사역시 사람들이 어떻게 반응할지 정확하게 알고 있었다. "제가 볼 때 의사들은 스스로를 속이고 있습니다." 그가 입을 열었다. "의사는 배관공이나 전기공과 다름없이 법니다. 아니, 그보다도 벌이가 못하죠." 그가 비교를 든 직종은 교육이나 수련 과정을 10년이나 받지 않아도 된다. 그는 왜 의사들이 응당 받아야 하는 자신의 보수를 보험사가 이래라저래라 하는데 가만히 지켜보고 있는지 이해할 수 없다. 그래서 아예 보험 적용을 받지 않는다. 당신이 그의 진료를 받으려면 현금을 내야 한다. 그런 다음에 보험사와 싸워서 변제를 받든지 말든지는 당신의 문제다.

그가 청구하는 치료비는 수요자가 부담할 수 있다고 자신이 판단한 수준이다. 일반외과에서 가장 흔한 수술인 복강경 담낭 절제술에 대해 보험사가 외과의에게 지급하는 비용은 700달러가량이다. 그는 8500달러를 요구한다. 심각한 위산 역류를 막아 주는 위저추벽 성형술의 경우 보험사에서는 1100달러를 지급한다. 그는 1만 2000달러를 부른다. 그럼에도 여태껏 환자가 모자랐던 적은 없다.

이런 성공을 다른 이들이 쉽게 따라 할 수 있을지는 미지수다. 어

얼마를 벌어야 충분할까

쨌든 이 외과의가 일하는 대도시에는 그 정도 비용을 무리 없이 수용할 만한 소득이나 보험 정책을 가진 사람들이 많으니까 말이다. 게다가 그는 해당 분야에서 거의 스타나 다름없다. "저는 다른 외과의가 할 수 없는 것을 할 수 있죠. 저는 그것을 압니다." 그가 말했다.

내가 그 의사처럼 한다고 가정해 봤다. 보험 환자들을 받지 않고 수요자가 부담할 만한 비용을 청구한다고 말이다. 수백만 달러를 벌지는 못하겠지만 지금보다는 훨씬 많이 벌 것이다. 물론 보험사와 실랑이하는 일도 없을 것이다. 그렇지만 정말로 부자들만의 의사가 되고 싶을까?

"왜 안 되죠?" 그가 되물었다. "우리 의사들이 이타적이어야 한다는 생각은 현실을 회피하는 겁니다. 우리가 돈을 주는 물품 업체부터 우리에게 돈을 주는 보험사까지 다들 제 밥그릇을 채우려고 우리를 쥐어짜고 있습니다." 그가 덧붙였다. "2005년에 에트나 보험사 최고경영자 연봉이 1000만 달러였습니다. 이들은 영리기업입니다. 보험사는 의사에게 줄 돈을 떼어먹거나 의료 서비스에 대한 지급을 승인하지 않는 식으로 돈을 벌지요." 그의 문제 제기는 그런 보험사를 우리가 왜 상대하느냐는 것이다. 더도 말고 덜도 말고 의사도 사업가라는 인식이 필요하며, 그 사실을 빨리 받아들일수록 좋다.

그의 입장도 나름의 명쾌한 구석이 있다. 그렇지만 이 일이 순전히 서비스와 돈의 맞교환에 불과하고, 의사라는 직업이 자동차 판매원과 다를 바가 없다면 뭐하러 12년이나 고생해 가며 수련을 하는가? 차라리 2년이면 되는 경영대학원에 가는 게 낫지 않나? 그 이유는 의사라면 적어도 사람과 사회를 위해 의미 있고 존경받는 일을 하고픈 일말의 희망을 품고 있기 때문이다. 그러기에 설사 보험사 때문에 화가 머리끝까지 나더라도, 설령 보험이 아예 없는 환자라 할지라도, 의사들 대부분은 아픈 사람을 돌봐야 한다는 책임감을 느낀다. 보통 사람들을 저버리는 순간 우리가 특별한 일을 한다는 보람 또한 사라진다. 보험의 구렁텅이에서 빠져나가고 싶은 심정을 모르는 바 아니다. 우리에게 뭔가 다른 길은 없을까?

1971년, 해리스 버먼(Harris Berman)이라는 33세 내과 전문의는 약간 다른 방법을 찾기로 결심했다. 그와 일반외과 수련 과정을 방금 마친 친구는 고향인 뉴햄프셔주로 돌아가 내슈아에 정착했다. 그 후 소아과, 가정의학과, 산부인과 의사가 각각 한 명씩 합류했다. 그들은 보험사에 어떤 청구서도 보내는 일 없이 고정된 연회비를 받고 환자들을 진료했다. 파격적인 실험이었다. 그들은 자신들의 임금 역시 전문 분야에 차등을 두지 않고 1년에 3만 달러로 고정했다. 그 당시 의사로서는 나쁘지 않은 수입이었다. 환자가 치명적인 질병에 걸려 5만 달러를 초과하는 비용이 발생한 경우에는 재보험으로 충당했다고 버먼은 기억한다.

　새로운 계획은 먹혀들었다. 이제 68세에 접어든 버먼에게서 상세한 이야기를 들었다. 그들은 뉴햄프셔 출신으로 독립선언서에 서명한 세 명의 인사 가운데 의사였던 매슈 손턴의 이름을 따서 자신들의 사업을 '매슈손턴 의료보험(Matthew Thornton Health Plan)'이라고 칭했다. 비록 소규모이긴 했지만 색깔은 분명히 HMO*였다. 금세 환자 5000

명이 등록했다. 의사들도 번창했고 실랑이할 일은 극히 드물었다. 처음에는 하위 분야 전문의가 없어 환자를 안과 의사나 정형외과 의사에게 보내야 할 경우는 손턴의 의사들이 진료비를 냈다. 그러다 그 전문의들에게 서류 업무를 볼 것 없이 매달 정액 진료비를 받는 것이 어떠냐고 제안했다.

"받아들인 사람도 있었습니다. 우리의 진료에도 큰 영향을 미쳤습니다. 예를 들어, 비뇨기과 의사들은 어떤 환자가 전문 진료를 필요로 하는지, 어떤 환자는 자기에게 보내지 않고도 자체적으로 돌볼 수 있는지 판가름하는 방법을 가르쳐 주더군요. 직접 와서 혈뇨 환자를 어떻게 보는지, 우려할 만한 환자는 어떻게 파악하는지도 알려 주었죠. 안과 의사도 찾아와서 눈 가려움이나 눈물 흘림 증상을 치료하는 법을 일러 주었습니다. 이런 가벼운 환자까지 빠짐없이 봐가면서 진료비를 챙길 수도 있었을 텐데 그러지 않고 우리의 효율성 제고에 도움을 주었죠." 버먼이 말했다.

몇 년 후 매슈손턴은 다른 보험사에 비해 비용이 저렴해졌다. 고용주들이 사업의 취지를 깨달으면서 가입자가 치솟았다. 의사를 추가로 확보하는 일이 시급해졌다. 상황이 복잡해진 것은 이때부터였다. "처음에는 우리 모두 헌신적이었습니다. 열심히 일했어요. 병원에서 살다시피 하면서 말입니다. 젊고 의욕이 넘쳤지요. 그러다가 덩치가 커져

● 미국 민간 의료보험 플랜의 가장 보편적인 형태. 월 보험료를 납부하고 정해진 병원과 의사에게 받은 진료에 대해서만 보험 혜택을 준다.

인력을 더 확보하게 되니까 다들 이곳에 온 이유가 다른 데 있더군요. 월급쟁이 생활이 마음에 들었던 거죠. 의사도 그냥 직업이다, 밤낮없이 헌신하기는 싫다는 생각 말예요. 개중에는 시간제로 일하는 의사도 있었습니다. 손목시계를 쳐다보면서 5시가 되기를 기다리는 친구들이 슬슬 보이기 시작했죠. 생산성 문제가 드러났습니다." 상근으로 일할 전문의를 구할 때도 문제가 생겼다. 획일적인 월급으로는 일을 못 하겠다는 의사가 많았다. 정형외과의는 다른 의사에 비해 상당한 금액을 더 주고 고용해야 했다. 동료 의사들에게 얼마를 어떻게 지불할 것인가 하는 문제에 융통성을 발휘해야 할 시점이었다.

30년이라는 세월 동안 의사들의 급여 지불 방식을 두고 강구할 수 있는 방법은 거의 모두 써봤다고 버먼은 말했다. 월급을 줄 경우, 적게 받든 많이 받든 다들 오후 3시면 어김없이 퇴근해 버렸다. 행위별 수가제로 바꿔 봤더니 서류는 산더미처럼 쌓이고 한 푼 더 챙기겠다고 청구서를 남발했다. 생산성 제고를 위해 복잡한 보너스 지급 방안을 도입하거나 의사들에게 생산성 감독 명목의 예산을 지급하기도 했다. 아예 환자들에게 현금 계정을 주어 직접 진료비를 지불하게도 해보았다. 하지만 노고에 대한 보상과 비용 절약 사이에서 제대로 된 균형과 간편한 절차라는 두 마리 토끼를 잡을 수 있는 방도는 어디에도 없었다.

1980년대 중반까지 매슈손턴 의료보험에 가입한 환자의 수가 6만 명에 이르게 된 데는 다른 방안보다도 성공적으로 비용을 관리한 점이 주효했다. 이 의료보험은 뉴햄프셔에서 두 번째로 규모가 큰 보험으로 성장했다. 그러나 이제는 버먼과 그가 만든 규정, 그의 계약이 의사들에게 욕먹는 신세가 되었다. 1986년 버먼은 매슈손턴 의료보험을 떠났고, 곧이어 매슈손턴은 블루크로스로 넘어갔다. 버먼은 뉴잉글랜드 최대 의료보험사로 손꼽히는 터프츠 의료보험의 최고경영자 자리까지 오르면서 그에 걸맞은 소득을 벌어들이기도 했다. 급진적 실험은 끝이 났다.

보험이 의료를
좌우할 때

2005년 미국인은 2조 달러 이상을 의료 부문에 지출했다. 이는 국부의 6분의 1에 해당하며, 인구수로 나누면 1인당 7110달러에 달했다. 정부와 민간 보험이 그 비용의 80퍼센트를 나눠 내고 나머지는 주로 환자의 주머니에서 나왔다. 병원이 그 돈의 3분의 1을, 의사들이 3분의 1을 취했고, 나머지 3분의 1은 사립 요양원, 처방약, 보험 체계 관리 비용 따위의 기타 항목에 들어갔다. 미국인들은 자신들이 받는 치료에는 꽤 만족하는 듯 보이지만 그 비용을 맘에 들어 한 적은 없다. 의료보험료는 2005년에만 9.2퍼센트 뛰었다.

의료비에서 경비를 제한 의사 소득이 차지하는 비율은 꽤 적긴 하지만 그 경비 지출의 대부분이 우리 책임이다. 나는 하루 동안 진료하면서 환자들에게 전문가 상담, 수술, 입원, 엑스레이 촬영, 치료제 등의 형태로 3만 달러어치의 의료를 처방한다. 그리고 비용이 얼마나 잘 변제되느냐 하는 문제는 내가 이러한 의료 서비스를 얼마나 충분하게 시행할 것인가에 어쩔 수 없이 영향을 미친다. 돈, 돈 하게 되는 것을 피할 수 없는 지점이다. 올바로 하는 것과 잘하는 것 사이에 충돌이 빚어지는 지점이기도 하다.

12년 전 내 아들 워커가 심장 수술을 받아 목숨을 건진 다음에 청구서를 받아 본 기억이 떠오른다. 총비용은 거의 25만 달러라고 적혀 있었으나, 내가 실제 치러야 할 돈은 75달러였다. 처음 응급실을 찾았을 때의 진료비를 일부 부담한 금액이었다. 그날 파리한 얼굴로 몸부림치던 아이는 의사로부터 심장병이라는 진단을 받았다. 당시 나는 인턴이었고 아이의 진료비를 전부 낼 형편도 못 되었다. 아내와 내가 그 돈을 직접 내야 했다면 우리는 아마 파산했을 것이다. 그러나 보험 덕분에 우리 부부도 아이의 담당 의사들도 간호사들도, 모두 그저 아이의 안위만 걱정할 수 있었다. 그보다 고맙고 다행한 일은 없었다.

동시에, 보험은 경제학자들이 말하는 '도덕적 해이'의 온상이기도 하다. 돈은 다른 사람들이 내고 우리는 아이를 살리는 데 얼마가 들었는지, 얼마가 청구되었는지 전혀 개의치 않았다. 그때 내 심정으로는 의료진 한 사람 한 사람에게 100만 달러를 준대도 합당하게 느껴졌다. 결과적으로 그 값을 치른 것은 다른 사람들이었다. 따라서 그 값에 의문을 제기하는 일 역시 그들의 몫으로 남겨졌다. 이런 연유로 환자와 의사들이 보험업체와 적대적 관계에 있는 것이다. 보험 제공자가 정부이든 민간 기업이든 간에, 청구된 비용과 거부된 청구서와 사전 승인을 둘러싼 싸움은 아무리 봐도 끝날 기미가 보이지 않는다.

얼마를 벌어야 충분할까

지급을 둘러싼 싸움을 생각해 보면, 그렇게나 많은 의료비 변제가 꾸준하게 지속되었다는 사실이 신기할 따름이다. 오늘날 미국은 그래도 전 세계 어디보다 의사들의 벌이가 좋은 편이다. 의사들이 벌어들이는 수입은 미국인 노동자 평균 수입의 7배가 넘으며 그 격차는 시간이 흐를수록 커졌다.(대부분의 선진국에서는 3배 미만이다.) 그 덕분에 미국 의료계는 어마어마한 인재들을 끌어들였고, 의사들은 어떤 직업군보다 열심히 일하고 있다.

동시에 미국이라는 국가는 보험 미가입자에 대해 여태껏 무관심했다. 미국인 7명 중 1명은 의료보험 혜택을 받지 못한다. 그리고 65세 미만 미국인 가운데 3명 중 1명은 향후 2년 안에 보험 혜택을 잃게 된다. 이들은 정부 프로그램 혜택을 받을 만큼 늙거나 가난하지 않고, 그렇다고 민간 보험 혜택을 받을 만큼 좋은 직장에 다니지도 않는 사람들이다. 그들은 치료해 줄 의사를 찾기도 어렵거니와 진료비로 인한 파산 비율도 터무니없이 높고, 고혈압이나 심장병, 충수염, 암을 미처 발견하지 못하거나 적절히 치료받지 못할 가능성이 높다는 사실도 이미 입증되었다. 온갖 술수로 얼룩진 우리의 복잡한 의료보험 제도는 곳곳이 허점투성이다. 변화가 시급하고도 절실하다.

외과 과장에게서 일자리를 제안받고 며칠 후 나는 과장실로 가서 액수를 밝혔다. "좋습니다." 과장의 말과 함께 우리는 악수를 나누었다. 이제 나도 얼마를 버느냐는 질문에 쩔쩔매는 그런 사람이 되었다. 우리는 이런저런 이야기를 좀 더 나누었다. 연구는 언제 어떻게 할 것인지, 당직은 며칠인지, 가족과의 시간은 어떻게 낼 것인지 등등. 새로 맡은 일에 대한 기대감과 흥분이 두려움과 함께 차올랐다. 그러다 면담이 끝날 때쯤에야 정작 중요한 질문 한 가지를 빠뜨렸음을 깨달았다.

"의료보험 혜택은 어떻게 되나요?"

정말 큰일 날 뻔했다.

얼마를 벌어야 충분할까

7 죽음을 도울 수 있는가

2006년 2월 14일, 캘리포니아에서 집행될 살인범 마이클 모랄레스의 독극물 주사를 이용한 사형을 두고 연방지방법원이 전례 없는 판결을 내렸다. 판결문은 주 정부에게 사형 집행을 직접 감독할 의사, 특히 마취과 의사를 동석시키든지 아니면 독극물 주사를 둘러싼 표준 규정을 대대적으로 수정하라고 명했다. 당장의 규정은 이러했다. 투약 후 1분 안에 호흡이 정지되고 의식을 잃는다는 마취제 티오펜탈나트륨을 다량으로 주입한다. 그런 다음 마비제 판큐로늄을 주사하고 뒤이어 치사량의 염화칼륨을 주입한다. 그러나 판사는 사형 일지에 드러난 증거를 토대로, 과거 캘리포니아에서 처형당한 사형수 8명 가운데 6명이 마비제 주입 전에 호흡을 멈추지 않았다는 사실을 발견했다. 그 사형수들은 마비제로 인해 생매장을 당할 때와 흡사한 질식 상태뿐 아니라, 염화칼륨으로 인해 격심한 고통을 겪었을 가능성이 심각하게 제기되었다. 이런 고통스러운 경험은 잔혹하고 비상식적인 형벌을 금지하는 수정헌법 제8조에 위배된다. 따라서 판사는 죄수가 의식을 잃었는지, 그리하여 두 번째와 세 번째 약물은 언제 주입하면 되는지를 판단해 주는 마취과 의사를 참관시키거나 아니면 일반의에게 티오펜탈나트륨을 주입하는 과정만이라도 감독시키라고 주 정부에 명한 것이었다.

캘리포니아의사협회, 미국의학협회, 미국마취학회에서 의사가 사형에 참여하는 행위는 명백한 의료윤리 강령 위반이라며 즉각 성토하고 나섰다. 미국마취학회장은 "의사들은 치료하는 사람이지 사형집행인이 아니다."라고 기자들에게 말했다. 그렇지만 불과 이틀 후, 교도소는 그 일을 기꺼이 맡아 줄 마취과 의사 두 명을 찾았다고 발표했다. 법원에서는 그들의 익명 참여에 동의했고 신원을 증인들에게 감추도록 해줬다. 하지만 그 의사들은 사형 집행을 하루 앞두고 참여를 철회했다. 제9지구 항소 순회재판에서 사형수가 의식이 남아 있거나 고통을 보이면 의료진이 직접 추가로 약물을 주입해야 한다는 조항을 덧붙였기 때문이다. 그들은 당연히 추가된 조항을 받아들이지 않았을 것이다. (사형 집행이 연기되는 바람에 모랄레스는 이듬해 1월까지 사형수 감방에 남아 있었다.) 연방법원은 아직도 독극물 주사로 사형 집행 시 의료 전문가의 보조를 요구하고 있다.

미국에서 사형 집행은 의료 처치로 시행된다. 그로 인해 의사와 간호사는 사형 집행 참여를 요구받음으로써 직업상의 윤리 강령과 광범위한 사회적 요구 사이의 갈림길에 섰다. 의료계의 규정이 항상 옳은

죽음을 도울 수 있는가

것은 아니다. 사회의 법도 마찬가지다. 전문가다운 행동과 준법 행동, 윤리적 행동 사이의 구분은 대단히 중요하지만 때로는 모호하다. 나는 의사와 간호사 개개인이 이것을 어떻게 구분하고 어떤 선택을 내리는 지에 관심이 쏠렸다.

의료 절차가 된
사형 집행

모랄레스 판결은 꾸준히 진화해 온 미국 사형 제도가 다다른 정점이 다. 1976년 7월 2일, 그레그 대 조지아주 사건을 판결하면서 대법원은 약 10년간 이어진 유예 상황에 종지부를 찍고 사형을 합법화시켰다. 그로부터 6개월이 지난 1977년 1월 17일, 유타주에서 프로보 모텔 매 니저 벤 부시넬을 살해한 그레이 길모어의 총살형이 집행된 것을 시작 으로 사형이 재개되었다.

　그러나 총살형은 너무 잔혹하고 제어가 안 된다는 인식이 팽배했 다. 예를 들어, 길모어의 심장은 총을 맞고 2분이 지나서도 멈추지 않 았다. 1951년 유타주에서 다섯 명으로 구성된 집행인들이 사형수 엘 리시오 마레스의 심장을 비켜 오른쪽 가슴을 맞히는 바람에 마레스가 피를 흘리며 서서히 죽어 갔다는 유명한 일화에서 알 수 있듯이, 방아 쇠를 당길 때 집행인의 마음이 약해지기도 한다.

　교수형은 훨씬 더 비인도적인 처사로 간주되었다. 가장 나은 경우에도 제2경추골이 부러지고 횡격막이 마비되어 사형수가 질식해서 죽기까지 1분이 소요된다.

　가스실도 나을 것이 없었다. 사이안화물 가스로 인한 질식은 사이토크롬 산화효소로 알려진 주요 대사 효소를 비활성화시켜 각 세포가 산소를 이용하지 못하게 막는 원리인데, 교수형보다 시간이 훨씬 많이 걸릴 뿐 아니라 사형수들이 숨이 막혀 몸부림치다가 발작하는 광경에 대중은 몸서리를 쳤다. 예를 들어, 1992년 애리조나주에서 세 명을 살해한 사형수 도널드 하딩의 가스실 처형은 무려 11분이 소요되었는데, 그 광경이 어찌나 끔찍했던지 기자들은 죄다 비명을 질렀고 주 검찰총장은 구토를 할 정도였다. 담당 교도관은 이런 사형 집행을 한 번만 더 시키면 사직하겠다고 선언했다. 1976년 이래로 총살형을 당한 사람은 2명뿐이고, 교수형이 3명, 가스실 처형이 11명이다.

　그레그 판결 이후 집행된 총 153건의 사형 집행에서 첫 100건 가운데 74건에 사용된 방법은, 비교적 신속하고 무난한 방법으로 여겨진 전기의자였다. 그러나 전류는 종종 아크 방전을 일으켜 사람의 몸을 태우는 것도 모자라 가끔은 불이 붙는 바람에 시신이 식을 때까지 사체 검사가 지연되는가 하면, 몇몇 사형수의 경우에는 한 번이 아니라 여러 차례 전기 충격을 주어 사형을 집행했다는 사실이 드러났다. 1979년 앨라배마주의 존 루이스 에번스 3세는 2600볼트의 전류가 두 차례나 통과했는데도 여전히 목숨이 붙어 있었다. 교도관은 주지사에게 전화를 했고 주지사는 사형 집행의 속개를 명했다. 세 번이나 더 전류를 흘리고 나서야 마침내 에번스는 사망했다. 에번스가 죽기까지 고

　　　　　　　　　　　　　죽음을 도울 수 있는가

통은 거의 20분이나 이어졌고, 이를 지켜보던 관람석의 증인들은 비명을 질렀다. 플로리다주와 버지니아주, 앨라배마주는 꾸준히 전기의자로 사형을 집행했지만 감사에 착수하겠다는 대법원의 으름장에 결국 그 방법을 포기했다.

현재는 독극물 주사가 수정헌법 제8조를 충족시키는 인도적인 방법으로서 법원에서 허용하는 유일한 선택지이다. 이 방식이 넓게 보아 사형 절차를 의료화하기 때문이다. 사형수는 병원 침대에 반듯이 드러눕는다. 하얀색 시트를 가슴께까지 덮고 팔에 정맥주사선을 연결한다. 1977년 오클라호마 대학교의 마취학과장 스탠리 도이치(Stanley Deutsch) 박사가 제안한 절차 따라, 먼저 사형수에게 일반적인 처치 시 최대 권장량의 5~10배에 해당하는 2500~5000밀리그램의 티오펜탈나트륨을 주입한다. 이것만으로도 뇌의 전기 활동이 중단되면서 호흡 정지와 순환 허탈로 이어져 죽음에 이르기도 한다. 그러나 티오펜탈나트륨만으로는 사망까지 15분 내지 그 이상 걸리므로 사형수가 숨을 헐떡이거나 고통스러워하거나 경련을 일으킬 수 있다. 그러므로 티오펜탈나트륨을 주입하고 1분 정도 후 일반 사용량의 10배에 해당하는 판큐로늄 60~100밀리그램을 주사하여 근육을 마비시킨다. 마지막으로 신속한 심정지를 위해 120~240밀리당량(mEq)의 염화칼륨을 주입한다.

관료들은 이 방법이 마음에 들었다. 기존의 마취 기법을 따온 이 방법 덕분에 사형은 그때까지 보는 사람의 반발을 일으키던 소름 끼치는 광경에서 의료 처치에 가까운 것으로 바뀌었다. 미주리주에서는 심지어 교도소 병원의 진찰실에서 사형을 집행하기도 했다. 증인들의 불안감도 줄었다. 약물도 저렴하고 구하기 쉬웠다. 그에 비해 사이안화물 가스와 3만 와트 발전기는 얼마나 구하기 까다로운가. 게다가 기술적 문제가 발생하면 의사나 간호사에게 도움을 구할 수 있고, 고통이 없고 신뢰할 수 있는 방법임이 입증된 데다, 집행 과정에서도 좀 더 전문적인 분위기가 풍겼다.

그러나 의료계가 반대했다. 1980년에 도이치 박사의 기법을 이용한 사형이 처음 집행되었을 때 미국의학협회는 의사의 개입이 의료윤리 위반이라는 결의안을 통과시켰다. 그러나 결의안 내용은 상당히 모호했다. 가령, 사망 선고와 같이 이전의 사형 집행 현장에서 의사들이 해왔던 행위를 허용할 것인지 여부는 언급하지 않았다. 그래서 미국의학협회는 1992년 의료윤리 강령에서 그러한 금지 사항을 분명히 했다. 제2조 6항은 다음과 같다. 비록 사형제도에 대한 의견은 "개인의 사적인 도덕적 결정"이지만 "의사는 생명 유지에 헌신하는 업종에 종사하는 일원으로서 법적으로 허가된 사형에도 참여해서는 안 된다." 나아가 그 강령은 사형 절차의 일환으로 약물을 처방하거나 주입하는 것, 바이털사인을 점검하거나 기술적인 조언을 제공하거나 주사 부위를 선택하는 것, 정맥주사선을 연결하거나 이를 감독하는 것까지 용납할 수 없다고 규정했다. 사망 선고 역시 용납할 수 없는 행위로 간주했다. 만에 하나 그 사형수가 살아 있다고 확인되더라도 의사가 그를 소생시킬 수 없기 때문이다. 용납 가능한 행위는 두 가지뿐이다. 사형수의 요청에 따라 불안을 가라앉힐 진정제를 지급하는 것, 그리고 다른

죽음을 도울 수 있는가

사람이 사망을 선고한 후 사망진단서에 서명하는 것.

미국교정의사학회의 윤리 강령은 "교도 의료 전문가는 그 어떤 형태의 사형 집행에도 개입해서는 안 된다."라고 훨씬 더 엄격한 금지 조항을 정해 놓고 있다. 미국간호협회도 유사한 금지 조항을 채택했다. 미국약사협회만이 사형 집행에 약사들의 자발적인 약물 지급을 윤리적 행위로 용납함으로써 개입을 허용한다.

주 정부는 의료인의 참관을 원했다. 1982년 텍사스주에서는 주 교도소 의료 책임자인 랠프 그레이와 또 한 명의 의사 배스컴 벤틀리가 비록 사망 선고에 국한된 것이지만 아무튼 미국 최초로 실시하는 독극물 주입에 의한 사형 집행에 참석하기로 합의했다. 일단 현장에 자리하자 교도관이 그레이에게 사형수를 검사하여 적당한 주사 부위를 찾아 달라고 부탁했다. 그러나 두 사람은 약물 주입 자체에 대한 어떤 조언도 하기를 거부하고 교도관이 약물을 준비하는 광경을 지켜보기만 했다. 교도관이 주사기를 꽂으려 했는데 잘 되지 않았다. 그는 모든 약물을 한꺼번에 섞어서 하얀 침전물 덩어리를 밀어 넣었다. 전하는 바에 의하면, 의사들 가운데 하나가 "당신에게 말해 줄 수도 있지만…."이라고 말하고는 고개를 가로저었다고 한다. 또 한 차례 시도가 있고 나서 그레이는 사형수의 사망을 선고하러 갔다. 하지만 사형수는 아직 살아 있었다. 이제 의사들이 개입하지 않을 수 없었다. 두 사람은 시간을 갖고 천천히 약물을 더 주입하라고 조언했다.

오늘날 미국에서 사형제도가 합법인 38개 주 모두가 독극물 주사를 이용한다. 1976년 이래로 사형된 살인범 1045명 가운데 876명이 독극물 주입으로 처형되었다. 미국의학협회와 주의사회의 거센 반대에도 불구하고 38개 주 가운데 35개 주는 사형 집행에 의사 참여를 드러내 놓고 허용한다. 게다가 17개 주는 이를 요구한다. 콜로라도, 플로리다, 조지아, 아이다호, 루이지애나, 미시시피, 네바다, 노스캐롤라이나, 뉴햄프셔, 뉴저지, 뉴멕시코, 오클라호마, 오리건, 사우스다코타, 버지니아, 워싱턴, 와이오밍 주가 그러하다. 각 주에서는 형 집행에 참여한 의사가 윤리 강령을 위반했다는 이유로 면허상 불이익을 당하지 않게끔 흔히 익명을 보장하며, 만약 불이익을 당할 위험이 있을 시에는 법적인 면책특권을 제공한다. 하지만 이러한 약속에도 불구하고 몇몇 주에서는 법정에서 사형 절차가 적법하고 고통 없이 진행되었다는 사실을 공증하기 위해 의사들의 신원을 공개해 왔고, 일부 의사들은 면허 취소 및 정지 처분을 당할 위험에 처하기도 했다. 비록 아직까지 면허를 잃은 사람은 없지만 말이다.

각 주 정부는 교도소 직원들을 비롯한 의사와 간호사들에게 사형 집행 참여를 거부할 권리가 있다는 사실을 누차 밝혀 왔다. 그렇지만 기꺼이 참여하겠다는 의사와 간호사가 언제나 있었다. 이들은 누구이고, 왜 그 일을 하는 것일까?

사형장에 간
의사들

이 질문의 대답을 듣는 일은 쉽지 않다. 우선 사형 집행에 관여한 의료인의 신원을 파악하기도 어렵거니와 설사 익명을 전제로 한다고 해도 자신의 역할을 밝히기를 꺼리기 때문이다. 다행히 내가 소재를 파악한 15명 가운데 의사 4명과 간호사 1명이 인터뷰에 응해 주었다. 그들이 관여한 사형 집행은 모두 합해 적어도 45건이다. 그들 가운데 사형제도를 열렬히 지지하는 사람은 아무도 없었다. 그리고 누구도 왜 자신이 그 일을 하는지 한마디로 설명하지 못했다. 대부분은 어쩌다 보니 그 일을 하게 되었다고 말했다.

의사A는 그가 거주하는 주에서 시행된 8건의 사형 집행을 도왔다. 그 일에 대해 이야기하는 것을 극도로 불편해했지만, 결국에는 자신의 이야기를 들려주었다.

내과와 중환자의학 전문의로 이제 60대에 접어든 그는 가족들과 어느 소도시에서 30년째 살고 있다. 동네에서 덕망이 높은 데다 은행가나 동료 의사, 시장을 비롯해 그 지역의 명망 있는 사람들은 대부분 1차 진료 의사로 그를 찾았다. 어쩌다 이 도시에 살게 된 최고 보안 교도소*의 교도관도 그의 환자였다. 몇 년 전, 두 사람은 진료를 하다가

---

* 담장 주변의 레이저 선이나 이중 철망 등 요새처럼 삼엄한 경비를 갖춘 주 교도소로, 주로 중죄를 지은 죄수들을 수용한다.

대화를 나누게 되었다. 교도관은 교도소 내 진료소의 구인난을 토로하며 A에게 가끔씩 그곳에 들러 재소자들을 봐줄 수 있겠느냐고 물었다. A는 그러겠다고 대답했다. 교도소에서는 시간당 65달러를 지급했다. 병원에서의 벌이에 비할 바는 아니었지만 교도소라는 것이 지역사회에 중요한 시설인 데다 교도관과의 친분도 있었고, 기껏해야 한 달에 몇 시간이니 망설일 것도 없었다.

그러고 나서 한두 해쯤 지났을까, 그 교도관이 다른 문제로 도움을 요청했다. 주 정부에서 사형제도를 실시하는데 주 의회가 독극물 주사만 배타적으로 사용하기로 표결한 까닭에 의사가 필요하다고 했다. 교도관은 A에게 도와줄 수 있겠느냐고 물었다. 의사는 독극물 주사는 놓지 않고 그냥 심장 모니터링만 하면 된다고 했다. 교도관은 A에게 생각할 시간을 주었다.

"아내가 좋아할 리 없었죠." A가 나에게 말했다. "그러더군요. '도대체 거기는 왜 가려는 거예요?'" A는 괴로웠다. "저는 그 살인범들의 과거를 알고 있었습니다." 그중 하나는 편의점을 털다 아이 셋 딸린 엄마를 죽이고 도망치는 길에 차 옆에 서 있던 남자를 총으로 쐈다. 또 다른 사형수는 열한 살배기 여자아이를 납치해 성폭행하고 목 졸라 살해했다. "저는 사형제도에 대한 확신은 없지만 그렇다고 그런 사람들을 사형시키는 것에 거부감도 별로 느끼지 않습니다. 사형 명령은 법원에서 법적으로 내려진 것이고, 도덕적으로 봐도 그런 짐승 같은 짓을 저지른 사람들은…." 결국 A는 참여하기로 결정을 내렸다. 모니터링만 하면 그만이었고 자신의 환자인 교도관과 지역사회가 필요로 하는 일

죽음을 도울 수 있는가

이었다. 사형 선고는 사회의 명령이고, 그러한 처벌이 잘못되었다고 여겨지지도 않았다.

첫 번째 사형 집행에서 A는 커튼 뒤에 서서 심장 모니터에 나타난 사형수의 심장박동을 지켜보라는 지시를 받았다. 유리창 저편의 증인들도 사형수도 A를 볼 수 없었다. 기술자가 정맥주사선을 두 개 꽂았다. A가 볼 수 없는 누군가가 세 가지 약물을 차례로 주입했다. 모니터에 나타난 정상 심장박동이 점차 느려지더니 파형이 넓어졌다. 칼륨 독성분으로 삐죽삐죽 가파르게 솟은 파형을 보이던 그래프는 가늘게 파르르 떨면서 심실세동으로 이어지고 마침내 심장 근육이 멈춤으로써 심정지를 뜻하는 평평한 직선이 나타났다. A는 30초를 기다린 다음 다른 의사에게 신호를 했다. 그러자 그 의사가 증인들 앞으로 나가 아무런 미동도 없는 사형수의 가슴에 청진기를 댔다. 30초 동안 귀 기울이던 의사는 마침내 교도관에게 사형수의 사망을 알렸다. 30분이 지나고 A는 해방되었다. 그는 옆문으로 나와 건물 밖에 떼 지어 있는 군중을 지나쳐 주차해 놓은 차를 타고 집으로 향했다.

그렇지만 뒤이은 세 차례의 사형 집행은 쉽지 않았다. 세 차례 모두 정맥주사를 놓을 혈관을 찾느라 진땀을 뺐다. 사형수들은 비만이거나 과거 정맥주사로 마약을 투약한 사람, 아니면 그 두 가지 모두에 해당했다. 기술자들은 찌르고 또 찔렀지만 30분이 지나자 포기하고 말았다. 이것은 교도관도 전혀 대비하지 못한 일이었다. A는 수도 없이 그 일을 해온 사람이었다. 그가 한번 해보면 안 될까?

"좋소, 제가 한번 보죠." A는 결정을 내렸다.

그 당시에는 미처 깨닫지 못했지만 이것은 하나의 전환점이었다. A는 도움을 주기 위해 그 자리에 있었고, 그들에게는 문제가 생겼고 그래서 A는 도왔다. 달리 어떻게 할 방도가 떠오르지 않았다.

두 사형수는 A가 혈관을 찾아서 정맥주사선을 연결했다. 그러나 나머지 하나는 A도 혈관을 찾을 수가 없었다. 모든 눈길이 A에게 쏠렸고, A는 그 상황에 책임감을 느꼈다. 사형수는 조용히 있었다. A는 사형수가 위로라도 하려는 듯 자신에게 했던 말을 기억한다. "안 돼요. 저들은 혈관을 절대 못 찾을 거요." A는 흉부에 바로 꽂는 중심정맥관을 연결하기로 결정했다. 사람들은 황급히 도구를 챙기러 나섰다.

나는 A에게 어떻게 그 관을 연결했는지 물었다. "일반 환자 대하듯" 했다고 A는 말했다. 쇄골 밑을 지나는 두꺼운 정맥에 관을 연결하기로 했다. 다른 이유는 없었다. 그저 그가 가장 흔하게 취하는 방법이었다. A는 도구상자에서 삼중 내강 카테터를 꺼내 자신이 하려는 바를 사형수에게 설명했다. 나는 그 사형수가 무서웠냐고 물었다. "아뇨." 남자는 더없이 협조적이었다. A는 소독된 장갑과 가운과 마스크를 착용했다. 남자의 피부에도 소독약을 문질렀다.

"왜요?" 나는 물었다.

"습관이죠." A는 국부마취제를 주사하고 실수 없이 한 번에 혈관을 찔렀다. 검붉은 비박동성 정맥 혈류가 상당량 쏟아져 나오는 것을 확인했다. A는 유도철사를 바늘 속으로 통과시킨 다음 확장기를 넣고 마침내 카테터를 삽입했다. 모든 일이 순조롭게 진행되었다. A는 늘 해오던 것처럼 식염수를 주입해 정맥주사선을 세척하고 카테터를 피부

죽음을 도울 수 있는가

에 꿰매 고정시키고 드레싱을 했다. 그런 다음 커튼 뒤로 돌아가 독극물 주입을 모니터링했다.

정말로 성가셨던 경우는 한 번밖에 없었다. 경찰을 살해한 사형수로 체중이 157킬로그램이 넘었다. 기술자들은 별 탈 없이 정맥주사선을 연결했다. 그러나 세 가지 약물을 모두 주입하고 난 뒤에도 심장박동은 계속되었다. "빈사리듬이었습니다." 심정지 직전에 나타나는 불규칙한 리듬으로, 분당 10~20회 심박수에 심전도 그래프 간격이 넓게 나타나는 리듬을 말했다. "그는 사망했습니다." A는 주장했다. 그럼에도 리듬은 이어졌다. 기술자들이 하나같이 A쪽으로 고개를 돌렸다. 다음 상황에 대한 A의 설명은 다른 사람을 통해 들은 이야기와는 사뭇 달랐다. 내가 전해 듣기로는 A가 염화칼륨을 한 차례 더 주입하라고 지시했다고 했다. 그에게 그렇게 했는지 물었을 때 A는 대답했다. "아뇨, 안 했습니다. 제 기억으로는 아무 말도 안 했어요. 아마 다른 의사였던 것 같습니다." 그렇다 하더라도 A가 경계선을 넘은 것은 확실했다. 단순히 심장 모니터만 봐주기로 하고 사형 집행에 참여했지만 그 자리에 있었고 전문 지식을 지니고 있다는 것만으로 시나브로 발을 들여 놓다가 결국에는 사형 집행 자체를 떠맡게 되었다. 그런 상황에 스스로를 노출시켜 화를 자초한 셈이었다. A가 사형집행인은 아니었을는지 모른다. 하지만 아주 다를 것도 없었다. 그리고 그 사실 때문에 A는 고통스러웠다.

사형 집행을 모니터링하는 것에서부터 약물 주입 과정에서 교도관들을 도와주는 것에 이르기까지, 그의 행동이 미국의학협회의 윤리 강령에 위반된 사실을 알고 있었는지 물었다. "전혀 몰랐습니다." A가 말했다. 말이 나왔으니 말이지만, 1999년 이 사안과 관련해 실시된 유일한 여론조사 결과, 사형 집행 참여에 관한 지침이 있다는 사실을 아는 의사는 3퍼센트에 불과했다. 그렇지만 의사인 A가 독극물 주입에 개입해 도와준 처사는 법원에서 문제가 되었다. 주 정부는 사형 집행에서 사형수에게 중심정맥관이 필요했던 자초지종을 비롯해 그 절차를 둘러싼 공개 증언을 위해 그를 소환했다. 지방신문에서 관련 기사를 게재했다. 온 동네에 소문이 퍼졌다. 그로부터 얼마 되지 않아 "살인마 의사"라고 적힌 종이가 병원 입구에 붙었다. 주 정부에 A의 의사 면허를 둘러싼 이의신청이 제기되었다. A는 윤리적인 문제가 걸린 것을 예전에는 몰랐다고 하더라도 이제는 확실히 알게 되었다.

자기 환자들의 90퍼센트는 자신에게 지지를 보냈다고 A는 말했다. 그리고 주 의료위원회도 의사의 사형 집행 참여를 용납 가능한 행위로 규정한 법 규정에 따라 A의 손을 들어 주었다. 그러나 더 이상 논란의 대상이 되고 싶지 않았던 A는 그 일을 그만두기로 했다. A는 여전히 자신이 한 일을 옹호하지만 미국의학협회의 입장을 미리 알았더라면 "그런 일에 끼어들지 않았을 것"이라고 말했다.

의사B는 진료가 비는 시간에 나와 이야기를 나누었다. 가정의인 그는 지금껏 약 30건의 사형 집행에 참여했다. 처음 그 일과 인연을 맺게 된 것은 전기의자가 주류를 이루고 있던 오래전이었고, 독극물 주사 방식으로 바뀌고 나서도 그 인연은 이어져 지금까지도 계속되고 있다. 그

죽음을 도울 수 있는가

러나 B가 의사A에 비해 훨씬 신중하게 접근한 것만은 분명했다. 더불어 그로 인한 고민도 더 컸다.

B 역시 처음에 환자로부터 제안을 받았다. "우리 환자 가운데 교도소 조사관이 있었습니다. 그가 하는 일을 정확히는 모르지만 주 정부와 재소자들 사이에 일종의 중재인 역할을 하는 것 같았습니다. 주 정부가 재소자들을 잘 관리하고 있는지를 감시하는 것이 주된 임무였지요. 사형제도가 부활하고 나서 두 건의 사형이 집행된 참이었습니다. 그런데 두 번째 사형 집행에서 문제가 생겼어요. 사형이 집행되고 1분쯤 있다가 의사들이 들어갔는데 사형수의 심장이 여전히 뛰고 있었던 겁니다. 의사 두 명은 교도소가 그 지역 시설이고 하니 일종의 호의에서 일을 맡고 있었지요. 그런데 그 사건으로 용기를 잃고 그만두었습니다. 조사관인 환자가 처음 말을 꺼낸 것이 그 시기였습니다."

딱히 관여할 생각은 없었다. 당시 B는 40대였고 최고 명문으로 손꼽히는 의대 출신이었다. 베트남전쟁이 한창이던 1960년대에는 반전 시위에 가담하기도 했다. "그간의 세월을 거치면서 급진적인 히피에서 미국 중산층으로 탈바꿈했죠." B가 말했다. "더는 시류에 편승하는 일도 없었어요." 조사관은 사망 선고만 해줄 의사가 필요하다고 했다. B는 사형제도에 반대하는 입장은 아니어서 동의했다. "순식간에 내린 결정이었습니다. 사망 선고만 하기로 했죠."

며칠 뒤에 전기의자 사형이 집행되었다. 끔찍한 광경이었다고 B는 기억했다. "전기의자는 양반이라고들 하죠. 하지만 의자 밖으로 15센티미터나 튀어 오르는 광경을 보면 도저히 그렇게 말할 수 없습니다."

B는 사형수에게 다가가기 전에 오랜 시간을 기다렸다. 마침내 때가 되어 체계적인 검사를 실시했다. 경동맥 맥박을 확인하고 청진기로 세 번이나 남자의 심장 소리를 검사했다. 펜라이트로 동공 반응도 살폈다. 그런 다음에야 그는 사형수의 사망을 선고했다.

처음 참여한 뒤로 B는 그 일을 계속할지 말지 심사숙고했다. 도서관으로 달려가 자료를 뒤졌다. 거기서 찾은 것이 1980년 미국의학협회 지침이었다. B가 이해하기로, 사망 선고만 한다면 윤리 규정에 저촉될 일이 없었다. (그러나 이 지침은 1992년 미국의학협회 지침이 나오기 전의 규정으로, 새 규정은 현장에서 사망 선고를 하는 것도 명백한 윤리 강령 위반이며 나중에 사망증명서에 서명만 할 수 있다고 명시했다.)

지침을 알고 나서 B는 확신을 얻었고 기꺼이 참여했다. 또한 참여를 둘러싸고 그 경계선도 한층 확고해졌다. 첫 번째 독극물 주입이 시행될 동안 B와 또 다른 의사는 "그들이 약물을 주입할 때 방에 있었다"고 말했다. "원격 계측 자료(심장 모니터)를 볼 수도 있었습니다. 많은 것을 볼 수 있었지요. 하지만 일부러 자리를 피했습니다. 이렇게 말했죠. '전 모니터나 심전도를 보고 싶지 않습니다.' 혈관을 찾지 못해 애태울 때가 몇 번인가 있었는데 도움을 구하더군요. '전 어떤 식으로든 돕고 싶지 않습니다.'라고 단호하게 잘랐지요. 그들은 약물의 양에 대해서도 물었습니다. 약을 준비하는 데도 문제가 있었지요. 그때마다 저는 어떤 일에도 개입하고 싶지 않다고 못 박았습니다."

B는 사형 집행 절차에 늘 어느 정도의 거리를 유지했지만 자신이 윤리적으로 결백한 입장은 아니라는 사실을 인정했다. 추가 협조 요청

죽음을 도울 수 있는가

을 거절했을 때 사형 집행 팀도 더는 그를 채근하지 않고 다른 의료진을 찾았다. B는 거기에 그들이 있어서 내심 다행이다 싶었다. "그 의사나 간호사들이 없었으면 (독극물 주입은) 제대로 또 예상대로 진행될 수 없었을 겁니다. 그들이 관여하지 않았더라면 나는 아예 발을 뺐을 겁니다."

"그쪽에서 전화를 걸어 요청할 때마다 윤리적으로 괴롭습니다." B가 말했다. 아내는 남편이 그런 일을 한다는 사실을 일찌감치 알았지만 아이들에게는 다 자랄 때까지 말할 생각이 없다고 했다. B는 아내 외에는 지금껏 비밀에 부쳤다. 심지어 동료들도 몰랐다.

B가 괴로워하는 이유는 독극물 주입이 잔혹해 보여서가 아니다. "대부분은 지극히 평화롭습니다." 도대체 얻는 게 무엇인지 알 수 없기 때문이다. "제도 전체가 잘못되어 있습니다." 우리가 나눈 대화 말미에 B가 한 말이다. "점점 더 많은 사형 집행을 보게 될 겁니다. 그리고 진심으로 의문을 갖게 되겠지만… 사법제도가 막다른 길로 가고 있다는 생각도 듭니다. (독극물 주입이) 범죄 발생을 억제한다고 말할 수는 없습니다. 제일 기운 빠지는 일은, 이런 범죄자들은 서너 살 혹은 다섯 살 이전에 조치를 취하지 않으면 행동의 변화를 이끌어낼 수 없다는 사실입니다. 심지어 유치원에 들어가기도 전에 그런 식으로 인성이 형성되어 버리는 거죠. 사형은 어떤 해법도 되지 못합니다."

교도소 의료진의
선택

인터뷰를 가장 경계한 사람들은 주 교도소에서 정규직으로 일하는 의료진이었다. 그럼에도 두 사람이 이야기를 하겠다고 나서 주었다. 한 사람은 남부 지역 어느 교도소에서 일하는 의사이고, 다른 한 사람은 서부 지역 교도소에서 일하는 간호사였다. 두 사람 모두 의사A나 의사B보다는 갈등이 덜해 보였다.

의사C는 내과의로, 앞의 두 사람보다 나이가 젊고 그가 일하는 교도소 의사들 가운데서도 비교적 젊은 축이었다. C는 신원을 익명으로 처리하겠다는 내 말을 신뢰하지 않았다. 아마도 우리의 대화가 새어 나갈 경우 직장이 걱정되는 모양이었다. 나는 C가 사형 집행에 적어도 두 번은 참석했다는 정보를 따로 확보했지만 C는 의사의 개입을 두고 일반적인 설명으로만 일관했다. 하지만 C의 소신은 뚜렷했다.

"교정직에서 (사형 집행에 참여하는 것은) 잠정적으로 필수 요소입니다. 그저 공공 의료 서비스의 일환일 뿐이죠. 사회 각지에는 이들이 어떤 치료도 받아서는 안 된다고 여기는 사람들이 널렸습니다." 그러나 직업상 그는 법을 따라야 하고 그 법에 따라 적절한 치료를 제공하는 것이 자신의 의무라고 말했다. 마찬가지로 재소자의 처벌 역시 법으로 규정되어 있다. "그 주의 시민을 대표해서 열세 명의 배심원이 결정을 내립니다. 내가 그 주에 산다면 그것이 법입니다. 그러니 그 또한 의무지요."

죽음을 도울 수 있는가

C는 이런 말을 덧붙였다. "만약 사랑하는 사람이 사형을 당하게 된다면 저는 독극물 주입을 택할 겁니다. 집행도 깔끔하고 실수 없이 진행되기를 바랍니다."

간호사 역시 자신의 참여를 C와 상당히 비슷하게 여겼다. 해병으로 베트남전쟁에 참전한 경력이 있는 그는 전역한 후 간호사가 되었다. 이후 육군 예비군으로 보스니아와 이라크에서 외과 의료팀으로 복무하기도 했다. 중환자실에서도 여러 해 동안 일한 경력이 있고, 환자들로 붐비는 응급실에서 수간호사로 거의 10년을 일했다. 그러고 나서 주 교도소의 간호사 일을 시작했고, 독극물 주입에 의한 사형을 한 차례 도왔다.

그 주에서 독극물 주사로 사형을 집행하기는 그때가 처음이었다. 게다가 "당시에는 독극물 주입에 대해 무지하고 안이했다"고 간호사는 말했다. "무엇을 어떻게 해야 하는지 아는 사람이 하나도 없었어요." 교도소장은 텍사스의 집행 절차를 받아 보고는 꽤 간단하다고 여겼던 모양이다. 뭐 하러 의료 인력을 고용하나? 교도소장은, 한 번도 해본 적은 없지만, 자기가 직접 정맥주사를 놓겠다고 했다.

"의사로서 당신이라면 그런 사람이 사형수를 30분이나 이리 찌르고 저리 찌르고 하는 꼴을 그냥 보고 있겠습니까?" 간호사가 나에게 반문했다. "나는 그럴 수 없었습니다. 양심의 가책 따위는 없었어요. 이 일을 제대로 해야 한다면 그리고 어차피 해야 하는 일이라면 저야말로 적임자였습니다."

그렇다고 그의 마음이 편했다는 말은 아니다. "해병으로서도 그렇고 간호사로서도 그렇고, 남의 목숨을 거리낌 없이 앗아 가는 사람은 결코 되고 싶지 않습니다." 그러나 사회는 죄수에게 사형을 선고했고 이는 여러 분석과 검토를 거쳐 신중하게 내린 결론이었다. 그 사형수는 교도소 수감 중에도 네 명을 살해했다. 그는 앙심을 품은 카운티 검사장의 집을 폭파하려고 공모했다. 그 가족이 집 안에 있었는데도 말이다. 나중에 한패였던 공범이 주 정부 측 증인으로 나서자 그는 사람을 시켜 노변 주차장에서 그 공범을 고문하고 살해하도록 했다. 간호사는 그를 사형시켜야 한다는 최종 판결에 아무런 이의가 없었다.

간호사는 자신의 개입을 진지하게 받아들였다. "의료팀의 책임자로서 전문가다우면서도 재소자를 인간으로 존중하면서 모든 일을 처리하는 것이 저의 책임이었습니다." 그는 주 간호국 관리에게 형의 집행 절차를 이야기했고, 그러한 개입이 비록 미국간호협회의 윤리 강령에는 어긋나지만 주 법률에 근거해 약물 주입 행위를 제외하고 다른 일은 해도 좋다는 통보를 받았다.

이에 따라 간호사는 약사에게 필요한 약물 구입 요청서를 제출했다. 약물 주입을 맡은 시민에게 예행연습을 시키고 교도관들에게 사형수를 데리고 나와 묶는 방법을 숙지시켰다. 사형 집행 당일에는 수술할 때와 똑같은 절차를 밟았다. 손을 깨끗하게 씻고 마스크와 모자, 수술용 가운과 장갑을 착용했다. 사형수에게도 어떻게 할 것인지를 설명했다. 이어서 정맥주사선을 두 군데 연결하고 테이프로 고정시켰다. 교도소장이 사형수에게 최종명령서를 읽어 주고 유언을 말해도 좋다고 했다. "자기가 저지른 죄에 관해서는 일언반구도 없었습니다. 그저 사형

죽음을 도울 수 있는가

집행으로 우리 모두가 자신과 똑같은 살인자가 됐다고 말하더군요."

교도소장은 약물 주입을 시작하라는 신호를 보냈다. 간호사는 주사기를 정맥주사 포트에 끼우고 티오펜탈나트륨을 주입하라고 지시했다. "사형수가 말하더군요. '그래 느낌이 오는군.' 그러고는 죽었습니다." 약물 주입을 끝내고 3분이 지나자 심장 모니터의 그래프가 수평을 그렸다. 현장에 있던 의사 두 명은 사망 선고 이외에는 아무런 할 일이 없었다.

"사형수는
임종을 앞둔 환자"

나는 예나 지금이나 사형제도에 찬성한다. 1992년 빌 클린턴의 대선 캠프와 행정부에 참여했을 때도 사형제도를 지지하는 대통령의 입장을 옹호했다. 사형이 살인을 예방하리라는 환상 따위는 없다. 게다가 우리의 사법제도가 무고한 사람을 사형시키지 않으리라는 보장도 없다. 하지만 죽어 마땅한 사악한 짓을 저지르는 인간이 분명 있는 것도 사실이다. 1995년 오클라호마시티의 연방정부청사에 폭탄 테러를 일으켜 168명의 목숨을 앗아간 티모시 맥베이(Timothy McVeigh)나 1970년대에 시카고에서 33명을 죽인 연쇄살인범 존 웨인 게이시(John Wayne Gacy)의 사형에 대해서는 마음에 아무런 거리낌이 없다.

그럼에도 사형 방법이 어떻게 되는지 시시콜콜 생각해 본 적이 없었거니와 의사와 간호사가 사형에 개입하는 것은 잘못이라고 본능적으로 생각해 왔다. 대중은 여태껏 우리 의사들에게 이례적이면서도 독점적인 권한을 부여했다. 우리는 사람들에게 약을 투여하고 심지어 무의식의 지경에 이르도록 약을 복용시킨 후 칼로 몸을 가른다. 생명을 구하고 안위를 제공한다는 명목으로 그렇게 하는 것이기는 하지만, 그 명목이 아니었다면 공격이나 다름없었을 행위다. 인간을 벌하는 데, 다시 말해 처벌 명목으로 정부가 이러한 기술에 대한 주도권을 행사한다는 것은 위험하기 짝이 없는 비정상적 행태이다. 사회는 우리에게 막강한 능력을 주었다. 우리가 이러한 능력으로 개인에게 해되는 행동을 거리낌 없이 하게 된다면 그러한 신뢰를 저버릴 위험이 커진다.

내가 추적해서 만나 본 의사들이며 간호사는 모두 이러한 관점에 대한 논의를 급히 얼버무리고 넘어갔다. 그러나 마지막으로 만난 의사와는 이에 관해 좀 더 이야기를 나눌 수 있었다. 의사D는 44세의 응급실 의사다. 학대 아동 보호소의 의료 책임자로 자원봉사도 하고 있는 D는 노숙자 감소에도 애를 쓴다. D는 사형제도를 비인도적이고 비도덕적이며 무의미하다고 보고 이 제도에 반대한다. 그런 그가 지금까지 여섯 번의 사형 집행에 참여했다.

10여 년 전 D가 근무하는 병원 근처에 구치소가 새로 생겼다. 구치소는 그가 일하는 병원의 응급실 크기만 한 대형 의무실을 갖추고 있었고, 의사를 구하고 있었다. 반은 호기심에서 D는 그곳에서 일하기 시작했다. "하다 보니 일이 마음에 들었어요. 구치소라는 곳이 의료 서비스의 사각지대입니다." D는 구치소가 구속된 사람들을 판결이 내

죽음을 도울 수 있는가

려질 때까지만 수용하는 시설이라는 점에서 교도소와 다르다는 사실을 지적했다. 대부분은 불과 몇 시간 혹은 며칠 수용되었다가 풀려난다. "약물 남용과 명령 불복종의 경우가 많습니다. 필요한 의료 서비스도 천차만별이죠. 아주 흥미진진한 집단인 것만은 분명합니다. 분위기는 응급실과 상당히 유사하죠. 그곳에서 의사는 사람들이나 공중보건에 엄청난 영향을 미칩니다." D가 말했다. 시간이 흐르면서 점차 구치소 일의 비중이 늘어났다. D는 지역 구치소에서 일할 의료진을 구성하고 이내 교정의학 옹호자로 거듭났다.

2002년, 그 주에서 사형 집행에 관여해 오던 의사들이 손을 뗐다. 교도소 측은 D의 의료진이 그 일을 맡아 줄 수 있을지 타진했다. 대답하기에 앞서 D는 사형 집행을 참관하러 갔다. "감정이 복받치는 경험이었습니다. 무척 충격을 받았지요." 그는 대학 시절부터 사형제도를 반대해 왔고 그 광경을 보고 나서도 그 생각은 변함없었다. 그러나 동시에 교정 시설의 의사로서 해야 할 일이라는 사실을 깨달았다.

D는 사형 집행에 관한 윤리 강령을 읽었고, 그것에 반대하는 미국 의학협회의 입장을 알고 있었다. 그러나 죽음에 직면한 재소자들을 외면해서는 안 된다는 의무감을 느꼈다. "의사인 우리는 그 개인의 운명을 결정하는 사람들이 아닙니다. 제가 볼 때 그것은 여느 불치병처럼 임종의 문제입니다. 차이라면 의료 절차가 아니라 법적 절차에 따라 일어난다는 것뿐이지요. 병 때문에 더 살 수 없는 환자가 있다면 그의 고통을 덜어 주는 것이 의사로서 우리의 의무입니다. (사형을 앞둔) 환자도 암으로 죽어 가는 환자와 다를 바 없습니다. 사형수의 암이 법원

의 명령이라는 사실만 제외하면 말입니다." D는 반문했다. "이 암의 치료제는 사형제도 폐지이겠지만 사람들과 정부가 그렇게 하지 않을 것이라면, 그리하여 환자가 죽어 간다면, 의사로서 그들의 고통을 덜어 주지 않아서야 되겠습니까?"

D의 의료진은 계약을 했고 그 이후로 매번 사형 집행에 참여했다. 혈관을 찾는 데 어려움이 있거나 할 때는 그 의사들이 나서서 도와준다. D는 사형수가 아무런 고통이나 괴로움을 느끼지 않게 형을 집행하는 것이 자신들의 임무라고 생각한다. 심장 모니터링과 최종적인 사망 선고는 D의 몫이다. 두 줄의 심전도 그래프를 주시하면서 "응급실 의사로서 변동 추이를 꼼꼼히 살피고 그 리듬에 따라 대응합니다." D가 말했다. 다른 모든 것은 차치하고 그의 주된 반응은 이 지경이 되도록 살아 온 사형수와 그 희생자, 교도관과 의료진에 이르기까지 관련된 모든 사람을 향한 측은지심이다. 의료진의 보수는 1만 8000달러로 상당한 액수에 달하지만 D는 자신의 몫을 자원봉사로 일하는 아동 보호소에 기부한다.

나와 이야기를 하고 3주 후에 D는 자신의 실명을 밝혀도 좋다고 했다. D의 이름은 카를로 무소(Carlo Musso)다. 무소는 조지아주에서 사형 집행을 돕는다. 무언가를 숨긴다는 인상을 주기 싫다고 했다. 그렇다고 어떤 문제가 초래되는 것도 원치 않는다고 했다. 그러나 사람들은 이미 무소의 면허와 미국의학협회 회원 자격을 문제 삼았고 무소는 싸움을 각오하고 있다. "그냥 물러서서 우리 책임을 환자들에게 떠넘길 수는 없습니다. 그것은 옳지 않습니다." 그가 말을 마쳤다.

죽음을 도울 수 있는가

사회정의와 직업윤리가
부딪히면

독극물 주사가 고통이 없고 평온한 것은 사실이지만 법원에서도 인정했다시피 그렇게 되기 위해서는 정맥주사선을 연결하고 의식을 모니터링하고 투약 시점과 용량을 조정해 줄 핵심적인 의료 지원과 그들의 판단이 필요하다. 최근 몇 년 동안 의료 사회는 켄터키주와 일리노이주를 설득하여 의사의 사형 집행 참여를 금지하는 법안을 통과시켰다. 그 대신 각각의 주 정부는 간호사와 마취간호사를 고용해 의료 감독을 이어갈 생각이다. 그렇다면 의료진을 참여시키려는 정부의 노력과 이를 금지하는 우리의 윤리 사이의 충돌은 어떻게 풀어나가야 할까? 우리의 윤리 강령을 바꿔야 할까?

거침없고 매끄러운 사형 집행 과정을 둘러싸고 나와 이야기를 나눈 의사와 간호사의 주장에는 분명 설득력이 있었고, 그만큼 생각할 거리를 던져 주었다. 그러나 이들이 아무리 환자에게 평안을 제공하기를 바란다고 해도 분명한 사실은 재소자는 재소자이지 환자가 아니라는 점이다. 재소자는 의사의 '치료'를 거부할 권한이 없다. 따지고 보면 재소자와 가족들은 의사의 신원조차 알 수 없다. 게다가 제공된 의료 지원은 일차적으로 정부의 목적에 이바지하는 것이지 환자인 재소자의 필요와 관심에 부합하지 않는다. 의학이 처벌의 도구가 되고 있다. 좀 더 매끄럽게 정맥주사를 찔러 넣고 좀 더 조심스레 염화칼륨 주입 시간을 조절하는 손이 보살핌의 손이면 무엇 하겠는가. 그것은 곧 죽음의 손일 터인데. 이것이 피할 수 없는 진실이다.

이러한 진실 때문에 나는 우리 의사들이 윤리 강령을 준수해야 하는 것은 물론, 의사와 간호사의 사형 집행 참여를 법적으로 금지해야 한다고 믿는다. 그렇게 될 경우 법원 측의 경고대로 사형 집행이 '헌법에 위배되는 고통과 잔혹함'을 수반하게 된다면 아예 사형제도 자체를 폐지해야 한다.

악독한 살인마들을 종신형으로 다스리는 사회가 사형으로 다스리는 사회보다 더 나쁘다고는 확언할 수 없다. 그러나 정부가 나서서 의술의 핵심 윤리 원칙을 뒤집는 사회는 명백히 더 나쁘다. 미국 정부는 자신의 목적을 위해 아무 거리낌 없이 의술을 인간을 벌하는 데 사용해 왔다. 예를 들어 죄수를 심문하고, 그들의 의료 기록과 사망증명서를 조작하고, 급식 튜브를 연결해 강제로 먹이고, 나아가 사형을 돕는 일에 의료인을 가담시켜 왔다. 인간의 몸을 조작하는 우리의 능력이 진보를 거듭할수록 우리 기술에 눈독 들이는 정부의 관심도 더욱 고조되고 있다. 그러므로 의료윤리를 훼손하지 않고 준수하는 일은 더할 나위 없이 중요하다.

이 글에 등장한 의사 네 명과 간호사 한 명은 모두 의료업이 오랜 세월 지켜 온 원칙을 거스르는 행동을 했다. 그들 개개인의 행동은 이러한 원칙을 무력화시키기에 충분했다. 소수에 불과할지라도 사형 집행을 돕는 의사와 간호사가 존재하는 한 다수의 윤리는 의미가 없다. 그래도 이것 한 가지는 짚고 넘어가야겠다. 인터뷰를 했던 그 사람들 대부분은 자신의 도덕적 의무를 진지하게 고민하고 있었다는 사실 말

죽음을 도울 수 있는가

이다. 이 진실 역시 찬찬히 곱씹어 볼 만하다.

가장 쉬운 길은 그저 적힌 대로 규칙을 따르는 것이다. 그러나 규정이나 법규를 맹목적으로 따라서는 안 되는 것도 우리들 각자의 의무다. 의료계에서도 각 분야마다 무엇이 옳고 무엇이 최선인가를 두고 의견이 분분하다. 시한부 말기 환자의 고통을 덜어 주는 문제, 만성통증을 호소하는 환자에게 마약을 제공하는 문제, 중환자의 연명 치료를 중단하는 문제, 임신중절, 사형제도는 그중에서도 첨예한 쟁점들이다. 이 모든 것은 의료업의 규정과 정부 법규의 당면 과제이기도 하다. 이들 규칙은 가끔씩 잘못되기도 했고 앞으로도 그럴 것이다. 이제 우리에게 선택의 순간이 찾아올지 모른다. 우리는 현명한 선택을 내리기 위해 최선을 다해야 한다.

가끔은 틀릴 때도 있을 것이다. 지금껏 특권적 기술을 이용해 독극물 주사로 876명의 목숨을 앗는 데 일조한 의사나 간호사처럼 말이다. 이제 우리 모두 그 결과를 받아들일 준비를 해야 한다. 무엇보다도, 우리가 지닌 능력을 능숙하게 사용하는 것과 올바르게 사용하는 것이 때로는 상충한다는 사실을 인정해야 한다. 사형 집행을 도운 일은 부인할 수 없는 예다. 그러나 절대 그것이 다는 아니다. 게다가 가장 까다로운 경우도 아니다.

8 멈춰야 할 때를 알 수 있을까

할 수 있는 일과
그렇지 않은 일

한때는 의사로서 가장 힘든 싸움이 기술을 터득하는 일이라고 생각했다. 하지만 아니었다. 비록 일에 자신감이 붙기 시작하려는 찰나 실패를 겪고 좌절하곤 하지만 말이다. 그렇다고 업무가 주는 긴장이냐 하면 그것도 아니다. 가끔 지칠 대로 지쳐 너덜너덜해지기는 해도 말이다. 내가 깨달은 바로는, 의사라는 직업에서 가장 어려운 과제는 능력 안의 일과 능력 밖의 일을 아는 것이다.

어느 가을, 쿠싱증후군을 앓는 토머스라는 환자가 병원을 찾았다. 부신이 비대해져 부신피질 호르몬인 코르티솔이 과잉 분비되기 시작하는 일종의 호르몬성 질환이다. 풀어서 말하자면, 정맥 안에 스테로이드를 계속해서 과도하게 투약한 사람이라 하겠다. 그런데 이 스테로이드는 근육을 강화시켜 주는 것과는 거리가 멀다. 오히려 약화시킨다.

토머스는 72세이다. 그해만 해도 토머스는 뉴욕시의 어느 고등학교에서 역사를 가르치다가 퇴직하고, 케이프코드에서 아내와 은퇴 생활을 즐기고 있던 활기 넘치는 남자였다. 건강에도 별 이상이 없었다. 오른쪽 둔부에 띄엄띄엄 도지는 관절염과 혈압 때문에 약을 복용하는 정도였다. 그러나 그 전해 겨울에 찍은 엑스레이 사진에 미심쩍은 부분이 있어서 CT 촬영을 했더니 왼쪽 신장에서 7센티미터가 넘는 암 덩어리가 드러났다. 지금 돌이켜보면 그때 CT 촬영에서 부신이 약간 포동포동했던 것도 같지만 그리 심한 편은 아니었다. 일단 암이 더 큰 문제였다. 토머스는 신장 제거 수술을 받았다. 암은 제때 잡은 듯 보였고 그는 별 탈 없이 회복했다.

하지만 이후 몇 달 동안 토머스는 얼굴과 다리와 팔이 눈에 띄게 붓기 시작했다. 얼굴이 두루뭉술해진 것도 모자라 부풀어 오른 듯 보였다. 걸핏하면 멍이 들었다. 이상하게 항암 화학 치료 중인 환자나 HIV 환자에게서나 나타나는 재발성 폐렴도 걸렸다. 담당 의사들은 모든 게 의문투성이였다. 검사란 검사는 빼놓지 않고 시행했고 마침내 오를 대로 오른 코르티솔 수치를 발견했다. 쿠싱증후군이었다. 반복된 정밀 검사를 통해 그의 부신이 정상 크기의 네 배에 이를 정도로 비대해진 사실과 그로 인해 스테로이드가 과다하게 분비되고 있다는 사실이 밝혀졌다. 의사들은 그처럼 갑작스러운 부신 비대의 원인을 찾으려고 더 많은 검사를 했다. 흔히 뇌하수체 기능 이상이 원인으로 꼽히지만, 아무것도 발견되지 않았다. 토머스는 점점 쇠약해졌고 너무 피로한 나머지 몸을 움직이는 데도 엄청난 노력을 쏟아야 했다. 그해 여름, 토머스는 계단을 오르는 것조차 버거워했다. 9월 무렵에는 앉았다가 일어나는 데에도 애를 먹었다. 담당 내분비과 의사는 호르몬 제어를 위한 여러 가지 약제를 처방했으나 11월이 되자 토머스는 아예 서 있지도 못할 지경에 이르러 휠체어 신세를 져야 했다. 항진균 치료에도 불구하고 폐렴이 거듭 발병했다. 부신에서 제멋대로 뿜어져 나오는 호르몬들은 근육을 파괴하고 면역체계를 손상시켰다.

토머스가 나에게 보내진 것은 추수감사절 직전이었다. 아내의 얼굴에는 수심이 깊게 드리워 있었지만 도리어 그 자신은 휠체어 신세든 하얗다 못해 눈이 부신 낯선 검사실에 앉아 있든 개의치 않는 듯 차분하고 위엄마저 서려 있었다. 180센티미터가 넘는 키에 아프리카계 카리브해인의 후손인 그는 말을 할 때 과거 교사의 권위에 익숙한 사람답게 명료하고 직설적이었다. 나도 에두를 것 없이 본론으로 들어갔다. 문제를 해결할 수 있는 유일한 방도는 두 개의 부신을 제거하는 것이라고 말이다. 그 분비기관의 노란색 살덩어리가 삼각뿔 모자처럼 두 개의 콩팥 위에, 오른쪽 것은 간 아래에, 왼쪽 것은 위장 뒤에 감싸여 있다는 것과 그 두 개를 모두 제거하는 것이 특단의 조치임을 일러 주었다. 호르몬 과다로 인한 문제가 호르몬 결핍으로 인한 문제로 뒤바뀌는 셈이다. 호르몬 제제를 통해 전반적으로 완화시키기는 하겠지만 저혈압, 우울증, 피로, 감염이나 외상에 대한 스트레스 반응 유발 능력

멈춰야 할 때를 알 수 있을까

이 저하되는 증상을 겪게 될 터였다. 특히 토머스의 기력이 나날이 쇠약해지는 점이나 예전에 신장 제거 수술을 받은 적이 있다는 사실을 감안하면, 이번 수술 역시 출혈에서 장기 부전에 이르는 심각한 합병증의 가능성이 내포된 대수술이었다. 그렇지만 수술을 받지 않으면 점차 기력이 쇠해져 몇 달 안에 사망할 것이 불 보듯 뻔했다.

토머스는 생을 이렇게 마감하고 싶지 않았다. 하지만 수술도 수술이거니와 수술 후의 일이 염려된다고 속내를 털어놓았다. 토머스는 아픈 것이 싫었고 집을 나와 지내야 하는 것도 싫었다. 나는 그런 두려움은 무시하라고 조언했다. 토머스에게 물었다. 바라는 것이 무엇이냐고. 그는 일상으로 돌아가는 것이라고, 아내와 함께 지내면서 집 근처 해변을 산책하는 것이라고 대답했다. 그러니까 더더욱 수술을 받아야 한다고 나는 말했다. 물론 위험은 있다. 회복도 녹록지 않을 것이다. 수술이 효과가 없을지도 모른다. 그러나 달리 방도가 없다. 잘 되면 그가 바라는 삶을 되찾을 수 있다. 토머스는 수술에 동의했다.

수술은 기술적으로는 더할 나위 없이 순조로웠다. 부신을 제거하자 코르티솔 수치가 곤두박질쳤고 약물을 투여하여 정상 범위를 유지했다. 더는 죽을 일은 없었다. 그러나 수술이 끝나고 7개월이 지나 내가 이 글을 쓰고 있을 때까지도 토머스는 집으로 돌아가지 못했다. 3주 동안 혼수상태에 빠졌고, 폐렴이 도졌다. 기관절개관을 꽂고 급식 튜브를 삽입해야 했다. 그러고 나자 이번에는 복부 감염이 일어나 여러 가지 배액관을 삽입해야 했다. 급기야 병원을 떠돌던 두 종류의 박테리아에 감염되어 패혈증까지 걸렸다. 토머스는 꼬박 넉 달을 중환자실에서 보냈고 그렇게 쇠약해진 상태에서 가뜩이나 얼마 남지 않은 근육이 더욱 심하게 손상되었다.

토머스는 현재 장기 요양 시설에 입원해 있다. 최근에 앰뷸런스로 들것에 실린 채 진료실을 찾았다. 토머스를 담당한 재활의학 전문의들은 그가 체력을 회복하는 중이라고 말했지만 진료실에서 본 그는 베개에서 머리를 들어 올리는 것조차 버거워했다. 나는 토머스의 기관절개를 덮어 말을 할 수 있게 해주었다. 토머스는 언제쯤이면 다시 일어설 수 있을지, 언제 집에 갈 수 있을지 물었다. "모릅니다." 나는 대답했고 토머스는 흐느끼기 시작했다.

오늘날 우리는 현대 의학의 놀라운 능력을 자유자재로 구사한다. 그것을 터득하는 일은 더없이 어렵다. 그러나 그 한계를 받아들이는 일은 다른 무엇보다 어렵다.

끝까지
싸우고 싶다

어느 날 뉴햄프셔에 사는 처사촌이 열두 살인 딸 캘리 때문에 전화를 했다. 1년쯤 전부터 캘리는 갑자기 숨이 가쁜 증세를 느끼기 시작했다. 흉부 엑스레이 검사 결과 캘리의 가슴팍을 가득 메운 덩어리가 나타났다. 림프종이었다. 하지만 다행히 비호지킨 림프종으로, 캘리 같은 질병 단계의 어린아이라면 80퍼센트 이상 완치가 가능하다. 캘리는

6개월 동안 표준 화학요법 치료를 받았다. 머리카락이 빠지고 입가에는 물집이 잡혔다. 몸이 쇠약해지고 구역질이 났다. 하지만 암은 사라졌다. 그러다가 몇 개월이 지나고 종양이 다시 나타났다. 크기도 예전과 다름없이 딱 고만했다. 화학요법을 시행하고 나서도 림프종이 재발하다니, 교과서에도 통계 자료가 없는 일이었다. 캘리의 담당 종양학과 의사가 말했다. "예후가 좋지 않습니다." 치료법이 없는 것은 아니었다. 의사와 가족은 새로운 화학요법을 시도해 보기로 결정했다. 그러나 첫 투약 이후 캘리의 백혈구 수치가 깜짝 놀랄 정도로 떨어졌다. 그것을 회복하기 위해서 수 주일간 병원 신세를 져야 했다. 담당 의사는 캘리의 가족과 함께 추후 조치를 논의했다. 그들은 또 다른 화학요법을 추진해 보기로 결정했다. 이번에도 캘리의 백혈구 수치는 급감했지만 종양은 단 1센티미터도 줄어들지 않았다.

캘리의 아버지인 로빈과 통화를 한 것은 바로 그즈음이었다. 로빈은 어떡해야 할지 갈피를 못 잡고 있었다. 각기 다른 세 종류의 화학요법을 받는데도 암은 계속해서 자랐다. 캘리는 악성 종양에서 나오는 분비액을 뽑아내기 위해 가슴에 지름 1센티미터가 넘는 튜브를 삽입해야 했다. 견디기 힘든 구역질이 다시 터져 나왔다. 구토 때문에 먹지도 못했다. 캘리는 기진맥진했고 수척해졌다. 흉부 튜브와 암 때문은 물론이고 바늘을 찌르고 붕대를 갈 때마다 캘리는 거의 매시간 고통스러워했다. 그래도 남은 방법이 있기는 했다. 다른 화학요법도 있고 실험 단계에 있는 새로운 치료법도 있고, 어쩌면 골수 이식도 하나의 방법이 될 것이었다. 그러나 캘리에게 정말 기회가 있는 것일까? 로빈은 그것이 궁금했다. 고통스러운 치료를 계속해야 하나, 아니면 집으로 데려가 죽음을 기다려야 하나?

사람들은 우리 의사들이 살릴 수 있는 환자와 가망이 없는 환자를 훤히 알고 있기라도 하듯 묻곤 한다. 분석가들은 종종 공공 의료 예산의 4분의 1 이상이 임종 전 마지막 6개월에 투입된다는 점이 얼마나 터무니없는지 꼬집는다. 그렇다. 어떤 환자가 6개월 이상 살 것인지 알 수만 있다면 결실 없는 소비는 막을 수 있을지 모른다. 그러나 어떤 확신도 없는 상황에서도 분명한 것은, 우리는 끝까지 싸우는 의사이고 싶다는 사실이다.

친구의 소개로 노스캐롤라이나 주립대학교 산부인과 교수로 이름을 떨치다 지금은 명예교수로 재직 중인 왓슨 바우즈 주니어(Watson Bowes Jr.)를 만나 이야기를 나눈 적이 있다. 나는 그에게 그동안 이룬 것 가운데 가장 자랑스러운 일이 무엇이냐고 물었다. 내심 연구에서 거둔 성취나 전문 기술에 관한 이야기가 나오리라 예상했다. 바우즈는 산소가 태아에게 어떻게 전달되는지에 관한 기초 연구를 행하기도 했고 미국 최초로 태아 수혈 방법을 터득한 사람 가운데 하나이기도 하다.

그러나 바우즈는 아직 젊은 산부인과 의사였던 1975년에 콜로라도 주립대학교에서 행한 어느 실험을 꼽았다. 그 당시만 하더라도 팔삭둥이 혹은 그보다 일찍 태어난 조산아는 생존 가능성이 거의 없는 것으로 여겼다. 그런 까닭에 그 아기들에 대해서는 별다른 조치를 취하지 않았다. 그러나 바우즈는 희망을 버리지 않고 그 아기들을 돌보기로 결심했다. 아무리 푸르죽죽하고 아무리 허약하고 아무리 작더라

멈춰야 할 때를 알 수 있을까

도 말이다. 바우즈의 의료진이 특별히 새로운 기술을 사용한 것은 아니었다. 그저 달을 다 채우고 태어난 아기에게 하는 것을 똑같이 했을 뿐이었다. 분만에 문제가 생기면 제왕절개를 했다. 예전이라면 그런 가망 없는 아기를 위해 산모의 배를 가르는 일 따위는 없었다. 의료진은 아무리 허약하고 죽은 듯 보이는 아기라도 정맥주사선을 꽂고 인공호흡기를 씌웠다. 그러자 체중이 900그램에서 1.4킬로그램에 지나지 않던 조산아 대부분이 정상적으로 건강하게 살아났다. 의사들이 그들을 위해 애쓴 것 하나로 말이다.

우리는 의사들이 환자가 정상을 되찾아 건강해질지 알 수 없는 순간에도 마지막까지 싸우길 원한다. 이라크와 아프가니스탄의 전장을 생각해 보라. 전신에 화상을 입은 병사, 영구 뇌 손상을 입은 병사, 복부 부상을 입고 사지 중 하나만 남은 병사…. 예전에는 살려 내지 못했던 부상병들을 그곳의 군의관들이 어떻게 살려 냈는지 기억해 보라. 양팔을 잃고 다리 하나만으로 과연 잘 살 수 있을지 우리는 모른다. 하지만 그 의사들이 포기하지 않기를 우리는 바란다. 전례 없이 심각한 부상을 당한 생존자들의 재활을 도리어 그들의 사명으로 받아들였으면 하는 바람을 갖는다. 우리는 의사들이 끝까지 포기하지 않고 길을 찾아 나가기를 바란다.

사소하고도 흔한 일상에서도 이 바람은 예외가 아니다. 우리 딸 해티는 오랫동안 마른비늘증이라는 피부병을 앓았다. 그 병은 생명의 위협과는 전혀 관계가 없다. 그러나 발진이 생기고 가려움과 함께 은백색 돌비늘처럼 보이는 각질층이 양쪽 무릎과 등, 두피, 얼굴을 비롯한 온몸에 나타났다. 피부과 의사는 점점 더 강력한 스테로이드 연고와 약을 처방했다. 이 처방은 병세를 다소 누그러뜨리긴 했지만 빨갛게 돋은 발진이 몇 개 사라지는 정도가 고작이었다. "이것이 저희로서는 최선입니다." 의사가 말했다. 우리가 원한 것은 그저 증상을 억제해 딸아이가 고통에서 벗어나는 것뿐이었다. 그래서 오랫동안 그런 상태로 살았다.

그러나 해티는 그 병을 끔찍이 싫어했다. 무엇보다 얼굴에 생긴 발진에 진저리를 쳤다. 딸아이는 걸핏하면 우리에게 졸라 댔다. "제발 다른 병원에 가봐요." 마침내 우리는 다른 병원을 찾았다. 두 번째 피부과 의사는 다른 시도를 해보겠다고 말했다. 그 여의사는 해티에게 일반 항생제인 아목시실린을 투약했다. 그 방법은 성인에게는 안 듣지만 아이들에게는 가끔 효과가 있다는 것이었다. 발진은 2주 만에 씻은 듯이 사라졌다.

가장 단순하고 상식적인 이야기로 비치겠지만 의사가 따라야 하는 원칙은 바로 이것이다. 늘 싸우라는 것. 무엇을 더 할 수 있을지 밤낮없이 찾아보라는 것. 나는 이 원칙에 공감한다. 우리가 도울 수 있는 환자인데도 포기하고 마는, 실수 중의 실수를 피할 수 있는 최선의 방법이기 때문이다.

누구를 위한
싸움인가

친구의 할머니 한 분이 등이 아파 이부프로펜을 복용했다가 위 출혈로 쇼크를 일으켰다. 출혈은 극심했고, 그로 인한 손실을 메우는 데만 수차례 수혈이 필요했다. 일사천리로 신속하게 농축 적혈구와 혈장을 프래셔백에 넣어 할머니의 연약한 혈관에다 퍼 올렸다. 응급 내시경검사와 혈관 조영검사를 시행하고 오랜 시간 애쓴 끝에 출혈이 생긴 혈관을 찾아 막았다. 하지만 상태는 호전되지 않았다. 할머니는 몇 주 동안 의식을 잃은 채로 인공호흡기에 의지해 중환자실에 머물렀다. 심폐기능 부전이 발생했다. 결국에는 기관절개를 하고 급식 튜브를 꽂고, 한쪽 팔에는 동맥내관을, 목에는 중심정맥관을, 요도 카테터까지 삽입해야 했다. 아무런 차도 없이 달포가량이 지났다. 가족들은 치료를 계속하는 문제를 두고 고심했다. 할머니가 바라마지 않는 삶을 회복할 가능성은 이미 희박해 보였다. 마침내 가족은 의사에게 가서 환자의 생명 유지 장치를 제거하겠다는 뜻을 밝혔다.

의사들은 반대했다. 조금만 더 기다려 보자고 설득했다. "의사들은 호소하는 입장이지만 꽤나 완강했어." 친구는 말했다. 의사들은 중단하자는 말을 듣고 싶어 하지 않았다. 가족들은 의사들의 의지에 마음을 돌렸다. 열흘쯤 지나자 할머니의 병세는 극적으로 호전되기 시작했다. 이내 의료진은 할머니의 몸에 꽂힌 튜브를 모두 제거할 수 있었다. 기관절개를 한 상처도 아물었다. 할머니는 고비를 넘겼다. 회복하기까지 수 주일이 더 걸리긴 했지만 삶을 되찾아 그 후로도 몇 년은 더 살았다. "할머니는 다시 살아서 기쁘다고 누누이 말씀하셨어."

이러니 아마도 우리는 결코 망설이거나 포기해서는 안 될 것이다. 어떤 확신도 없는 상황에서 어느 쪽이 더 안전하겠는가. 하지만 포기하지 않는다는 원칙이 실현 가능하지도, 인도적이지도 않다는 사실을 깨닫는 데는 그리 오래 걸리지 않는다. 외과든 정신과든 피부과든, 의사가 아무리 애를 써도 치료할 수 없고 심지어 진단조차 내릴 수 없는 환자가 있기 마련이다. 내 환자 중에도 이런저런 심각하고 만성적인 통증을 호소하며 찾아온 이들이 있었다. 통증의 원인을 찾느라 해볼 수 있는 방법은 다 동원했다. CT 촬영을 하고 MRI를 찍었다. 환자들을 위장병 전문의에게 보내 대장과 위장 모두 내시경을 찍었다. 췌장염도 아니고, 위염도 위궤양도 유당분해효소결핍증도, 비교적 생소한 편인 글루텐 과민성 장질환도 아니었다. 그러나 통증은 여전했다. "그냥 담낭을 떼어내 주세요." 환자 하나가 애원했다. 그 환자의 담당 내과의도 거들었다. 그러나 어떤 검사를 해봐도 담낭은 정상이었다. 그저 혹시나 하는 기대로 멀쩡한 담낭을 들어낸다는 말인가? 일을 하다 보면, 의사도 풀지 못하는 문제가 있으며 억지로 밀어붙이다 되레 해를 끼칠 수 있다는 사실을 인정해야 하는 순간이 온다. 때론 아무 방도가 없는 경우가 있는 것이다.

하루는 병원 복도를 걷고 있는데 중환자실 간호사 잔느가 나를 불러 세웠다. 화가 난 기색이 역력했다. "대체 의사들은 왜 그래요?" 잔느가 다짜고짜 물었다. "어떻게 된 게 그만둘 줄을 몰라요?" 그날 잔느는 남성 폐암 환자를 보살피던 중이었다. 그 환자는 한쪽 폐를 들어내고 그로부터 3주를 제외한 5개월을 꼬박 중환자실에 있었다. 수술을 받고 얼마 안 돼 나머지 폐에 폐렴이 발병하면서 기관절개관과 인공호흡기의 도움 없이는 숨조차 쉴 수 없는 지경이었다. 다량의 진정제를 투여하지 않으면 산소 수치가 떨어졌다. 영양 공급도 수술로 삽입한 위관을 통해 이뤄졌다. 패혈증으로 신장을 모두 잃는 바람에 계속 투석을 받아야 했다.

이 사람에게 병원을 벗어난 삶이 불가능하다는 사실은 오래전에 이미 명확해졌다. 그러나 의사들도 그렇고, 그의 아내도 그렇고, 이러한 진실을 인정하기를 꺼렸다. 그는 암도 성공적으로 제거된 터라 말기의 병을 앓는 환자도 아니었고, 게다가 이제 겨우 50대였으니 말이다. 그래서 차도가 있으리라는 한 가닥 희망도 없이 그는 그저 거기에 누워 있을 뿐이고 담당 의사들은 더 악화되지 않도록 애쓰는 정도였다. 물론 잔느가 돌보고 있는 환자 가운데 이런 상황에 놓인 케이스가 그 하나만은 아니었다.

잔느는 자기가 볼 때 너무 빨리 포기해 버리는 의사에 대해서도 한마디 했다. 그래서 나는 어떻게 하는 것이 가장 좋으냐고 물었다. 잔느는 잠시 생각에 잠겼다가 이윽고 입을 열었다. 좋은 의사는 한 가지 핵심을 놓치지 않는다. "의료의 중심은 그들이 아니라 환자라는 사실을 말이에요." 좋은 의사라고 늘 정답을 아는 것은 아니다. 그들 역시 과하기도 하고 모자라기도 하다. 하지만 적어도 가던 걸음을 멈춰 서서 의심해 보고 자신이 서 있는 그 길을 곱씹어 본다. 동료에게 제삼자의 시각을 구하기도 한다. 자존심 따위는 뒷전이다.

잔느의 통찰은 현명하고 또 한편으로는 어렵다. 당신에게 누가 와서 전문 지식을 구했는데 그것이 실패했다면, 어떻게 대응하겠는가? 그럴 때 성격이 드러난다. 자존심을 드러낼 수도 있겠다. 당신은 자신의 계획이 실패했고 더는 방도가 없다는 사실을 부인할지도 모르겠다. 화를 낼 수도, 그 사람을 비난할 수도 있다. "내가 일러 준 대로 하지 않았잖아!" 그저 그 사람을 다시 보는 일이 두려워 피할 수도 있다. 나는 이 모두를 해봤다. 그런데 하나도 좋을 게 없었다.

결국 우리가 무엇을 할 수 있고 또 할 수 없는지를 말해 주는 지침이란 없다. 그 무엇도 확실치 않은 상황에서는 포기하지 않고 일단 밀어붙여 보는 것이 현명하다. 그러나 그 밀어붙이기가 그저 자신의 자존심이나 취약성에서 비롯한 것일 때는 그것을 인정할 준비가 돼 있어야 한다. 그 밀어붙이기가 심지어 환자에게 해를 끼칠 수도 있다는 사실을 인정할 각오가 돼 있어야 한다.

어느 정도는 우리의 소임이 '언제나 싸우는 것'이어야 한다. 하지만 우리의 싸움은 더 많은 일을 하기 위해서가 아니라 환자의 편에서 옳은 일을 하기 위해서여야 한다. 비록 무엇이 옳은 길인지 늘 명확하지는 않지만 말이다.

수차례의 화학요법이 실패로 돌아가자 의사들은 캘리에게 남은 가능성이 정확히 어느 정도인지 종잡을 수 없었다. 어떤 약물이 또는 어떤 요법이 어떤 효과를 보일지 누가 알겠는가. 가능성은 아직 남아 있었

멈춰야 할 때를 알 수 있을까

다. 그러나 의사들은 캘리와 부모에게 그만두고 싶으면 그렇게 해도 된다고 말했다.

고통에 휩싸인 채 어떻게 해야 할지 갈피를 못 잡던 캘리의 아버지 로빈과 이야기를 나누면서 내가 해줄 수 있는 것이라고는 캘리의 담당 의사들이 제시한 선택지들을 검토해 보는 것이 고작이었다. 로빈이 원하는 것은 딸이 살 수 있다는 희망이었다. 그러나 아이가 헛된 고통을 당하게 하고 싶지는 않았다. 앞으로 받게 될 치료가 100명 중 2명은 살릴 수 있지만 나머지 98명은 고통 속에서 죽음을 맞는 것이라면, 캘리에게 그 치료를 시도해 볼 가치가 있을까? 나는 아무런 대답도 해주지 못했다. 그 질문에 대한 답은 고스란히 캘리와 부모의 몫으로 남았다.

상담을 하고 얼마 되지 않아 캘리의 엄마인 셸리가 일가친지들에게 짧은 인용문으로 시작하는 이메일을 보내 왔다. "앞으로 우리는 우리에게 닥칠 일에 대한 어떠한 두려움과 공포도 몰아내야 합니다." 이틀 후인 2006년 4월 7일, 셸리와 로빈은 딸을 집으로 데려갔다. 4월 17일, 셸리는 다시 한번 메일을 보내 왔다.

"캘리는 부활절 월요일 새벽 1시경 집에서 평화롭게 하늘나라로 갔습니다. 우리는 모두 괜찮아요. 정말이지 믿을 수 없을 정도로 담담하게 그 사실을 받아들이고 있답니다."

PAR

새로움에
관하여

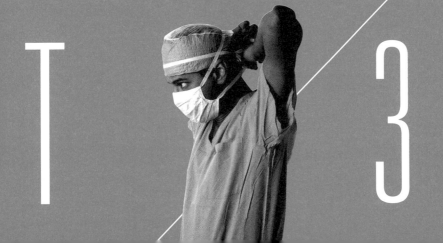

T 3

의료계는 실패와 맞서는 데 익숙하다.
예기치 못한 죽음과 합병증은 의사라면 누구나 겪는다.
그렇지만 자신의 성공과 실패의 기록을
동료 의사의 기록과 비교하는 일은 흔치 않다.
우리 병원 외과는 전국에서 최고로 손꼽히는 곳이다.
그러나 실제로 우리가 생각만큼 잘하는가에 대해서는
믿을 만한 증거가 없었던 것이 사실이다.
야구팀에는 승패 기록이 있고,
기업에는 분기별 수익보고서가 있다.
그렇다면 의사에게는?

9 혁신의 재구성

오전 5시. 서늘한 보스턴의 이른 아침, 여자가 손을 뻗어 남편을 흔들어 깨운다. 풍성한 다갈색 머리칼과 아일랜드계 특유의 창백한 피부를 가진 엘리자베스 루크는 임신 41주째다.

"진통이 와." 루크가 말했다.

"정말?" 남편이 물었다.

"응."

출산 예정일이 이미 한 주나 지난 데다 그동안 간간이 느꼈던 수축과 달리 이번에는 깊숙이 꽉 죄는 통증이었다. 등 아래쪽에서 시작해서 둘레를 감싸더니 복부 전체를 힘껏 동여매는 듯했다. 첫 번째 수축이 곤한 잠을 깨웠다. 그다음 또 한 번의 수축이 찾아왔다. 그리고 또한 번.

루크는 첫아이를 임신했다. 지금까지는 순조로웠다. 처음 3개월
은 극도의 피로와 입덧으로 그저 소파에 드러누워 법정 드라마 〈로 앤
드 오더(Law & Order)〉 재방송이나 실컷 봤으면 했던 것만 빼면 말이
다.("이제 샘 워터스톤은 못 보겠어요. 볼 때마다 아픈 것 같아서.") 막 레지던트
과정을 마친 내과 전문의인 루크는 몇 달 전 매사추세츠 종합병원에
일자리를 얻어 만삭이 될 때까지 그럭저럭 근무해 왔다. 루크와 남편
은 이제 침대에 앉아 협탁에 놓인 시계를 보며 진통이 오는 간격을 살
폈다. 진통은 7분 간격이었고 그들은 잠시 그 상태로 앉아 있었다.

루크는 병원이 전화를 받을 시간인 8시 반까지 기다렸다가 산부인
과 진료실에 전화를 걸었다. 그곳 사람들이 무슨 말을 할지는 이미 짐
작하고 있었다. 진통이 5분 간격으로 적어도 1분 동안 지속될 때까지
병원에 오지 말라고 할 테지. "분만 교실에서 백만 번은 더 주지시켜요.
직접 겪어 보니, 분만 교실 수업의 핵심은 진짜 진통이 올 때까지 병원
에 오지 말고 집에서 버티라는 것이 전부예요."

간호사는 진통이 5분 간격으로 1분 이상 지속되느냐고 물었다. 아
니요. 양수가 터졌나요? 아니요. 그렇다면 일단 "순조로운 출발"이군
요. 하지만 아직 병원에 오시려면 좀 더 기다리셔야 합니다.

수련 시절 루크는 분만을 본 것만 쉰 번이고 네 명은 직접 받기도
했다. 루크가 마지막으로 본 것은 병원 주차장에서였다. "수화기 너머
에서 이렇게 외치더군요. '아기가 나오려고 해요. 지금 병원으로 가는
중이에요. 아기가 나와요!' 그래서 응급실에 있다가 달려 나갔어요. 꽁
꽁 얼 것 같은 추운 날씨였어요. 끼익 하는 소리가 나고 차가 병원 앞에

혁신의 재구성

멈춰 섰어요. 튕겨 나오듯 차 문이 열렸고, 물론 산모가 있었죠. 아기의 머리가 보였어요. 옆에서 달리던 레지던트가 나보다 한 걸음 먼저 당도했는데 그가 양팔을 내리자마자, 푸우우움 하고 주차장 한복판에서 그의 품으로 아기가 떨어졌어요. 얼음장처럼 추운 바깥 날씨에 아기한테서 피어오르던 그 뜨거운 김을 절대 못 잊을 거예요. 귓가를 때리는 울음소리와 함께 푸르죽죽한 몸뚱이에서 쉴 새 없이 김이 피어올랐죠. 우리는 이 앙증맞고 자그마한 아기를 커다란 들것에 싣고 병원 안으로 쏜살같이 달려 들어왔어요."

루크는 주차장에서 아기를 낳고 싶지는 않았다. 지극히 정상적으로 질 분만을 하고 싶을 뿐이었다. 심지어 경막외마취*도 원치 않았다. "침대에 꼼짝없이 묶여 있기는 싫었어요. 허리 아래로 감각이 없는 것도 싫었고요. 요도 카테터를 삽입하는 것도요. 무통분만이라면 뭐든 다 마음에 안 들었어요." 진통은 무섭지 않았다. 이런저런 분만을 볼 만큼 봐오면서 루크가 가장 두려워한 것은 자신이 어찌할 수 없는 불가항력적 상황과 맞닥뜨리는 것이었다.

루크는 분만 내내 옆을 지켜 줄 듀라**를 고용할까 생각해 보았다. 듀라가 있으면 산모가 제왕절개나 경막외마취를 할 확률이 줄어든다는 연구 결과가 있었다. 하지만 아무래도 누가 계속 옆에 붙어 있으면 퍽 귀찮을 것 같았다. 산파를 찾아가는 것도 고려해 보았지만 같은 의

---

* 부분 마취를 통해 출산 시 진통을 완화시켜 주는 대표적인 무통분만법.
** 산모가 산고를 겪는 동안 산모 곁에서 신체적 정서적 교육적 지원을 해주는 보조자를 말한다.

사와 출산하는 편이 상황 대처에 더 좋겠다는 생각이 들었다.

그러나 이제 와 보니 모든 게 자기 생각대로 되는 것 같지는 않았다. 정오가 되어도 진통은 빨라질 기미가 없었다. 여전히 7분 간격이었고, 잘해야 6분 정도였다. 점점 불안해졌다. "이상하게 네 발로 기는 자세가 제일 편안하더라고요." 그래서 그 자세로 집안을 엉금엉금 기어 다녔다. 남편은 하릴없이 네 발로 기어 다니는 아내를 따라다녔다. 곧 나올 아기 때문에 두 사람 모두 초조하고 정신이 어질어질했다.

오후 4시 반이 되자 마침내 진통이 5분 간격으로 오기 시작했고, 그들은 자동차에 시동을 걸었다. 뒷좌석에는 유아용 카시트가 설치되어 있고 루크의 가방에는 『임신 가이드』라는 책에서 준비하라고 일러 준 모든 것이 들어 있었다. 심지어 평소 바르지도 않는 립스틱까지 챙겼다. 그들이 병원 접수처에 당도했을 때 루크는 준비가 끝났다. 아기는 나오려 했고 루크는 자연 상태 그대로 아기를 세상으로 밀어낼 것이었다.

"어떤 의료 처치도, 의사도, 약도 원치 않았어요. 그런 쪽으로는 어느 것 하나 생각하지 않았죠. 숲속 나무 그늘에서 요정들에게 둘러싸여 아기를 낳고 싶어 했던 거예요."

산모와 태아를 살린
발명들

인간의 출산은 경이롭기 그지없는 자연현상이다. 미국 배우 캐럴 버넷

　　　　　　　　　　　혁신의 재구성

이 토크쇼에서 빌 코스비에게 그 경험이 어떤 것인지 이해할 수 있도록 설명해 주기를, "아랫입술을 있는 힘껏 잡아 빼요. 가능한 한 멀리. 좋아요. 그럼 이제 그걸 머리 위로 쭉 당겨 올려요." 출산 과정은 진화가 남긴 숙제를 풀었다. 인간이란 포유동물이 직립보행을 할 수 있다는 것은 골반이 작고 고정되어 있다는 뜻이다. 게다가 커다란 뇌도 갖고 있다. 이를 종합하면, 아기의 머리가 커서 작은 골반을 통과할 수 없다는 이야기다. 그래서 모든 인간의 어미는 태아가 덜 자란 상태에서 출산함으로써 문제를 일부 해결했다. 다른 포유동물은 성숙한 상태로 태어나 짧으면 생후 몇 시간 만에 걷고 먹이를 찾는다. 그에 비해 인간의 갓난아기는 수개월 동안 작고 무력한 존재다. 그렇다고 하더라도 인간의 출산은 일련의 복잡한 과정을 수반하는 대단한 위업이 아닐 수 없다.

우선, 아이를 가진 여자는 골반이 팽창한다. 임신 첫 3개월부터 임신부의 호르몬은 골반을 이루는 뼈 네 개를 잇는 관절을 느슨하게 늘여 약 2.5센티미터의 공간을 더 만든다. 그래서 임신한 여성들은 걸을 때 움직이는 골반 부위가 평소와 다르다고 느끼기도 한다.

해산할 때가 되면 자궁 모양이 바뀐다. 임신 기간 동안 자궁은 둥그스름하고 아늑하게 감싸 주는 밀봉된 주머니와 같다. 진통이 시작되면 자궁은 깔때기 모양으로 변한다. 근육이 한 번씩 수축할 때마다 자궁은 아기의 머리를 골반 쪽으로 밀어낸다. 양쪽 하반신이 마비된 여성에게서도 이 현상은 마찬가지로 일어난다. 산모는 아무것도 할 필요가 없다.

한편, 자궁경부가 말랑해지고 이완된다. 근육과 결합 조직으로 이루어진 자궁경부는 임신 기간 내내 두께가 2.5센티미터가 넘는 딱딱한 원통형을 유지하며 깔때기의 끝부분을 막고 있다. 아기의 머리가 가하는 압박이 차츰 거세지면서 자궁경부는 조직이 종잇장처럼 얇게 늘어난다. 이른바 '자궁경부 소실'이라는 과정이다. 마침내 원형의 작은 입구가 나타나고 진통이 올 때마다 구멍은 점점 벌어진다. 말하자면 마치 아기의 머리 위에 꼭 끼는 셔츠를 뒤집어씌운 것과 같은 모양새다. 자궁경부가 아기 머리의 양 관자놀이 사이 지름에 해당하는 10센티미터 정도까지 벌어지기 전에는 아기가 나올 수 없다. 그러므로 자궁경부의 상태가 곧 분만 시기를 결정한다. 2~3센티미터 벌어진 동안은 여전히 '초기' 진통 상태다. 분만까지 몇 시간이나 남았다. 4~7센티미터까지 열리는 동안 진통은 점점 강도를 더해 간다. '본격적인' 진통이 시작된 것이다. 어느 순간이 되면 태아를 둘러싼 양막이 터지고 투명한 양수가 뿜어져 나온다. 수축력은 더욱 거세어진다.

자궁경부가 7~10센티미터 정도 열리는 '이행 단계'에서는 진통이 극에 달한다. 자궁 근육이 수축하면서 질과 골반대의 가장 좁은 곳으로 아기의 머리를 밀어낸다. 대개 골반은 폭이 앞뒤보다는 좌우로 넓기 때문에 아기의 양쪽 관자놀이(아기의 머리에서 가장 넓은 부위)가 좌우로 놓여 산모의 골반과 나란히 되면 제일 좋다. 정수리가 보이기 시작한다. 힘을 주고 싶은 산모의 충동이 고조된다. 머리가 나오고 어깨가 나온다. 순식간에 쌕쌕 숨을 쉬는 아기가 태어나고 울음보를 터뜨린다. 탯줄을 자른다. 태반이 자궁내막에서 분리된다. 탯줄을 살짝 잡아당기고 동시에 산모 쪽에서 밀어내면 태반이 빠져나온다. 자궁은 저절로 꽉 조인 근육 덩어리로 수축하면서 출혈이 일어난 자궁동(임신 중 확장 된 자궁벽의 정맥혈로)을 폐쇄한다. 곧이어 산모의 유방이 늘어지면서 초 유를 내보내고 갓난아기는 달라붙어 젖을 빤다.

물론 순산인 경우에 이렇다는 얘기다. 어느 단계에서건 순식간에 일이 틀어질 수 있다. 수천 년 동안 분만은 젊은 여성과 유아의 가장 흔 한 사망 원인이었다. 늘 과다출혈의 위험이 있다. 태반이 찢어지거나 분리될 경우, 분만 후 태반 일부가 자궁에 남을 경우 피가 철철 쏟아진 다. 분만 후에 자궁이 수축하지 않으면 상처와 자궁동에서 출혈이 계 속되어 산모가 사망하기도 한다. 간혹 진통 중에 자궁이 파열되는 일 도 있다.

감염의 위험도 도사린다. 양수가 터지고 나면 시간이 흐를수록 박 테리아가 자궁에 침입할 위험이 커진다. 제멜바이스가 발견한바, 19 세기에는 감염을 초래한 장본인이 의사인 경우가 흔했다. 의사들은 산 파에 비해 감염된 환자를 검사할 일이 더 많았거니와 의사들이 오염된 손을 잘 씻지도 않았기 때문이다. 자궁에 침투한 박테리아는 통상적으 로 태아의 목숨을 빼앗고, 때로는 산모까지 사망에 이르게 한다. 항생 제가 등장하기 이전에는 산욕열(출산 후 감염으로 인한 고열 증상)이 산모 사망의 주된 원인이었다. 오늘날에도 양수가 터지고 24시간 내에 해산 하지 못할 경우 산모가 감염될 확률이 40퍼센트에 육박한다.

출산에서 가장 근본적인 문제는, 아기가 빠져나오지 못하는 '난산 (obstructed labor)'이다. 아기가 너무 클 경우 그럴 수 있다. 특히 임신이

40주가 넘어가면 아기가 과숙아가 될 수 있다. 비타민D와 칼슘 부족으로 인한 구루병 환자에게 흔히 나타나는 증상처럼, 산모의 골반이 너무 작을 수도 있다. 아니면 아기가 비스듬히 나오는 바람에 한쪽 팔만 삐죽 비어져 나올 수도 있다. 엉덩이가 먼저 나오려다 양쪽 다리를 가슴 위로 구부린 채 옴짝달싹 못 하는 '둔위분만'이나, 양쪽 발부터 나오다가 팔을 머리 위로 들어 올린 채 가슴께에서 꼼짝없이 걸리는 '족위분만'도 있다. 머리부터 나오긴 했지만 방향을 잘못 트는 바람에 머리가 자궁 입구에 걸려 버리기도 한다. 간혹 머리는 나오는데 어깨가 산모 골반의 치골에 걸리는 경우도 있다.

이런 상황은 지극히 위험하다. 아기가 걸려 나오지 못하면 결국 혈액과 산소를 공급받는 유일한 통로인 탯줄이 막히거나 눌려 질식하게 된다. 간혹 산모가 오랜 시간 진통을 하다가 해산하지 못하고 아기와 함께 사망하기도 한다. 일례로, 1817년 영국 국왕 조지 4세의 딸인 샬럿 공주는 꼬박 나흘간 진통을 했다. 1.8킬로그램의 사내아이는 머리를 비스듬히 하고 있었던 데다 산모의 골반에 비해 머리가 너무 컸다. 본격적인 진통이 50시간이나 지속되고서야 마침내 아기가 태어났지만, 사산아였다. 그로부터 여섯 시간 후 샬럿도 출혈성 쇼크로 사망했다. 향년 21세의 샬럿 공주는 조지 4세의 유일한 혈육이었던 까닭에 왕위는 조지 왕의 동생(윌리엄 4세)에게, 그다음에는 질녀에게로 이어졌다. 그 질녀가 바로 빅토리아 여왕이다.

산파와 의사들은 오랫동안 이런 재난에서 벗어날 방도를 강구했고, 산과학 분야에서 발명의 역사란 곧 이러한 노력의 역사이다. 실제로 산모의 목숨을 구한 발명품 가운데 최초라 할 만한 것은 크로셰(crochet)로, 형태를 약간 달리하여 쉐두기라고도 불린다. 짐승 발톱 같은 갈고리가 달렸고 길고 끝이 뾰족한 이 도구는 절박한 상황에서 태아의 두개골을 뚫어서 부순 다음 태아를 꺼내어, 적어도 산모의 목숨만이라도 구하기 위한 용도로 쓰였다.

수많은 산부인과 의사와 산파가 난산으로부터 산모와 아기를 구할 방도를 개발해 후세에 이름을 남겼다. 예를 들어, 거꾸로 자리한 아기가 머리 위로 들어 올린 팔 때문에 걸렸을 때 쓰는 '뢰브세트(Løvset) 조치'가 있다. 아기의 엉덩이를 잡아 옆으로 돌린 다음 손을 안으로 넣어 위로 들어 올린 팔을 잡아 가슴 위로 끌어내린 후 빼내는 방법이다. 거꾸로 자리한 아기가 양팔은 나왔는데 머리가 걸린 경우에는 마리소-스멜리-파이트(Mariceau-Smellie-Veit) 조치'를 쓴다. 아기 머리의 안전에 유의하면서 아기 입에 손가락을 넣어 당기는 방법이다.

아기의 머리는 나왔는데 어깨가 걸린 '어깨난산'의 경우, 얼른 풀어서 빼내지 않으면 5~7분 내에 아기가 질식하고 만다. 간혹 산모의 치골 바로 위를 주먹으로 압박해 주면 아기의 어깨가 빠져나오기도 한다. 그 방법도 안 될 경우에는 '우즈(Woods) 코르크스크루 조치'를 쓴다. 손을 집어넣어 아기의 어깨 뒤를 잡고 밀어서 아기를 풀어 주는 방법이다. 아니면 옴짝달싹 못 하게 끼어 있는 어깨 앞쪽을 잡아 아기의 가슴 쪽으로 밀어서 풀어 주는 '루빈(Rubin) 조치'도 있고, 산모의 다리를 복부 위로 급격하게 구부려 산모의 치골을 들어 올림으로써 아기의 어깨를 빼내는 '맥로버츠(McRoberts) 조치'도 있다. 마지막으로, 누구도 자신의 이름을 붙이고 싶어 하지 않았지만 역사상 수많은 아기의 목숨을 구한 조치도 있다. 바로 빗장뼈라고 부르기도 하는 쇄골을 골절시켜 아기를 끄집어내는 방법이다.

이러한 방법은 수십 가지가 넘는다. 그 덕분에 수없이 많은 아기가 생명을 구했지만 동시에 실패율도 높았다. 절개술은 예로부터 옴짝달싹 못하는 아기를 구하는 방법으로 잘 알려져 왔다. 기원전 7세기의 로마법은 산모가 분만을 못 하고 사망한 경우 아기를 꺼내기 전에는 매장을 금지했다. 아기가 살기를 바라는 기대에서였다. 1614년 교황 바오로 5세는 유사한 칙령으로 아기가 아직 살아 있을 경우에는 세례를 하도록 했다. 그러나 산 사람에게 제왕절개술을 한다는 것은 오랫동안 범죄로 인식되어 왔다. 거의 예외 없이 과다출혈과 감염으로 산모가 사망했기 때문이다. 산모의 생명은 아기보다 우선이었다. ('카이사르 절개'라 불리던 제왕절개술의 유래에 관해 아우렐리아가 배를 갈라 카이사르를 낳은 것에서 비롯했다는 설이 있기는 하지만, 역사가들은 사실무근의 전설로 간주한다. 아우렐리아는 카이사르를 낳고도 오래도록 살았기 때문이다.)

19세기 말에 마취와 소독 기술이, 20세기 초에 절개된 자궁의 과다출혈을 막을 수 있는 이중 봉합술이 개발된 후에야 제왕절개술은 선택 항목이 되었다. 하지만 그 당시에도 세간의 비난은 여전했다. 이미 좀 더 나은 방법이 통용되고 있었기 때문이다. 바로 산과용 겸자를 이용한 분만이다.

겸자를 둘러싼 일화는 색다르면서도 당혹스러운 구석이 있다. 사

216   혁신의 재구성

람 목숨을 구하는 발명이 100년이 넘게 비밀에 부쳐진 이야기이기 때문이다. 이 도구를 처음 고안한 사람은 피터 체임벌린(Peter Chamberlen, 1572~1628)이다. 프랑스에서 이주해 온 위그노교도 외과의의 아들로, 이후 대대로 런던에서 아기를 받았던 산파 가문인 체임벌린가의 시조라고 할 수 있는 인물이다. 커다란 샐러드 집게처럼 생긴 이 금속 기구는 아기의 머리를 감싸도록 된 날 두 개와 중간을 나사로 조이게끔 된 손잡이로 구성되어 있다. 이것을 사용해 옴짝달싹 못 하는 아기를 의사가 잡아당기는 방식은, 잘만 하면 아기와 산모를 모두 구할 수 있는 최초의 기술이었다.

체임벌린가는 자신들이 대단한 것을 가지게 되었음을 알았고, 그 기구를 가문의 비밀로 남기기로 했다. 난산으로 고생하는 산모를 왕진할 때면 그들은 방에서 사람들을 모두 내보냈고, 산모의 하반신을 덮개나 담요로 가림으로써 산모조차 그것을 볼 수 없게 했다. 그들은 무려 삼대에 걸쳐 겸자분만의 비밀을 지켰다. 1670년에 삼대 손인 휴 체임벌린이 그 디자인을 프랑스 정부에 팔려고 하다가 실패했다. 말년에 그는 암스테르담의 산부인과 의사 로저 론하위선에게 비밀을 누설했고, 론하위선은 또다시 60년 동안 그 기술을 자기 가족의 비법으로 남겨 두었다. 비밀은 18세기 중반이 되어서야 새어 나왔고, 일단 세상으로 나오자 널리 통용되기 시작했다. 1817년 샬럿 공주가 분만에 실패했을 때 아이를 받았던 의사 리처드 크로프트 경은 겸자분만을 하지 않은 것 때문에 두고두고 비난을 받아야 했다. 결국 샬럿 공주의 죽음에 가책을 느낀 크로프트 경은 얼마 후 권총으로 자살했다.

표준화를 향한
여정

20세기 초반에 이르자 출산을 둘러싼 문제는 대거 해결된 듯 보였다. 안전한 분만을 위해 의사들이 도움을 얻을 수 있는 수단도 다양해졌다. 가령 소독약부터 산과용 겸자, 수혈, 진통을 유도하고 분만 후 자궁을 수축시켜 지혈을 돕는 약제(맥각)가 있었고, 절박한 상황에서는 제왕절개도 가능했다. 1930년대에 이르러서는 도시에 거주하는 대부분의 산모가 산파의 도움을 받아 집에서 분만하기보다 병원에서 분만하는 추세로 바뀌었다.

　그러나 1933년 뉴욕의학아카데미는 뉴욕시에서 출산 중에 사망한 2041명의 산모를 연구한 내용을 토대로 충격적인 보고서를 발표했다. 연구자들은 산모 사망 가운데 적어도 3분의 2는 예방이 가능했다는 사실을 발견했다. 산모 사망률은 앞서 20년 동안과 비교해 전혀 나아지지 않았고, 신생아 사망률은 오히려 증가했다. 병원 분만이 아무런 이점이 없었던 것이다. 산모는 집에서 출산하는 편이 오히려 안전했다. 또한 상당수 의사가 자신의 일을 제대로 숙지하지 못하고 있다는 사실에 연구자들은 경악했다. 의사들은 명백한 출혈성 쇼크의 징후와 치료 가능한 그 밖의 상황을 놓치기 일쑤였고 기본적인 소독 기준을 어기는가 하면 잘못된 겸자 사용으로 산모를 감염시켰다. 뒤이어 백악관이 이와 유사한 내용의 보고서를 내놓았다. 의사들은 제대로 된 도구를 갖고 있었지만 도구 없는 산파들보다 못했다.

그 두 보고서를 계기로 현대 산과학은 결정적인 전환점을 맞이한다. 산과학 분야의 전문가들은 보기 드문 창의력을 발휘해 왔으며, 출산이 수반하는 수많은 문제를 해결할 지식과 수단을 개발해 왔다. 그러나 지식과 수단만으로는 충분치 않다는 사실이 드러났던 것이다. 산과학이 골상학(phrenology)*이나 천두술(trepanation)**의 전철을 밟지 않으려면 다르게 사고해야만 했다. 분만의 표준화가 급선무였다.

그 이후 사반세기를 세 번 거치면서 의학이 분만을 어찌나 변모시켰는지, 믿기 어려울 정도다. 어떤 면에서는 걱정스럽기까지 하다. 요즘 분만에서는 90퍼센트 이상이 태아 심장 모니터링을, 80퍼센트 이상이 정맥주사용 수액을, 75퍼센트가 경막외마취를, 적어도 50퍼센트가 진통촉진제(요즘은 맥각을 사용하지 않고 자궁 수축을 일으키는 천연 호르몬을 합성한 피토신을 사용한다)를 사용한다. 오늘날 미국에서는 분만의 30퍼센트가 제왕절개술로 이뤄지고 있으며, 그 비율은 꾸준히 증가 추세다. 산과학은 지금껏 변화를 거듭해 왔고 어쩌면 출산 자체도 이미 돌이킬 수 없을 정도로 변모했다.

병원 접수원은 엘리자베스 루크와 남편 크리스를 작은 예진실로 안내했다. 조산사가 진통 시간을 측정했다. 진통은 5분 간격이었다. 그런

---

* 두개골의 크기와 형태로 사람의 특성 및 운명을 알 수 있다고 주장한 학문으로, 과학적 근거가 부족한 사이비 학문으로 간주된다.
●● 두개골에 구멍을 뚫는 민간요법의 일종. 예로부터 두통이나 정신병 치료의 일환으로 또는 신비주의 영역에서 삿된 것을 몸 밖으로 배출한다고 시술되곤 했다.

다음 자궁이 얼마나 열렸는지 보기 위해 골반 검사를 했다. 꼬박 열두 시간 동안 규칙적으로 고통스러운 진통을 했으니 자궁이 7~8센티미터쯤 열렸을 거라고 루크는 예상했다. 하지만 고작 2센티미터에 불과했다.

진통은 이제 시작이었다. 실망스럽기 그지없었다. 전문간호사는 루크를 집으로 돌려보낼까도 생각했지만 결국 입원시키기로 했다. 분만 병동은 병실 12개가 간호사실을 둘러싸고 U자형으로 늘어서 있었다. 병원 입장에서 보면 분만이야말로 알짜배기 사업이다. 한번 만족스런 경험을 한 산모는 수년 동안 병원의 단골 고객으로 남는다. 따라서 병실은 최대한 아늑하고 매력적으로 꾸며진다. 각 병실마다 매입등과 장식용 커튼, 가족용 안락의자, 개별 실내 온도조절기가 설치되어 있었다. 루크의 병실은 심지어 자쿠지 욕조까지 갖추고 있었다. 내친김에 루크는 욕조에 몸을 담그고, 임산부용 짐볼에 앉아 운동을 하고, 복도를 거닐면서 몇 시간을 보냈다. 물론 진통이 올 때면 걸음을 멈추고 가까스로 온몸을 지탱하곤 했다.

그날 밤 10시 30분이 되도록 진통은 2분 간격에서 더 빨라지는 기색이 없었다. 산과 동료 가운데 당직 의사가 골반 검사를 했다. 루크의 자궁경부는 아직도 2센티미터가 고작이었다. 진통은 언제 시작이라도 했었냐는 듯 완전히 멎었다. 의사는 루크에게 두 가지 방안을 제시했다. 피토신으로 본격적인 진통을 유도하거나, 아니면 집으로 돌아가 쉬면서 진짜 본격적인 진통이 시작되기를 기다리라는 것이었다. 루크는 약물을 사용하는 것이 내키지 않았고 그래서 자정이 된 그 오밤중에 남편과 함께 집으로 돌아왔다.

　그러나 집에 도착하자마자 자신이 실수했다는 것을 깨달았다. 통증이 극심해진 것이다. 남편 크리스는 기절한 듯이 침대에서 한잠이 들었고 루크는 혼자서 버틸 수 있을지 알 수 없었다. 바보 같다는 말이 듣기 싫어 두 시간 반을 이를 악물고 버티다가 결국 크리스를 깨워 병원으로 데려다 달라고 했다. 새벽 2시 43분, 간호사는 루크가 아직도 손목에 차고 있는 신원 확인용 팔찌의 바코드를 찍어 입원시켰다. 산과 의사가 루크를 다시 검진했다. 루크의 자궁문은 4센티미터가량 열려 있었다. 본격적인 진통이 시작된 것이다.

　처음의 호기도 이제는 한풀 꺾였다. 꼬박 22시간째 진통을 하고 있던 루크는 불면과 통증으로 녹초가 되다시피 했다. 통증 완화를 위해 마약성 진통제를 투약해 보았지만 별 소용이 없자 급기야 버티는 것을 포기하고 경막외마취를 요구했다. 마취과 의사가 들어와서는 루크를 침대의 측면에다 뒤돌아 앉혔다. 척추를 따라 차갑고 축축한 소독약의 감촉과 바늘이 살갗을 파고들 때의 느낌, 한쪽 다리에 총을 맞은 듯한 통증이 전해졌다. 경막외마취용 카테터가 삽입되었다. 튜브를 타고 국소마취제가 주입되자 자궁 근육 수축으로 인한 통증은 눈 녹듯 사라지고 이내 무감각해졌다. 그런데 혈압이 떨어졌다. 경막외마취에 따른 부작용이었다. 의료진은 루크의 정맥에 용액을 주입하고 떨어진 혈압을—어쩌면 태아의 혈압까지—높이기 위해 각성제의 일종인 에페드린을 주사했다. 혈압을 안정시키는 데 15분이 걸렸다. 그러나 모니터에 나타난 태아의 심장박동수는 분당 150회 정도로 꾸준히 정상을 유지했다. 의료진은 뿔뿔이 흩어졌고 새벽 4시쯤에 루크는 잠이 들었다.

　새벽 6시에 산과 의사가 다시 걸음을 했다. 자궁문은 여전히 4센티미터에 머물러 있었고 루크의 실망은 이만저만이 아니었다. 의료 처치를 가급적 멀리하겠다던 루크의 결심은 한풀 더 꺾였고 피토신 주입이 시작되었다. 진통이 물밀듯 밀려왔다. 오전 7시 30분, 루크의 자궁문은 6센티미터까지 열렸다. 상당한 진전이었다. 루크는 마음이 한껏 부풀었다. 휴식을 좀 더 취했다. 슬슬 기운이 돌아오는 것 같았다. 몇 시간이 흐르자 다시 힘을 줄 준비가 되었다.

　그날 당직 의사인 알레산드라 페체이 박사는 간호사실에서 각 병실 산모의 시간별 경과가 기록된 백색 칠판을 들여다보고 있었다. 여느 때와 다름없는 아침이었다. 어느 병실에서는 산모가 힘을 주고 있고, 어느 병실에서는 약물로 산모의 분만을 유도하고 있고, 또 다른 병실에서는 자궁경부가 아직 조금밖에 열리지 않고 태아도 내려오지 않아 대기 중인 산모가 있을 터였다. 칠판에는 루크에 관해 "G2P0 41.2 wks pit+ 6/100/-2"라고 적혀 있었다. 풀이하자면 이렇다. 임신한 적이 두 번 있지만 출산 경험은 없으며(루크는 유산한 경험이 있었다) 임신 41주 이틀째다. 피토신을 투약했고 자궁경부는 6센티미터 열려 있으며 100퍼센트 풀린 상태다. 태아의 머리 하강도는 -2로 이는 머리 출현, 다시 말해 질구에 드러나기 시작하는 지점으로부터 약 7센티미터가량 안쪽에 있다는 뜻이었다.

　페체이가 루크의 병실로 와서 자신이 분만을 담당할 거라고 소개했다. 42세의 산과 전문의로 2000명이 넘는 신생아를 받아 온 페체이의 태도에는 관록과 친절이 배어 있었다. 페체이는 산파의 도움으로 두 아이를 낳은 아이 엄마이기도 했다. 루크는 서로 통하는 게 있다고 느꼈다.

페체이는 루크의 분만이 진행되기를 3시간 동안 기다렸다. 오전 10시 30분, 페체이는 루크를 다시 진찰하며 난감한 표정을 지었다. 자궁문이 여전히 6센티미터에 머물러 있었기 때문이다. 아기도 더는 내려오지 않았다. 페체이는 아기가 어느 쪽으로 향해 있는지 알아보기 위해 손을 넣어 정수리를 따라 머리 뒤쪽의 물렁한 지점까지 만져 보았다. 아기는 머리가 옆으로 향한 채(횡위) 걸려 있었다.

간혹 자궁 근육의 수축 강도를 높여 주면 아기 머리가 제대로 방향을 틀어 밀려 나오기도 한다. 그래서 페체이는 장갑을 낀 손가락으로 루크의 불룩 솟은 양막을 찔러 구멍을 냈다. 양수가 터져 나오고 그 길로 진통이 힘과 속도를 더했다. 하지만 태아는 움직이지 않았다. 설상가상으로 모니터에 나타난 태아의 심장박동수가 자궁이 한 번씩 수축할 때마다 120, 100, 80으로 떨어지기 시작하더니 정상을 회복하는 데 거의 1분이 걸렸다. 이처럼 심장박동이 떨어지는 현상이 의미하는 바가 늘 확실한 것은 아니다. 의료 소송 변호사들은 이를 가리켜 "도움을 청하는 아기의 울부짖음"이라고 즐겨 표현한다. 어떤 경우는 그렇다. 비정상적인 수치는 태아가 산소나 혈액을 제대로 공급받지 못하고 있다는 신호이기도 하다. 탯줄이 목을 감고 있을 수도 있고 아니면 탯줄이 완전히 눌려서 막혔을 수도 있다. 그러나 아기의 심장박동수가 더 오래, 진통이 끝나고 나서까지 한참 더 떨어지더라도 대개는 별 이상이 없다. 흔히 아기의 머리가 심하게 눌렸을 경우에도 심장박동수가 떨어진다.

페체이 박사는 어느 경우에 해당하는지 확신할 수 없었다. 그래서 피토신 주입을 중단했다. 자궁이 수축하는 힘을 줄이기 위해서였다. 페체이는 코 삽입관으로 루크와 태아에게 추가로 산소를 공급했다. 태아의 머리를 긁어 자극을 줌으로써 심장박동이 반응하는지도 확인했다. 심장박동수는 진통을 할 때마다 계속해서 떨어졌지만 그렇다고 회복이 안 되는 것은 아니었다. 25분이 지나자 마침내 내림세는 멈추었다. 아기의 심장박동은 꾸준히 정상을 되찾는 중이었다.

모든 것을 바꾼
'아프가 점수'

해마다 전 세계적으로 1억 3000만 명의 아기가 태어난다. 미국에서만 그 수가 400만을 넘는다. 어떤 방법을 동원하더라도 좋지 않은 결과는 일정 비율 있게 마련이다. 그럼에도 의사들은 자신의 처치를 통해 최소한 그 비율을 줄일 수 있다는 신념을 고수해 왔다. 그러나 1930년대에 쏟아져 나온 정부 보고서들은 산과 의사들이 제몫을 하지 못했고 그것이 기술적 무능에서 비롯했음을 입증했다. 이때를 기점으로 의료계는 개개의 시술에 대한 엄격한 규제를 제도화하는 전략으로 돌아섰다. 아기를 받는 내과의에게 필요한 수련 요건이 마련되었다. 병원에서는 누가 어떤 과정에 따라 아기를 받을 것인지, 그리고 겸자분만과 그 밖의 위험이 따르는 처치를 허용할 것인지 여부를 둘러싸고 엄격한 규정을 정했다. 병원과 정부 당국은 정상 범주를 벗어난 산모 사망 사례를 조사했다.

이러한 기준을 마련하면서 산모의 사망이 크게 감소했다. 1930년대 중반에는 아이를 낳는 일이 여자의 일생에서 가장 위험한 사건이었다. 임신한 여성 150명 가운데 1명은 사망으로 이어졌다. 1950년대에 이르자 좀 더 엄격해진 기준과 페니실린 등 여러 항생제의 발견 덕택에 산모의 사망 위험은 2000명 가운데 1명꼴로 90퍼센트 이상 떨어졌다.

그러나 신생아의 처지는 그리 고무적이지 않았다. 서른 중 하나는 여전히 분만 중에 사망했다. 한 세기 전과 비교해서 나아진 것이 별로 없는 상황이었다. 이런 난관을 타개할 만한 뾰족한 대책도 없었다. 그러던 차에 뉴욕에서 의사로 일하던 버지니아 아프가(Virginia Apgar)가 한 가지 묘안을 짜냈다. 실로 터무니없을 정도로 간단한 방법이었지만 분만과 신생아 관리에 크나큰 변화를 가져왔다. 사실, 아프가는 산과학 분야에서 혁명을 일으킬 만한 인물은 아니었다. 우선, 분만 경험이 한 번도 없었다. 의사로서도 그랬고 엄마로서도 그랬다.

아프가는 1933년 컬럼비아 대학교 의과대학 외과 레지던트 과정에 입학 허가를 받은 최초의 여성 가운데 하나였다. 뉴저지 웨스트필드의 어느 보험회사 중역의 딸인 아프가는 키가 크고, 뿔테 안경과 바비 머리핀만 아니라면 위압적으로 보일 만한 외모를 지녔다. 사람들은 대담함과 따스함, 타고난 열정을 겸비한 아프가를 좋아했다. 그녀는 곤란에 처한 사람이 있으면 그 옆에 앉아 이렇게 말하곤 했다. "자, 이 엄마에게 다 말해 봐." 그러면서도 모든 일에 철두철미했다. 바이올리니스트이기도 했던 아프가는 단순히 재능이 뛰어난 수준을 넘어 자신의 악기를 직접 제작할 정도였다. 59세의 나이에 단발 엔진 비행기를 처음 몰기도 했다. 레지던트 시절 아프가가 수술한 환자가 수술 후에 사망한 일이 있었다. "버지니아는 작지만 중요한 동맥 하나를 자신이 죄었을지 모른다는 걱정에 애를 태웠어요." 아프가의 동료였던 스탠리 제임스가 당시를 회상했다. "부검 허가서를 얻을 수 없었던 아프가는 시신 보관소에 숨어들어서는 수술 부위를 열고 원인을 찾아봤죠. 아니나 다를까, 그 작은 동맥이 죄어 있었어요. 그 길로 버지니아는 외과 과장에게 가서 사실을 알렸습니다. 자신의 실수를 덮으려고 하지 않았어요. 어떤 대가를 치르더라도 진실을 드러내고 싶어 했죠."

외과 레지던트 과정이 끝나갈 무렵 학과장은 아프가가 아무리 뛰어나더라도 여자 외과의는 환자를 끌어올 가능성이 적다고 말하며, 컬럼비아 의과대학의 마취과 의사로 와달라고 아프가를 설득했다. 당시만 해도 마취과 의사는 병원 내에서 지위가 상대적으로 낮았다. 하지만 아프가는 그 일에 자신을 던졌고, 여성으로서는 미국에서 두 번째로 공인 마취과 의사가 되었다. 아프가는 컬럼비아 의대에서 마취 분과를 독립시켰고 마침내 외과와 동등한 지위를 지닌 마취과로 승격시켰다. 현직에 있는 동안 마취를 실시한 환자만 2만 명이 넘었다. 그녀는 어쩌다가 길 가던 사람에게 응급상황이 벌어질 것에 대비해 가방에

혁신의 재구성

늘 외과용 메스와 일정 길이의 튜브를 휴대하고 다녔다. 실제로도 그런 응급처치를 십여 차례 성공적으로 실시했다. 그녀는 늘 입버릇처럼 말했다. "할 거라면 제대로, 지금 당장 하라."

아프가는 분만 환자의 마취를 돕는 일을 가장 좋아했다. 새 생명이 세상으로 나오는 탄생의 과정이 경이로웠다. 그러나 수많은 신생아가 받는 홀대에 간담이 서늘해졌다. 기형이거나 너무 왜소하거나 그저 푸르스름하다는 이유로 갓 태어난 아기들이 사산아 명단에 오르고, 눈에 띄지 않는 곳에서 죽음을 기다렸다. 사람들은 그 신생아들이 병들어 살아남지 못한다고 여겼다. 아프가는 달랐다. 하지만 오랜 관습에 반기를 들 만한 권위는 갖지 못했다. 아프가는 산과 의사도 아닌 데다 의료 분야는 여전히 남성 우위의 세계였다. 그래서 덜 직접적이면서 궁극적으로는 더 강력한 접근법을 시도했다. 그녀가 고안한 것은 일종의 점수 체계였다.

이제는 전 세계적으로 알려진 '아프가 점수'는 간호사들이 갓난아기의 상태를 0점에서 10점까지 채점하게 만든 체계다. 신생아의 전신이 분홍색이면 2점, 잘 울면 2점, 별 탈 없이 활기차게 숨 쉬면 2점, 사지를 모두 잘 움직이면 2점, 심장박동수가 100을 넘으면 2점이 주어졌다. 10점 만점을 기록한 신생아는 더없이 건강하다는 뜻이고 4점 이하의 아기는 허약하고 상태가 비관적이라는 뜻이다.

1953년에 공표되어 혁명적인 결과를 낳은 아프가 점수는 막연히 겉모습만 보고 판단하던 신생아의 상태를 수집해 비교 가능한 수치로 탈바꿈시켰다. 이 점수를 사용하려면 우선 신생아들을 하나하나 좀 더 주의 깊게 관찰하고 문서화해야 했다. 설사 그것이 경쟁심 때문이라고 하더라도, 의사들은 서로 더 나은 점수를 얻으려고 애썼다. 결과적으로, 그들이 받은 신생아에게도 더 나은 결과를 가져왔다.

전 세계적으로 병원에서 태어난 모든 신생아의 아프가 점수가 생후 1분과 5분에 기록되기에 이르렀다. 생후 1분에 아프가 점수가 현저히 낮았던 신생아도 산소나 보온과 같은 조치를 취해 주면 생후 5분에는 높은 점수로 소생이 가능하다는 사실도 순식간에 명백해졌다. 신생아 집중치료실이 우후죽순 생겨 났다. 아프가 점수는 분만 방식에도 변화를 가져왔다. 점수가 좋은 아기를 낳는 데는 척추마취 그다음으로는 경막외마취가 전신마취보다 효과적이라는 사실이 밝혀진 것이다. 분만을 둘러싼 문제를 사전에 감지하기 위해 산전 초음파가 도입되고, 태아 심장 모니터링이 표준이 되었다. 수년 동안 수백 가지 조정과 혁신이 이루어졌다. 세간에서는 이러한 종합적인 대책을 두고 '산과학 패키지'라고 부르기도 했다. 그 패키지는 극적인 결말을 불러왔다. 오늘날 미국에서 만삭으로 분만하는 중에 아기가 죽는 경우는 500명 가운데 1명꼴이며 산모가 죽는 경우는 만에 하나도 채 되지 않는다. 만약 1930년의 통계 수치가 지금까지 이어졌더라면 작년 한 해에 사망한 산모가 500명 미만이 아니라 2만 7000명이었을 것이고, 사망한 신생아 수도 2만이 아니라 그것의 여덟 배인 16만에 이르렀을 것이다.

혁신의 재구성

산과 의사들의
모험

여기에 역설이 있다. 연구의들에게 의학계가 진보하려면 어떻게 해야 하는가를 물어보라. 그들은 십중팔구 '근거 중심 의학' 모델을 들이댈 것이다. 연구소에서 이중맹검,* 무작위, 대조군 실험과 같은 적절한 검사를 거쳐 효과가 입증되지 않고서는 어떤 것도 의료 현장에 도입해서는 안 된다고 말이다. 1978년에 무작위 임상시험을 통해 얻은 확실한 증거를 얼마나 적용하는지를 두고 세부 전공 분야별로 순위를 매겼을 때 산과학은 맨 꼴찌를 기록했다. 산과 의사들은 무작위 실험을 거의 하지 않았으며 설사 했다고 하더라도 그 결과를 대부분 무시했다. 일례로 태아 심장 모니터를 보라. 일반적인 분만에서 태아 심장 모니터가 매시간 간호사들이 태아의 심박수를 재는 것에 비해 전혀 나은 점이 없다는 사실이 철저한 연구를 통해 수차례 지적되어 왔다. 사실 모니터의 사용은 불필요한 제왕절개술을 부추기는 면이 없지 않다. 모니터에 약간의 이상만 나타나도 너나없이 호들갑을 떨면서 자연분만을 포기하려 들기 때문이다. 그럼에도 거의 모든 병원 분만에 태아 심장 모니터가 쓰이고 있다. 분만 병동에서 겸자분만이 사실상 자취를 감춘 일도 그렇다. 겸자분만과 제왕절개술을 비교한 수차례의 연구 결과, 제왕절개술이 아무런 이점이 없는 것으로 드러났는데도 겸자는 사라졌

●   실험을 받는 사람도 실험자도 실제 변화가 사실상 이루어지고 있는지 모르게 하는 방식.

다. 심지어 일부 연구에서는 겸자를 쓰는 것이 산모에게 더 나은 결과를 가져왔음이 밝혀졌는데도 말이다.

다른 분야 의사들은 산부인과 동료들이 코에 마스크를 걸친 모습을 늘 깔봐 왔다. 그리 똑똑하다고 여기지도 않았다. 오랫동안 산부인과가 의대 최고의 인재를 유치하지 못한 데는 다 이유가 있다. 게다가 그들이 하는 일이 썩 과학적이거나 정교해 보이지도 않았다. 그러나 그동안 의료계에서 산과학만큼 많은 목숨을 구한 분야도 없다. 병을 치료하고 인간의 삶을 개선함에 있어 의사가 할 수 있는 역할에 눈부신 변화가 있었다. 지금 우리에게는 뇌졸중과 암 치료제도 있다. 관상동맥 스텐트*도 있고 인공관절도 있고 인공호흡 장치도 있다. 그러나 다른 분야 의사들이 이러한 도구들을 과연 산과 의사가 자신의 도구를 사용할 때처럼 믿을 수 있고 안전하게 사용할까? 우리는 그네들의 발뒤꿈치도 못 따라간다.

예를 들어, 일반 폐렴은 아직도 부유한 국가에서 네 번째로 높은 사망 원인이다. 폐렴으로 인한 사망률도 실제로 지난 사반세기 동안 늘어났다. 폐렴이 극심해진 탓도 있지만 우리 의사들이 잘못한 탓도 있다. 몇 차례의 뛰어난 연구 실험에서 가장 적합한 항생제가 무엇인지 그리고 입원을 요하는 환자가 병원에 도착하고 4시간 내에 항생제를 투여받으면 사망 확률이 줄어든다는 사실이 밝혀졌다. 그러나 우리는 사실상 그런 일에 거의 관심을 쏟지 않는다. 최근의 한 연구는 폐렴

---

* 관상동맥의 혈류를 유지하기 위해 삽입하는 튜브나 코일 형태의 그물망.

환자의 40퍼센트가 제때 항생제 투약을 받지 못한다는 결론을 내렸다. 그나마 항생제를 투약한 환자의 20퍼센트는 잘못된 항생제를 처방받았다.

한편, 산과학에서는 일단 새로운 전략이 시도해 볼 만한 가치가 있다 싶으면 연구 실험을 통해 사실 여부가 가려질 때까지 기다리지 않았다. 그냥 그것을 시도했다. 그런 다음 결과가 좋은지 살폈다. 산과학이 발전해 온 방식은 도요타나 제너럴일렉트릭의 그것과 다를 바가 없었다. 앞뒤 재지 않고 밀어붙이는 격이지만 언제나 그 결과에 주목했고 이를 개선시키고자 노력했다. 그러한 접근 방식은 주효했다. 산과학 패키지의 조정과 혁신이 모두 필요하고 유용했는지에 관해서는 여전히 확신이 서지 않을 수 있다. 일상적인 태아 심장 모니터링이 지금도 논란의 대상이 되듯이 말이다. 하지만 전반적으로 산과학 패키지는 분명히 출산 연령의 고령화와 산모의 비만, 그로 인한 건강상의 문제라는 악조건 속에서도 분만을 좀 더 안전하게 만들었다.

결국 아프가 점수는 모든 것을 바꾸어 놓았다. 그 점수는 실용적이고 계산하기도 쉬웠을 뿐 아니라 임상의들에게 치료 효과가 어떤지 즉각적인 피드백을 제공해 주었다. 다른 의료 분야에서도 혈구수니, 전해질 농도니, 심박수니, 바이러스 역가니 하는 온갖 것을 측정한다. 그러나 일상적인 측정을 할 뿐, 그 자료를 종합하여 환자의 상태가 전체적으로 어떠한지 점수를 매기는 일은 하지 않는다. 그저 자기가 하는 일에 대한 막연한 느낌만 갖고 있을 뿐이다. 그마저 없을 때도 간혹 있다. 힘든 수술을 끝내고 나온 환자의 사망 확률이 50분의 1이 되었는지

500분의 1이 되었는지 나는 알 길이 없다. 그 정도로 감각이 예민하지도 않다. "수술은 어땠습니까?" 환자의 가족이 묻는다. "잘 됐습니다." 이런 말이 고작이다.

아프가 효과는 단지 임상의들에게 자신이 한 일을 한눈에 객관적으로 평가할 수 있도록 해준 것에 그치지 않는다. 개선을 위한 그들의 선택에도 변화를 불러왔다. 산부인과 책임자들은 의사와 조산원의 아프가 점수 결과를 주시하기 시작했고, 그럼으로써 그들은 빵 공장에서 제빵사들이 빵을 얼마나 구웠는지 주시하는 공장장과 다르지 않게 되었다. 풋내기 신참부터 노련한 최고참에 이르는 모든 직원의 실적을 높일 수 있는 해법을 원하기는 공장장이나 산부인과 과장이나 마찬가지다. 말하자면 어쩌다 한 번 완벽하기보다는 대체로 믿을 만한 것을 선택한다는 뜻이다.

겸자분만의 운명이 이를 여실히 드러내는 예이다. 나는 노스캐롤라이나 주립대학교 산부인과 명예교수 왓슨 바우즈 주니어와 겸자분만의 발자취에 관한 이야기를 나누었다. 바우즈는 조산아 관리에 관한 연구 이외에도 교재로 널리 읽히는 책에서 겸자분만술에 관한 부분을 저술한 것으로 명성이 높다. 1960년대에는 개업의로 일했다. 당시에는 제왕절개술을 통한 분만은 5퍼센트가 채 되지 않았고 겸자를 이용한 분만이 40퍼센트를 넘었다. 겸자분만의 탁월한 효과를 보여 준 연구는 수없이 많다고 바우즈는 말했다. 그러나 그 연구들은 대부분 대규모 병원의 숙련된 산과 의사의 겸자분만을 보여 주는 자료들이었다. 한편, 큰 병원이든 작은 병원이든, 경험이 일천하든 노련하든, 산과 의

혁신의 재구성

사는 모든 신생아의 아프가 점수와 사망률을 개선해야 하는 책임을 짊어져 왔다.

"겸자분만은 가르치기가 아주 어렵습니다. 제왕절개술보다 훨씬 어려워요. 제왕절개술의 경우 학습자가 맞은편에 섭니다. 학생들이 어떻게 하는지도 정확하게 볼 수 있어 지적하기도 수월합니다. '거기 말고, 거기.' 하고 말해 줄 수 있죠. 그렇지만 겸자분만에 필요한 감각은 가르치기가 아주 까다롭습니다."

겸자로 태아의 머리를 잡는 것만 해도 까다로운 기술이다. 산모의 골반 형태와 태아의 머리 크기에 맞춰 골라야 하는 집게 유형만 적어도 여섯 가지는 된다. 겸자의 날은 태아 머리의 측면 양쪽에 대칭이 되도록 밀어 넣되, 정확히 귀와 눈 사이 광대뼈 위에 놓아야 한다. "대부분의 레지던트들이 실수 없이 손에 익히는 데 2~3년이 걸렸습니다." 바우즈는 말했다. 그런 다음 끄는 힘과 누르는 힘을 적절하게 써야 한다. 바우즈가 쓴 교재에는, 평균 20~30킬로그램의 축방향력과 2킬로그램의 압박을 태아 머리에 가해 당기라고 되어 있다. "집게에 압력을 가할 때 움직임을 감지해야 합니다." 힘을 너무 세게 주면 태아의 피부가 찢기거나 두개골이 골절되거나 치명적인 뇌출혈이 일어날 수 있다. "레지던트 중에는 감이 좋은 사람이 있는가 하면 그렇지 못한 사람도 있습니다."

산과학이 당면한 화두는 의학이 수공업이냐 산업이냐 하는 것이었다. 의학이 수공업이라면 태아의 어깨가 걸렸을 때 사용하는 우즈 코르크스크루 조치라든가 거꾸로 앉은 태아를 위한 뢰브세트 조치, 태아의 머리가 클 경우 겸자를 사용하는 감각 같은 일련의 장인적 기술을 산과 의사에게 가르치는 데 중점을 두어야 할 것이다. 물론 새로운 기술을 찾아내기 위한 연구도 이뤄질 것이다. 무엇보다, 모두가 항상 제대로 해낼 수는 없다는 사실을 받아들이게 된다.

하지만 의학이 산업이라면 어떨까? 미국에서만 매년 신생아가 400만 명가량 태어나는데 그들 모두에게 가급적 가장 안전한 분만술을 제공해야 한다. 그러려면 새로운 이해가 필요하다. 초점도 바뀐다. 중요한 것은 신뢰다. 4만 2000명에 달하는 미국의 산과 의사가 과연 모든 기술을 안전하게 터득할 수 있을지 의문이 든다. 임상의들이 그렇게 많은 수련을 받았어도 겸자분만으로 태아와 산모가 끔찍한 부상을 입었다는 소식이 끊임없이 흘러나오면 이를 간과할 수 없다. 아프가 이후, 산과 의사들은 진통 중인 산모가 곤경에 처했을 때 비교적 간단하고 예측 가능한 의료 처치가 필요하다는 결론에 도달했다. 그래서 찾은 것이 제왕절개술이었다.

공장장의
원칙

오후 7시 30분을 막 넘긴 시각, 진통 39시간째에 접어든 엘리자베스 루크는 분만 수술에 들어갔다. 페체이는 이미 8시간 전에 제왕절개술을 권했지만 루크는 거절했다. 아기를 직접 힘주어 세상으로 밀어내는 시도를 아직 포기할 수 없었다. 페체이는 루크의 노력이 과연 성공할 수 있을지 의심스러웠지만 심장 모니터에 나타난 태아의 상태가 양호했던 터라 루크가 좀 더 애를 쓴다고 해서 해될 것도 없었다. 의사는 피토신 투여량을 아기의 심박수가 허용하는 한도까지 약간 늘렸다. 경막외마취를 했음에도 통증은 점점 격렬해졌다. 그러다가 약간의 진전이 있었다. 오후 3시경, 루크의 자궁경부가 거의 9센티미터까지 열렸다. 태아는 2센티미터 앞으로 밀려 나왔다. 페체이조차 루크가 자연분만에 성공할지도 모른다는 생각이 들기 시작했다.

하지만 그 후로 3시간이 지나도 태아의 머리는 더 내려오는 기색이 없는 데다 여전히 옆으로 향해 있었다. 루크의 자궁경부도 더 열리지 않았다. 마침내 루크는 아기가 밖으로 나오지 않을 것이라는 사실을 받아들였다. 페체이가 다시 한 번 제왕절개술을 권하자 이번에는 루크도 동의했다.

피토신 투여가 중단되고 자궁 수축 모니터가 치워졌다. 태아 심장 모니터가 내는 빠른 똑딱거림만 방 안에 울려 퍼졌다. 페체이는 수술을 집도할 의사를 소개했다. 루크가 얼마나 오래 진통을 했던지 당직 산과 의사만 세 번 교대했다. 루크는 바퀴 달린 들것에 실려 복도 끝에 위치한 하얀색 타일이 깔린 널찍한 수술실로 들어갔다. 크리스는 초록색 수술복을 입고 마스크와 불룩한 수술용 모자를 쓰고 신발 위에 푸른색 부츠를 덧신었다. 크리스는 수술대 머리맡에 놓인 의자에 앉아 한 손을 루크의 어깨 위에 올렸다. 마취과 의사가 경막외마취제를 주입하고 제대로 마취가 됐는지 확인하기 위해 복부를 찔러 보았다. 간호사는 황갈색 소독약을 발랐다. 그런 다음 절개가 시작되었다.

제왕절개술은 여태껏 내가 본 수술 가운데 가장 생소한 수술이다. 또한 가장 간단한 수술이기도 하다. 우선, 둥글게 부풀어 오른 배의 아랫부분을 10번 메스를 써서 가로로 절개한다. 능숙하고 거침없는 손놀림으로 피부와 황금색 피하지방을 분리한다. 흰색 거즈로 붉은 꽃송이처럼 피어오른 출혈 지점을 지혈한다. 복부 근육을 덮고 있는 근막, 다시 말해 외피처럼 생긴 섬유초를 갈라서 들어 올리면 그 아래에 붉은색 근육이 드러난다. 세로로 뻗은 두 개의 띠 모양의 복직근 가운데를 경계로 금속 견인기를 써서 좌우로 잡아당긴다. 반투명에 가까운 얇은 복막을 절개한다. 그러고 나면 자줏빛의 두꺼운 근육층으로 이루어진 자궁이 틈 사이로 붉게 모습을 드러낸다. 메스로 자궁을 조그맣게 초기 개구한 다음, 붕대가위로 쉽고 빠르게 자궁을 가른다. 마치 껍질이 가죽처럼 질긴 과일을 쪼개는 것과 흡사하다.

그다음에 이어지는 단계도 나에게 믿기지 않기는 마찬가지다. 흔히 우리 같은 외과의가 환자의 배를 열었을 때는 종양이나 그 밖의 이상(異常)을 대면하게 마련이다. 그러나 여기서 접하는 것은 꼼지락대는 앙증맞은 다섯 발가락과 무릎, 다리 한 짝이다. 그 순간 새로운 생명체가 손안에서 발버둥치고 있다는 사실을 깨닫는다. 수술대 위의 산모는 까맣게 잊는다. 간혹 아기를 빼내기 힘든 경우도 있다. 아기의 머리가 산도 깊숙이 들어가 있을 때는 아기의 허리를 부여잡고 버쩍 일으켜 세워 쑤욱 잡아당겨야 한다. 가끔 다른 사람에게 아기의 머리를 밀

혁신의 재구성

어 올리라고 해야 하는 경우도 있다. 그러고 나면 탯줄을 자른다. 아기를 강보에 싼다. 간호사가 아프가 점수를 잰다.

자궁 수축이 끝나면 절개 부위를 통해 태반을 꺼낸다. 산모의 자궁 안에 남은 핏덩어리나 부스러기를 깨끗한 거즈로 말끔히 닦아 낸다. 그런 다음 튼튼한 흡수성 봉합사로 이음매가 겹치지 않도록 야구공 스티치같이 자궁을 봉합한다. 똑같은 봉합사로 근막을 붙여 꿰매고 그다음 피부를 봉합한다. 그러고 나면 끝이다.

이 수술은 한때는 드물었지만 지금은 흔하다. 태아가 한쪽 발만 대롱 내민 경우이든 태아가 거꾸로 앉아 양팔을 머리 위로 들어 올린 경우이든, 그것도 아니면 산모의 골반에 태아의 머리가 끼어 옴짝달싹 못 하는 경우이든, 예전에는 까다로운 의료 처치를 그때그때 상황에 맞게 따로 익혀야 했지만 지금은 어떤 경우든 관계없이 해결책은 하나다. 바로 제왕절개술이다. 오늘날 산과 의사는 모두 별 어려움 없이 제왕절개술을 한다. 작은 병원에서도 가능하다. 이 수술은 인상적이리만치 꾸준히 시행되고 있다.

이 수술은 손쉬운 만큼 잘못될 가능성도 있다. 태아가 열상을 입을 수도 있고 태반이 분리되고 태아의 머리를 빨리 빼지 않으면 아기가 질식할 수도 있다. 산모의 위험도 만만치 않다. 나도 외과의로 산모의 찢어진 창자와 열상을 처치하러 불려간 일이 있다. 과다출혈이나 상처 감염도 비일비재하다. 혈전증과 폐렴의 위험도 높다. 설사 아무런 합병증이 없다고 하더라도 질 분만보다 회복이 몇 주나 더 오래 걸리고 고통스럽다. 그뿐 아니라 추후의 임신에서도 산모는 심각한 난관에 봉착할 수 있다. 질 분만을 시도하려다가 200명 가운데 1명꼴로 제왕절개술을 했던 부위가 파열하기도 한다. 수술 흉터가 새로 생긴 아기의 태반에 달라붙어 출혈 문제를 야기할 위험 역시 그쯤 된다. 제왕절개도 수술은 수술이다. 외면할 수 없는 진실이다.

그렇다고 제왕절개를 피해갈 수도 없다. 수술의 위험을 둘러싼 의문이 제기되는 상황에서도 제왕절개술은 임상의가 가장 신뢰하는 선택이다. 그것이 오늘의 현실이다. 태아의 크기가 4.5킬로그램을 넘거나, 산모가 과거에 제왕절개를 했거나, 태아가 옆으로 혹은 거꾸로 앉았거나, 쌍둥이를 가졌거나, 분만 과정에서 잠정적으로 어려운 상황이 제기되면, 조산원이나 산과 의사가 적어도 제왕절개술이라도 해야 하는 것이 의료 처치의 기준이다. 임상의들은 아무리 사소하다 해도 위험을 감수하고 자연분만을 시도하기를 점차 꺼리는 추세다.

나는 바우즈에게 만약 그였다면 그리고 1960년대라면 루크와 같은 난산을 어떤 식으로 다루었겠느냐고 물었다. 다들 짐작하겠지만 그는 맨 먼저 분만용 겸자를 사용했을 터이다.(그였다면 진통 초기에 피토신 투여량을 오늘날 우리가 허용하는 수치보다 훨씬 늘려, 산모의 자궁경부를 최대한 팽창시켰을 것이다. 그런 다음 겸자를 썼을 것이다). 바우즈는 자신이 겸자로 세상에 내보낸 아이가 1000명이 넘는다고 했다. 다친 신생아 비율은 제왕절개술과 비슷하거나 낮았으며 산모의 회복 속도는 훨씬 빨랐다. 그 당시에 루크가 그에게 처치를 맡겼다면 수술을 받지 않고 안전하게 분만했을 가능성이 훨씬 높다. 그러나 바우즈가 능수능란하게 다루는 도구는 까다롭기 그지없다. 바우즈가 속한 산과학의 의료 규약이

혁신의 재구성

바뀌면서 그 역시 달라졌다. "교수로서 역할모델이 되어야 하니까요. 레지던트들이 따라할 수도 없는 기술을 가르쳐 봤자 혼자 날뛰는 카우보이 꼴이죠. 게다가 불확실성은 늘 존재합니다." 바우즈가 말했다. 심지어 그도 자신의 판단과 솜씨가 기대에 어긋나는 날이 언젠가 오리라는 걱정에서 벗어날 수 없었다.

공장장의 새로운 규칙은 이러했다. 산과학계는 발명가의 이름을 딴 그 모든 조치와 더불어 겸자를 미숙한 사람들이 사용하는 것을 막으려고 아예 모든 사람이 쓰지 못하게 했다. 1999년 바우즈가 은퇴했을 때 그 역시 다른 동료들과 마찬가지로 제왕절개술을 이용한 분만이 24퍼센트에 달했다. 만약 아직도 의사로 일하고 있다면 현재 그의 동료들처럼 그 비율이 30퍼센트에 달하리라는 데에 이견이 없다.

제왕절개가
득세한 까닭은

특별한 위험도 없는 임신 39주째의 산모에게 자연분만 대신 제왕절개술을 권할 것인지를 둘러싸고 격렬하지만 진지한 논쟁이 벌어진다는 사실은 곧 제왕절개술이 얼마나 안전해졌는지를 반증하는 척도이기도 하다. 오만도 이만저만한 오만이 아닐 수 없다. 어떻게 자연분만을 시도조차 해보지 않고 제왕절개술을 고려한다는 말인가? 건강한 사람들에게 맹장을 떼어 내라거나 인공 고관절이 자연 고관절보다 튼튼할 것이라고 말하는 외과의를 보았는가? 간단한 수술이라 할지라도 합병증 비율은 더도 덜도 아니고 여전히 높은 실정이다. 그러나 향후 10년쯤 후에는 산과학의 산업혁명이 일어나 진화가 부여해 준 자연분만 과정보다 제왕절개술이 시종일관 더 안전해질 수도 있을 것이다.

현재로서는 39주째에 건강하고 활발한 움직임을 보이는 태아가 분만 전에 혹은 분만 중에 사망하는 경우는 500명 가운데 하나다. 역사적으로 보면 낮은 비율이지만 산과 의사들은 사전에 예정된 제왕절개술을 통해 이러한 죽음의 적어도 일부는 피해 갈 수 있으리라고 믿는다. 산모를 위해서도 그편이 안전하다고 주장하는 사람도 상당수다. 예정된 제왕절개술은 분명 산모와 아기가 이미 고통을 겪을 만큼 겪은 절박한 상황에서 순식간에 행해야 하는 응급 제왕절개술보다는 위험이 훨씬 덜하다. 최근에 미국에서 행해진 어느 연구는 예정된 제왕절개술이 충분히 안전한가를 두고 우려를 제기했지만, 사실상 영국과 이스라엘에서 각각 실시된 연구에서는 예정된 제왕절개술이 질 분만보다 산모 사망률이 낮다는 결과가 나왔다. 게다가 비록 추측이기는 하지만 예정된 제왕절개술을 받은 산모는 말년에 요실금이나 자궁탈출증 같은 문제를 겪을 확률이 비교적 낮을 수도 있다.

그렇지만 분만이 너무나 쉽게 수술로 이어지고 있다는 사실은 예사로이 보아 넘길 일이 아니다. 일부 병원에서는 분만의 절반 이상을 제왕절개술로 하고 있다. 이런 염려는 단순히 옛것에 대한 향수만은 아니다. 또 하나 삶의 자연스러운 과정과의 인연이 멀어지고 있는 것이다. 분만 기술을 볼 일도 점점 줄어든다. 위기에 처한 아기를 질 분만

혁신의 재구성

을 통해 안전하게 세상으로 데리고 나오는 기술이 아무리 일관성 없고 들쭉날쭉하다고 하더라도 수 세기에 걸쳐 내려온 것이다. 이제 그 기술이 산과학의 주류에서 영영 사라질 날이 머지않았다.

일각에서는 제왕절개술이 산과 의사의 스케줄 관리에 더 편리한 데다 시간당으로 따져 질 분만보다 벌이가 나은 사실을 지적하며 의심의 눈초리를 보낸다. 산과 의사들 역시 의료 과실 소송에 대한 두려움 때문에 필요 이상으로 제각 제왕절개술을 실시하게 된다고 토로한다. 그렇게 많은 산모를 수술하는 것은 절대 축하할 일이 아니다. 그러나 태아가 처한 위험을 줄이려는 우리의 깊은 열망이야말로 제왕절개술이 이처럼 만연하게 된 가장 큰 원동력이다. 우리가 열망하는 신뢰의 대가인 셈이다.

어떤 의미에서 아프가 점수가 횡포라고 느껴지는 면이 없지 않다. 신생아의 건강은 체크하지만 산모의 통증이나 혈액 손실, 회복 기간은 개의치 않기 때문이다. 죽었는지 살았는지 물어보는 것 말고는 산모의 상태를 알 만한 점수와 산모의 상태 개선에 좀 더 집중하도록 자극제가 되어 줄 만한 잣대가 없다. 하지만 이러한 치우침은 바로잡을 수 있다. 아기의 상태를 진단할 수 있다면 산모의 상태라고 왜 진단할 수 없겠는가. 사실상 의료를 접하는 모든 사람에게 일종의 아프가 점수가 필요하다. 정신과 환자, 입원 환자, 수술 환자, 물론 산모에 이르기까지 모두 말이다.

최근 내가 속한 연구 단체에서 수술 환자를 위한 아프가 점수를 개발했다. 수술 도중 환자의 혈액 손실량과 최저 심박수, 최저 혈압을 기준으로 10점을 만점으로 하는 점수 체계이다. 우리가 점수를 매긴 거의 1000명에 가까운 환자 가운데 9점과 10점을 기록한 환자는 합병증을 일으킬 확률이 4퍼센트가 채 안 되었고, 사망한 환자는 하나도 없었다. 반면에 점수가 5점 미만인 환자는 합병증 확률이 50퍼센트가 넘었고 사망률도 14퍼센트를 기록했다. 환자의 상태를 말해 주는 간단명료한 잣대는 어떤 환자에게든 필요하다. 그리고 그 잣대는 우리 의사들로 하여금 혁신을 위한 노력을 게을리하지 않게 해줄 것이다. 모두의 안녕을 목표로 삼지 않을 이유가 없다.

"전부 다 지켜봤어요." 루크가 입을 뗐다. "불빛 속에서 빠짐없이 다 보이더군요. 아기 머리가 나오는 것도 봤어요!" 갈색 머리칼과 청회색 눈동자를 가진 아기 캐서린 앤은 엄마의 골반 깊숙한 곳에서 머리가 가로로 끼어서 생긴 연한 자줏빛 자국과 함께 3.6킬로그램으로 태어났다. 아기의 아프가 점수는 1분에는 8점, 5분에는 9점으로 완벽에 가까웠다.

한편 산모는 쉽지가 않았다. "엉망진창이었어요." 루크가 말한다. "파김치가 되어 인사불성이다시피 했죠. 통증도 견디기 어려웠고요." 루크는 거의 40시간의 진통 끝에 제왕절개를 했다. 페체이는 다음 날 이렇게 말했다. "이래저래 양쪽으로 호된 맛을 봤으니 만신창이가 되고도 남죠." 루크는 기력이 얼마나 쇠했던지 젖이 나오지 않았다.

"완패했다는 느낌이 들었어요. 제가 세운 계획이 하나도 이뤄지지 않았으니까요. 경막외마취를 하기 싫었는데 결국 해달라고 했죠. 제왕절개도 원치 않았는데 결국 동의했죠. 모유 수유를 하고 싶었는데 그것도 완전히 물 건너갔어요." 루크는 일주일 동안 비참함과 씨름했다. "그러다가 문득 깨달았어요. '가만, 이런 멍청한 짓이 어디 있어. 저렇게 예쁜 아기가 생겼는데. 아기만 바라봐도 모자랄 판에 이러고 앉았다니!' 어쨌든 우리 딸아이 덕분에 후회와 한탄의 늪에서 헤어났어요."

10 긍정적 일탈과 최고의 의사

의사가 알려 주지 않는
단 한 가지

버지니아 아프가가 분만에서 그 가능성을 보여 준 것처럼, 성과를 평가하는 유효한 방법을 찾아내는 일은 그 자체가 창의적 발명이다. 하지만 그 잣대를 실제로 적용하는 일에는 또 다른 종류의 창의력이 요구된다. 그리고 개선이란 과업에는 궁극적으로 이 두 가지 창의력이 모두 필요하다. 일찍부터 이 사실을 깨달았던 사람이 있었으니, 바로 치명적인 희소병 치료에 40년 세월을 바친 미니애폴리스의 어느 의사다. 그의 경험은 우리 모두에게 교훈이 되어 준다. 그렇지만 먼저 그 희소 질환을 앓는 어린 소녀 애니 페이지에 관한 이야기로 시작해야 한다.

애니 페이지의 병은 나중에 곱씹어 본다면 모를까, 보통은 지나칠 게 뻔한 사소하고 평범한 증상과 함께 시작되었다. 말하자면 이렇다. 어렸을 적 애니의 아빠는 종종 "포테이토칩 꼬마 아가씨"로 애니를 부르곤 했다. 딸아이에게 뽀뽀하면 피부에서 짭조름한 맛이 났기 때문이다. 애니의 엄마는 간혹 아이의 숨소리가 씨근대는 것처럼 느끼곤 했다. 비록 소아과 의사는 청진기로 아무것도 듣지 못했지만 말이다.

결국 문제가 된 것은 애니의 체구였다. 한동안은 애니의 가느다란 뼈대와 왜소한 몸집을 집안 내력으로만 여겼다. 네 살배기 언니 로린도 소아과 성장 차트에서 또래 여자아이들에 비해 언제나 끄트머리를 차지했다. 그러나 애니는 세 살이 됐을 때 차트에서 아예 밀려났다. 키는 86센티미터로 무난했지만 몸무게가 10킬로그램밖에 나가지 않았다. 또래 여자아이들 98퍼센트보다 적게 나가는 무게였다. 애니는 영양실조처럼 보이지는 않았지만 그렇다고 썩 건강해 보이지도 않았다.

'성장 장애'라고 불리는 이 증상은 뇌하수체 이상, 갑상샘 기능 저하, 신진대사의 유전적 결함, 염증성 장질환, 납 중독, HIV 감염, 촌충 감염 등 원인만 해도 수십 가지다. 교과서에는 그 원인을 열거한 목록이 적어도 한 페이지를 넘어간다. 애니의 주치의는 정밀검사를 철저하게 했다. 1997년 7월 27일 4시에 소아과 의사가 집에 있던 페이지 부부에게 땀 검사 결과를 전화로 알려 왔다. "그날은 평생 못 잊을 겁니다." 애니의 엄마 하너가 말했다.

간단하고 재밌는 검사였다. 먼저 아이 팔뚝 안쪽의 피부 표면을 씻어 말린 뒤 작은 거즈 두 개를 붙인다. 하나는 발한 작용을 하는 필로

카르핀을, 또 하나는 식염수를 적셨다. 전극을 이용해 5분 동안 가벼운 전류를 흘리면 필로카르핀이 피부에 침투된다. 피부에 지름 2.5센티미터가량의 붉은색 발한 부위가 나타나면 그 위에 마른 여과지를 붙여 30분 동안 땀을 흡수시킨다. 그런 다음 전문가가 여과지의 염소 농도를 측정한다.

수화기 너머에서 의사는 하너에게 아이의 염소 수치가 정상보다 훨씬 높다고 말했다. 하너는 병원 약사여서 이처럼 비정상 수치가 나온 아이들을 여럿 보았다. "내가 알기로 그것이 의미하는 바는 우리 딸에게 죽음이 다가온다는 것이었습니다." 신시내티 교외에 있는 한적한 도시 러브랜드에 사는 페이지 가족의 집을 찾아갔을 때, 하너가 침착한 어투로 말했다. 검사 결과 애니의 병명은 낭성섬유증이었다.

낭성섬유증은 유전 질환이다. 미국에서 이 병을 진단받는 어린아이는 매년 1000명에 불과하다. 미국인 중 약 1000만 명이 낭성섬유증을 일으키는 결함 유전자를 보유하고 있지만 이 질환은 열성 형질이라서 양쪽 부모가 모두 보유자로서 각자 유전자 복사체를 전달하는 경우에만 아이에게 그 형질이 발현된다. 1989년에 처음 발견된 이 유전자는 7번 염색체의 장완(long arm)에 위치해 있는데, 염화물의 세포막 이동을 방해하는 돌연변이 단백질을 생산한다. 낭성섬유증 환자의 땀에 소금기가 많은 것도 이것 때문이다.(어쨌건 소금도 염화나트륨이니까.) 염화물 부족으로 인해 체내 분비물 농도가 진해지면서 끈적이는 점성을 띤다. 췌장관에서는 소화효소의 흐름이 막혀 점차 음식물 흡수가 어려워진다. 애니의 성장이 멈추다시피 한 것도 이런 이유에서였다. 하지만 이 병이 치명적인 이유는 폐에 미치는 영향 때문이다. 걸쭉해진 점액이 서서히 작은 기도를 틀어막고 굳음에 따라 폐활량이 줄어든다. 시간이 흐르면서 아이의 폐활량은 한쪽 폐로만 숨 쉬는 것과 같이 된다. 그다음에는 그것의 절반이 되고, 그다음에는 아무것도 남지 않는다.

하너와 돈 페이지 부부의 머리에 집요하게 떠오른 것은 어린이병원에 가야 한다는 생각이었다. 신시내티 어린이병원은 전국에서 가장 유명한 소아과 병원에 속했다. 세균학자 앨버트 세이빈이 경구용 소아마비 백신을 개발한 곳도 여기였다. 소아과의 바이블이라 할 수 있는 『넬슨 소아과학 교과서(Nelson Textbook of Pediatrics)』에서 낭성섬유증에 관한 부분을 저술한 의사도 이 병원 소아과 소속이었다. 페이지 부부는 전화를 걸어 이튿날 아침으로 약속을 잡았다.

"의료진을 일일이 다 만나느라 몇 시간을 거기에 있었습니다." 하너는 그때를 떠올렸다. "병원에서는 애니의 혈압을 재고 산소포화도를 측정하고, 다른 검사도 몇 가지 더 했습니다. 그러고 나서 우리를 진료실로 데리고 갔어요. 거기서 소아과 의사가 우리를 맞아 주었죠. 아주 친절했지만 단도직입적인 사람이었습니다. 이렇게 말하더군요. '이것이 유전 질환인 것은 아시죠? 당신들의 잘못도 아니고 인력으로 어찌할 수 있는 병도 아닙니다.' 환자의 평균 생존 기간이 30년이라고 했어요. 애니가 살아가는 동안 마흔 살까지 늘어날 수 있을 거라고도 했죠. 그 의사는 낭성섬유증 치료에 일가견이 있는 사람이었어요. 물론 우리가 생각했던 최악의 상황보다는 나은 소식이었습니다. 하지만 마흔까지라니! 우리가 듣고 싶었던 건 그런 얘기가 아니었어요."

의료진은 부부에게 치료법을 반복해 들려주었다. 애니에게 매끼 첫술과 함께 췌장 효소약을 먹이고, 비타민 보충제도 먹여라. 칼로리를 최대한 높여라. 요리할 때 음식에다 버터를 몇 숟가락씩 듬뿍 넣고, 아이가 달라고 할 때마다 아이스크림을 주고 거기에 초콜릿 소스까지 얹어 주라.

호흡기 전문의는 끈끈하게 뭉쳐 있던 분비액이 기침을 통해 나올 수 있게 하루에 적어도 두 번씩 각각 30분 동안 아이의 가슴과 등, 양 옆구리의 열네 군데를 둥글게 주먹 쥔 손으로 두드려 주는, '맨손 흉부 안마 치료'를 해야 한다고 설명했다. 흡입용 약제도 처방받았다. 의사는 애니가 3개월에 한 번씩 와서 정밀검사를 받아야 한다고 일렀다. 집으로 돌아온 가족에게는 새로운 삶이 시작되었다.

그들 부부는 애니가 최대한 오래 살 수 있게끔 하는 데 필요한 거의 모든 사항을 들었다. 그러나 단 하나 그 병원 의사들이 전달하지 못한 정보가 있었으니, 바로 전국에서 소아 낭성섬유증 환자 치료에 가장 뛰어난 병원에 신시내티 어린이병원이 포함되지 않는다는 사실이었다. 그해에 발간된 자료에 따르면 신시내티 어린이병원은 기껏해야 중간 정도였다. 이것은 그냥 지나칠 문제가 아니었다. 1997년에 평균 수준에 속하는 낭성섬유증 치료센터에서 치료받은 환자의 수명은 고작 서른을 넘기는 정도였지만, 최고 수준의 병원에서 치료받은 환자는 대개 마흔여섯까지 살았다. 신시내티 어린이병원은 일부 기준에서는 중간에도 훨씬 못 미쳤다. 낭성섬유증 환자의 평균수명을 점쳐 볼 수 있는 최고의 예측 지표는 환자의 폐 기능이다. 신시내티 병원에서 12

긍정적 일탈과 최고의 의사

세 미만 어린이 환자의 폐 기능은 전국의 낭성섬유증 환자 가운데 하위 25퍼센트에 머물렀다. 의사들 역시 그 사실을 알고 있었다.

치료 성과로
순위를 매긴다면

한때는 특정 전공 분야에서 의사나 병원의 차이는 대수롭지 않다는 생각이 지배적이었다. 낭성섬유증이든 그 밖의 다른 질병이든 특정한 질환을 치료하는 병원의 치료 성과를 그래프로 나타내 본다면, 병원 대부분이 높은 성과 쪽으로 쏠린 상어지느러미 모양이 나올 거라고 기대했다.

　실제 결과는 사뭇 달랐다. 치료 성과를 나타낸 그래프는 상어지느러미가 아니라 종 모양에 가까웠다.

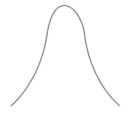

　불안할 정도로 치료 성과가 저조한 병원도 눈에 띄게 훌륭한 병원도 소수다. 치료 성과가 떨어지지도 그렇다고 뛰어나지도 않은 병원이 중간에서 다수를 이룬다.

　흔히 있는 탈장 수술을 예로 들면, 그래프의 왼쪽 끝에 분포하는 낙제점 외과의가 본 환자에게서 탈장이 재발할 가능성은 10명 가운데 하나이고, 중간의 다수에 속하는 의사의 경우 20명 가운데 하나, 우수한 엘리트 외과의의 경우 500명 가운데 하나다. 신생아 집중치료실에 입원한 신생아의 (위험도를 반영해 조정한) 사망률은 평균 10퍼센트이지만 치료센터에 따라 6퍼센트에서 16퍼센트로 다양하다. 시험관아기 시술의 경우, 수정란을 착상시킬 때의 임신 성공률은 대다수 병원이 40퍼센트 내외이지만 어느 병원에 가느냐에 따라 성공률은 15퍼센트 미만에서 65퍼센트 이상까지 천차만별일 수 있다. 물론 병원마다 환자 연령이 다르고 고위험 환자를 받으려 하는지 등 여러 요인이 이러한 차이를 만드는 것도 사실이다. 그렇다 하더라도, 특정 환자 입장에서 볼 때 병원들 사이에는 크고 의미심장한 차이가 존재하며 몇몇 병원은 확실히 다른 병원보다 우수하다.

　종형 곡선은 의사로서 그 의미를 인정하기가 고통스럽다. 종형 곡

　　　　　　　　　　　　긍정적 일탈과 최고의 의사

선은 의료 시스템이 환자들에게 최고의 가능성을 제공해 줄 터이므로 믿어도 좋다고 장담한 우리의 약속과도 모순된다. 거기다 자신이 현재 활용 가능한 최상의 의술을 펼치고 있다고 여기는 의사들 스스로의 믿음에도 위배된다. 하지만 종형 곡선의 증거는 이미 새나가기 시작했다. 의사는 물론 환자에게도. 이제 그 파장을 서서히 목도하는 중이다.

의료계는 실패와 맞서는 데 익숙하다. 예기치 못한 죽음과 합병증은 의사라면 누구나 겪는 일이다. 그렇지만 자신의 성공과 실패의 기록을 동료 의사의 기록과 비교하는 일은 흔치 않다. 우리 병원 외과는 전국에서 최고로 손꼽히는 곳이다. 적어도 우리 동료들은 그렇게 믿고 있다. 그러나 실제로 우리가 생각만큼 잘하는가에 대해서는 믿을 만한 증거가 없었던 것이 사실이다. 야구팀에는 승패 기록이 있고, 기업에는 분기별 수익보고서가 있다. 그렇다면 의사에게는?

헬스그레이즈(HealthGrades)라는 웹 기반 서비스가 있다. 17달러 95센트만 내면 어떤 의사를 고르든 간에 그에 대한 평가 기록을 보내준다. 얼마 전 나 자신과 동료 몇 명에 관한 평가를 의뢰해 보았는데, 알려 주는 내용이 많지는 않았다. 가령 내가 전공 분야에 공인 의사 자격증을 갖고 있다는 것과 전과 기록이 없고 병원에서 해고당한 일이 없으며 면허가 정지되거나 취소된 적이 없다는 것, 그리고 위법 행위로 징계를 당한 적도 없다는 사실이 나와 있었다. 이것들은 알아 놓으면 유용한 정보임에는 틀림없다. 그러나 이것으로는 부족하다. 그렇지 않은가?

최근 몇 해 동안 병원과 의사의 성과를 측정하려는 노력이 급증했다. 결코 만만한 일은 아니다. 우선 무엇을 측정해야 하는지를 파악하는 데 어려움이 따른다. 1986년부터 1992년까지 6년 동안 연방 정부는 나중에 '살생부'라는 별명으로 유명해진 연례보고서를 발표했다. 그 보고서는 전국의 병원을 대상으로 메디케어 혜택을 받는 노인 및 장애 환자의 사망률을 조사해 등급을 매겼다. 그 살생부는 놀라울 정도로 널리 유포되었고 발표된 첫해에는 각종 언론의 머리기사를 장식했다. 그러나 그 등급은 거의 쓸모가 없는 것으로 판명되었다. 노인이나 장애인의 사망은 애초에 그 환자가 얼마나 연로한지, 병세가 얼마나 심한지와 상관이 있다. 게다가 그 통계학자들에게는 어느 정도가 하늘의 뜻이고 어느 정도가 의사의 책임인지 조목조목 따져 볼 재간이 없었다. 수치가 매번 변한다는 것 또한 문제였다. 임의적인 환자 몇몇의 사망만으로도 병원 등급은 매년 크게 요동쳤다. (상태가 심각한 환자를 다른 병원으로 보내는 것 말고) 달리 성과를 개선시킬 만한 방법도 확실치 않았다. 사람들은 이내 그 등급을 무시하게 되었다.

설사 젊은 환자의 사망률이라 하더라도 의사의 치료 능력을 가늠하는 잣대로는 불충분하다. 젊은 환자가 사망하는 경우 자체가 드문데다, 사망한다 하더라도 별로 놀랄 일이 아닌 케이스가 많다. 대부분 전이성 종양 환자이거나 끔찍한 부상을 당한 경우이기 때문이다. 사람들이 정말로 알고 싶은 것은 일반적인 상황에서 발휘되는 의사의 능력이다. 즉각적 결과가 드러나는 일종의 점수나 관련 절차의 표준치 같은 것 말이다. 이 병원은 결핵 환자를 상대로 제대로 된 항생제를 처방하는 빈도가 얼마나 되나? 이 병원에서의 치료 결과는 다른 병원과 비교해 어떻게 다른가?

　이러한 정보를 입수하기란 쉽지 않다. 의료계는 아직도 종이 기록에 크게 의존한다. 그러므로 정보를 수집하기 위해서는 사람을 보내 차트를 조사하거나 환자들을 일일이 찾아다니는 수밖에 없는데, 양쪽 모두 비용과 수고가 많이 든다. 최근에 법제화된 사생활 보호 규정도 그러한 작업을 한층 힘들게 만드는 요인이다. 하지만 첫걸음은 뗀 셈이다. 현재 미국 전역의 보훈병원에서는 외과의들의 합병증 비율과 사망률을 기록하고 비교하는 일을 전담하는 인력을 확충하고 있다. 내가 속한 병원을 비롯한 14개 교육병원도 최근 그 대열에 합류했다. 캘리포니아와 뉴저지, 뉴욕, 펜실베이니아주는 수년 동안 해당 지역의 모든 심장외과의에 관한 자료를 수집해 보고하고 있다.

의료계에서 의사들의 치료 성과를 측정하는 데 있어 타의 추종을 불허하는 분야가 있으니, 바로 낭성섬유증 치료이다. 낭성섬유증재단은 40년 동안 전국 각지에 있는 낭성섬유증 치료센터의 세부 자료를 수집해 왔다. 그 분야만 유독 남들에 비해 깨어 있어서라기보다는 1960년대에 클리블랜드의 소아과 의사 르로이 매슈스(LeRoy Matthews)가 사람들의 화를 돋운 데서 비롯한 결과이다.

　클리블랜드의 레인보우 영유아병원에서 폐질환 전문의로 일하던 젊은 매슈스는 1957년 낭성섬유증 치료 프로그램을 시작했다. 그리고 시작한 지 몇 년 만에 연간 사망률이 2퍼센트 미만을 기록했다고 주장했다. 당시 낭성섬유증을 치료하던 사람이 볼 때 그것은 터무니없는 소리였다. 그 질환은 사망률이 전국적으로 매년 20퍼센트를 상회하는 것으로 추정되었으며, 환자의 평균 사망 연령은 3세였다. 그러나 매슈스와 그의 동료들은 그 병이 심각한 위해를 가하기까지의 시간을 수년간 늦췄다고 보고했다. 매슈스는 어느 의사 모임에서 이렇게 이야기했다. "우리 환자들이 얼마나 오래 살지는 두고 봐야 알겠지만 대부분은 내 장례식에 참석할 수 있으리라 생각합니다."

1964년, 낭성섬유증재단은 워런 워릭(Warren Warwick)이라는 미네소타 주립대학교의 소아과 의사에게 1만 달러라는 많지 않은 예산을 주고는 그 해에 미국 내 31곳 낭성섬유증 치료센터에서 치료받는 모든 환자의 기록을 수집하도록 했다. 매슈스의 주장을 검증하기 위해서였다. 몇 달 후 워릭은 결과물을 얻었다. 매슈스의 치료센터에서 치료받는 환자의 사망 연령 추정 중앙값은 다른 곳에서 치료 중인 환자보다 일곱 배 많은 21세였다. 매슈스는 요즘 우리가 말하는 '긍정적 일탈자'였다. 매슈스가 담당하는 6세 미만 어린아이 가운데 사망한 환자는 적어도 5년 동안 단 한 명도 없었다.

다른 소아과 의사들과 달리, 매슈스는 낭성섬유증을 갑작스레 나타나는 재앙으로 보지 않고 오랜 세월에 걸쳐 증세가 악화되는 누적 질환으로 보았다. 그래서 가시적인 증상이 나타나기 한참 전부터 환자에게 미리 적극적인 예방 치료를 실시했다. 매슈스는 매일 밤 환자를 비닐 텐트에다 재웠는데 텐트 안은 연신 뿜어 나오는 물안개로 한 치 앞이 안 보일 정도였다. 그 덕에 환자의 기도에 들러붙어 잘 떨어지지 않던 점액이 묽어져 기침을 통해 나왔다. 또 영국 소아과 의사들이 쓰는 새로운 기법을 도입했는데, 가족들이 매일 환자의 가슴을 두드려 점액이 내려가도록 돕는 방법이었다. 워릭의 보고서가 나오고 나서 매슈스의 방식은 순식간에 표준 치료법으로 자리 잡았다. 미국 흉부학회도 매슈스의 접근 방식에 찬성했다. 또한 워릭이 등록한 치료센터 관련 데이터의 유용성이 입증되면서 낭성섬유증재단은 그 후로도 같은 작업을 이어 갔다.

시대별로 자료를 훑다 보면 흥미진진하면서도 한편으로는 당황스럽다. 1966년까지 낭성섬유증의 사망률은 전국적으로 급격히 떨어져 환자의 평균수명이 10세에 불과했었다. 그러나 1972년에는 18세가 되었다. 급속하면서도 놀라운 변화가 아닐 수 없다. 그렇지만 매슈스의 치료센터는 이보다 훨씬 나았다. 재단은 자료에 개별 치료센터의 이름을 절대 밝히지 않았다. 병원의 협조를 얻으려면 익명을 보장하는 수밖에 없었다. 그러나 매슈스의 낭성섬유증 센터는 자신들의 치료 결과 보고서를 발간했다. 1970년대 초에 이르자 중증 폐질환이 생기기 전에 치료센터를 찾은 환자의 95퍼센트가 18세 생일을 넘길 수 있었다. 종형 곡선은 여전히 존재했지만 그 폭은 조금 좁아졌다. 동시에 평균이 아무리 상승해도 매슈스와 소수 몇몇은 여전히 늘 남보다 앞섰다.

2003년, 낭성섬유증 환자의 평균수명은 전국적으로 33세까지 늘었지만 가장 우수한 치료센터의 경우에는 47세를 상회했다. 전문가들은 병원 사망률을 두고 그랬던 것처럼 평균수명 계산에 대해서도 의심의 눈초리를 보냈지만 다른 잣대를 들이대도 결과는 마찬가지였다. 예를 들어, 종형 곡선의 중간지대에 있는 치료센터들에서 환자들의 폐 기능(최고의 생존 예측 지표)은 낭성섬유증을 앓지 않는 사람의 4분의 3 정도였다. 하지만 가장 우수한 치료센터에서 치료받는 환자들의 평균적인 폐 기능은 비환자의 폐 기능과 다르지 않았다. 일각에서는 환자들 사이의 이러한 차이는 단지 물려받은 특정한 유전자나 가족의 사회계층 차이에서 비롯된 것이라고 주장한다. 하지만 최근의 연구에 따르면, 앞의 요인들의 영향을 모두 합쳐 봐야 폐 기능 격차의 4분의 1밖에 설명하지 못한다. 하물며 어째서 일부 치료센터에서만 보통의 낭성섬유증 환자를 정상 수준까지 끌어올릴 수 있었는지는 전혀 설명하지 못한다.

다른 질병 치료에 비해 낭성섬유증 치료 시스템은 훨씬 복잡하고 정교하다. 그래서 이 정도로 큰 격차가 생기는 것이 무척 의아할 수밖에 없다. 낭성섬유증 치료가 거둔 성과는 모든 의료계 분야가 앙망하는 모범사례이다. 환자들은 전국 117개 전문 센터에서 치료를 받는다. 모든 치료센터는 엄격한 인증 과정을 거치며, 그곳의 의사들은 풍부한 치료 경험을 지녔다. 그들 센터는 모두 동일한 지침에 따라 낭성섬유증을 치료하며 이러한 지침은 의료계의 여타 분야와 비교해 훨씬 상세하다. 그들은 모두 새롭고 더 나은 치료법을 알아내려고 연구 실험에 참여한다.

상황이 이렇다면 그들 센터의 치료 성과가 대동소이할 거라고 짐작하게 마련이다. 그러나 실제로는 어마어마한 차이를 보였다. 여태껏 환자들은 이 사실을 몰랐다. 만약 알게 된다면 어떻게 될까?

긍정적 일탈과 최고의 의사

'비밀 불가'
돈 버윅의 실험

2001년 겨울, 페이지 부부를 비롯한 가족 스무 쌍이 신시내티 어린이 병원에서 개최하는 낭성섬유증 프로그램과 관련한 회의에 참석해 달라는 초대를 받았다. 이제 7세가 된 애니는 생기발랄한 2학년이다. 지금도 여전히 몸집은 왜소하고 누구나 앓는 감기가 애니에게는 끔찍한 악몽이 되기도 하지만, 폐 기능은 그동안 안정적이었다. 가족들이 병원 대회의실에 모여들었다. 짧은 인사를 마치고 의사들은 스크린에 띄운 파워포인트 슬라이드를 넘기기 시작했다. 전국에서 가장 권위 있는 프로그램의 영양 관리와 호흡기 관리는 이러이러하고 신시내티는 이러이러하다는 내용이었다. 말하자면 병원이 공개 실험을 시도하는 셈이었다. 의사들의 얼굴에는 긴장의 빛이 역력했다. 일부는 회의 자체를 반대했다. 그러나 병원의 간부들은 고집스레 밀고 나갔다. 이게 다 돈 버윅(Don Berwick) 때문이었다.

돈 버윅은 보스턴에서 의료 질 향상 연구소(Institute for Healthcare Improvement)라는 비영리단체를 운영하는 전직 소아과 의사다. 이 연구소는 의료 질 향상을 위한 그의 아이디어를 시도하는 병원에 수백만 달러를 제공해 왔다. 그리고 신시내티 어린이병원의 낭성섬유증 프로그램이 그 지원금을 받게 된 것이다. 버윅이 내건 핵심 조건 가운데는 후원을 받은 병원은 모든 정보를 환자에게 공개해야 한다는 조항이 있었다. 어느 의사의 말을 빌리자면, "벌거벗으라"는 것이다.

버윅은 의료계에서 보기 드문 인물이다. 2002년 《현대 보건의료 (Modern Healthcare)》는 버윅을 미국 의료업계에서 세 번째로 영향력 있는 인물로 꼽았다. 1위에 오른 미 보건후생부 장관이나 2위를 차지한 메디케어와 메디케이드 책임자처럼 목록에 오른 다른 사람들과 달리, 버윅의 영향력은 직책이 아니라 그의 사고방식에서 비롯되었다.

1999년 12월 어느 회의에서 버윅은 미국 보건의료의 실패를 두고 자신의 생각이 담긴 40분짜리 연설을 했다. 수년이 지난 지금도 그 연설은 여전히 인구에 회자하고 있다. 연설을 담은 비디오는 지하출판물처럼 유통되었고, 1년 뒤 나도 그 비디오를 보았다. 하도 많이 돌려 봐서 화질이 흐릿해질 정도로. 녹취 원고를 정리한 소책자는 전국 의사 수천 명이 받아 보았다. 외모가 별로 매력적이진 않지만 부드러운 말투를 지닌 중년의 버윅은 그런 평범함을 최대한 유리하게 활용할 줄 알았다. 그는 소방대원 10여 명의 목숨을 집어삼킨 1949년의 몬태나 주 삼림 화재에 관한 흥미진진한 이야기로 연설을 시작했다.

산등성이에서 갑작스레 눈앞에 닥쳐온 불길에 우왕좌왕하던 소방대원들은 산꼭대기 저편으로 몸을 피하려고 경사가 76도나 되는 산비탈을 달려 올라갔다. 그때 소방대장인 와그너 도지가 성냥 몇 개를 꺼내더니 앞에 있는 마른 풀밭에 불을 놓았다. 높게 자란 풀에 불길이 일어 순식간에 산비탈 위로 번져 갔다. 도지는 불길이 태우고 지나간 자리의 한복판으로 걸어 들어가 몸을 웅크리고 대원들을 불렀다. '도망불(escape fire)'이라고 불리는 묘안을 즉석에서 짜낸 것이다. 이것은 나중에 산림청의 화재 훈련의 하나로 정식 채택되었다. 하지만 그를 미

긍정적 일탈과 최고의 의사

쳤다고 생각하거나 아니면 부르는 소리를 듣지 못한 대원들은 그냥 도지를 지나쳐 뛰어 올라갔다. 두 명을 제외한 나머지 대원들은 모두 화마에 목숨을 잃었다. 도망불을 놓은 자리에 웅크리고 있던 도지는 털끝 하나 타지 않고 살아남았다.

소방대원들은 사분오열 갈라졌다. 이미 논리적으로 생각하거나 정신을 차리고 일사불란하게 움직이면 살 수 있다고 판단할 능력을 잃고 말았다. 하자가 많은 조직이 재난에 처했을 때 흔히 일어나는 일이며, 또한 현대 보건의료계에서 일어나는 일이기도 하다고 버윅은 꼬집었다. 의료계는 나날이 진보하는 복잡한 지식과 치료법을 따라잡으려고 부단히 애쓰면서도 가장 단순한 처치 하나도 제대로 이행하지 못하고 있다. 버윅은 의료계를 뜯어고치기 위해서는 두 가지가 필요하다고 주장했다. 우리 스스로를 헤아려 보고, 우리의 일을 공개하는 것이다. 수술 합병증 비율에서부터 환자에게 약을 제때에 제대로 처방하는 횟수에 이르기까지, 의사와 병원의 치료 성과를 빠짐없이 살피면서 정기적으로 비교해야 한다고 말이다. 그뿐 아니라 병원은 환자에게 전적으로 정보를 개방해야 한다. "'비밀 불가'가 내 도망불의 새로운 원칙입니다."라고 그는 말했다. 버윅은 당혹스러운 점이 있기야 하겠지만 공개가 곧 의료 질 향상으로 이어질 것이라고 역설했다. 그렇게 되면 의사보다는 환자의 복지와 편의가 으뜸이 되고 또한 근본적인 도덕적 선에도 이바지할 것이다. 자신의 삶에 영향을 미치는 것에 대해 사람들이 잘 알게 될 테니 말이다.

버윅의 연구소는 그의 아이디어를 실천하는 병원에 로버트 우드 존슨 재단으로부터 출자받은 막대한 자금을 제공하기로 했다. 그리하여 신시내티 어린이병원의 의사와 간호사, 사회복지사 들은 병원 회의실에 모인 환자 가족들 앞에 쭈뼛거리며 서서 병원 프로그램이 거둔 성과가 얼마나 저조한지를 밝히고 개선 방안도 발표했다. 놀랍게도 그 병원의 프로그램을 떠나기로 결정한 가족은 하나도 없었다.

"회의가 끝나고 곰곰이 생각해 봤습니다." 랠프 블랙웰더가 나에게 말했다. 그와 아내 트레이시에게는 여덟 자녀가 있는데, 그 가운데 넷이 낭성섬유증 환자다. "병원을 옮기는 것도 생각해 봤어요. 여기서 하는 제 사업을 접고 다른 곳에서 시작할 수도 있었죠. 따지고 보면 그렇지 않습니까. 군이 여기서 아이들 치료를 받을 이유가 뭐가 있습니까? 성과도 별로라는데요. 부모 심정이야 제일 뛰어난 사람에게 맡기고 싶죠." 그러나 랠프와 트레이시는 의료진이 들려준 진실에 깊은 인상을 받았다. 신시내티 어린이병원에서 근무하는 사람 누구도 아무런 변명을 하지 않았으며 더 잘하려고 필사적이었다. 블랙웰더 부부가 이들을 알아 온 세월도 벌써 여러 해였다. 이 프로그램의 영양사로 일하는 테리 쉰들러는 자신의 아이도 이곳에서 치료받는 중이었다. 담당 폐질환 전문의인 바버라 치니는 영리하고 세심하고 다정했다. 한밤중에 건 전화도 마다치 않고 아이들이 끔찍한 위기를 넘기도록 보살펴 주고, 새로운 치료법이 있을 때마다 이를 실행에 옮겼다. 프로그램 책임자인 짐 액턴은 세계 최고의 치료센터로 거듭나겠다는 포부를 밝혔다.

하너 페이지는 회의에서 공개된 수치들을 보고 깜짝 놀랐다. 블랙웰더 부부처럼 페이지 부부도 어린이병원 의료팀과 유대가 돈독하긴

긍정적 일탈과 최고의 의사

해도 그 얘기는 금시초문이었고 그들의 마음을 흔들기에 충분했다. 액턴은 몇몇 위원회를 구성하여 프로그램의 성과를 높이는 데 앞장서겠다고 발표했다. 위원회마다 환자 보호자가 적어도 한 사람씩 포함될 것이라고 했다. 이는 생소한 일이다. 병원이 환자와 보호자를 내부 심사위원회에 들이는 경우는 거의 없다. 그래서 하너는 떠나는 대신에 환자 치료 체계를 재검토하는 위원회에 참여하기로 결심했다.

하너가 속한 위원회는 치료센터의 성적이 왜 그 정도밖에 되지 않는지 도무지 이해할 수 없었다. 낭성섬유증에 대한 국가지침을 어김없이 따른 것은 물론이고, 치료센터에서 일하는 의사 둘은 그 지침을 마련하는 국책 사업에 참여하기까지 했다. 위원회는 가장 우수한 치료센터들을 찾아가 보고 싶었지만 거기가 어디인지 아는 이가 없었다. 낭성섬유증재단의 연례보고서에는 전국의 치료센터 117곳의 개별적인 치료 성과가 실려 있기는 하지만 치료센터의 이름은 명시하지 않았다. 의사들이 재단에 전화를 걸고 이메일을 보내 상위 다섯 개 치료센터의 이름을 문의했지만 허사였다.

몇 달이 지난 2002년 초에 돈 버윅이 신시내티 프로그램을 방문했다. 그는 병원 측의 진지한 개선 욕구와 보호자 가족의 적극적인 참여에 감동을 받았다. 한편 낭성섬유증재단 측에서 상위 치료센터의 이름을 가르쳐 주지 않는다는 위원회의 말을 쉽사리 믿지 못했다. 버윅이 이 문제로 전화했을 때 재단의 부대표 프레스턴 캠벨은 반사적으로 조심스러운 반응을 보였다. 캠벨은 치료센터들이 자발적으로 자료를 넘겨준다는 점, 그리고 그들이 40년 동안 그렇게 해온 까닭은 출처가 극비에 부쳐지리라는 믿음 때문이라는 점을 애써 설명했다. 일단 그러한 믿음이 깨지고 나면 각 치료법이 어떻게 작용하는지, 그들이 얼마나 잘하고 있는지를 추적할 수 있는 믿을 만한 정보를 더는 보고하지 않을지도 모른다.

캠벨은 낭성섬유증 환자들을 위해 일해 온 소아호흡기 전문의로, 신중하고 사려 깊은 사람이었다. 버윅과 나눈 대화로 캠벨은 마음이 편치 않았다. 낭성섬유증재단은 언제나 가치 있는 연구에 헌신해 왔다. 실험실 과학에 투자해 낭성섬유증 유전자 해독과 신약 개발에 일조했고 그 가운데 두 가지는 이미 승인을 받은 상태다. 이 밖에도 현재 임상시험 중인 약품 십여 가지의 개발에도 기여했다. 의료 기록에 대한 투자는 수십 가지의 귀중한 연구를 낳았고, 이는 다시 새로운 지침과 보다 엄격한 인증 기준, 좀 더 조직적인 치료로 이어졌다. 그러나 그들의 연구는 예나 지금이나 환자를 치료하는 수준이 천차만별이라는 사실도 보여 주었다.

버윅과 통화하고 2주가 지난 뒤 캠벨은 최고로 손꼽히는 치료센터 다섯 군데의 이름을 신시내티 병원 측에 털어놓았다. 캠벨은 더 멀리 전진하기 위해서는 더 많이 투명해져야 한다는 점을 확신했다. 2004년, 재단은 종국에 가서는 모든 치료센터의 치료 결과를 공개하겠다는 목표를 발표했다. 그러나 우선은 시간이 필요하다는 단서를 달았다. 사실상 전국의 낭성섬유증 치료센터 가운데 정보 공개에 동의한 곳은 몇 군데에 불과했다.

나 역시 최고의 치료센터 다섯 곳을 직접 둘러보고 났더니 그곳들

　　　　　　　　　　　　　　　　　　긍정적 일탈과 최고의 의사

의 이름을 밝힐 수밖에 없음을 절감했다. 의사의 신원을 숨기거나 세부 사항을 얼버무릴 수는 없었다. 그러한 내용을 밝히지 않고서는 우수한 치료센터가 한 일을 설명할 방도가 없으니 말이다. 신시내티 병원 사람들 역시 이 사실을 알았다. 가장 우수한 치료센터의 이름을 알게 되고 나서 몇 개월 안에 신시내티 측 사람들은 각 치료센터의 사람들과 연락을 취했고, 그들이 생각할 때 최고 중의 최고라고 여겨지는 미니애폴리스의 페어뷰 대학교 어린이병원 산하 미네소타 낭성섬유증 치료센터를 찾아갔다. 나는 이 두 곳을 비교하기 위해 우선 신시내티부터 찾았고 그런 다음 미니애폴리스로 향했다.

종형 곡선의
중앙값과 최곳값

신시내티에서 접한 광경은 인상 깊었을 뿐 아니라 중간밖에 되지 않는 그 병원의 순위를 감안할 때 놀랍기까지 했다. 낭성섬유증 치료센터 사람들은 솜씨도 뛰어나고 활력이 넘치고 헌신적이었다. 그들이 막 끝마친 독감 예방접종 캠페인에는 환자 90퍼센트 이상이 참여했다. 이곳 환자들은 진료받으러 병원에 오기 전에 미리 설문지를 작성한다. 환자가 궁금해하는 사항이나 필요로 하는 서비스(엑스레이와 각종 검사, 전문가 상담 등)를 의료진이 사전에 파악하고 더 잘 준비하기 위해서다. 귀갓길에는 의사들이 작성한 간략한 당일 진료 내용과 의료 기록 사본을 빠짐없이 받아 갔다. 나는 한 번도 생각해 보지 못한 일이었다.

하루는 낭성섬유증 전문의 7명 가운데 하나인 코리 데인즈의 진료실을 찾았다. 그때 본 환자가 앨리사였다. 주근깨 가득한 얼굴과 깡마른 체구의 열다섯 살 소녀 앨리사는 손톱을 화려한 빨간색으로 칠하고 연갈색 생머리를 뒤로 넘겨 한 갈래로 묶고 있었다. 한 손에는 소다수를 들고 다리를 꼰 채로 한쪽 발을 연신 까딱거렸다. 몇 분 간격으로 아이는 목 깊은 곳에서 나오는 기침을 짧게 했다. 앨리사의 부모도 한편에 앉았다. 질문은 모두 앨리사에게 쏟아졌다. 그동안 어떻게 지냈니? 학교는 어땠어? 숨 쉬는 데 어려움은 없고? 칼로리 조절에 문제는 없었니? 처음에 앨리사의 대답은 짧고 퉁명했었단다. 그러나 수년 동안 봐오면서 차츰 마음을 열기 시작했다. "대체로 괜찮았어요." 앨리사가 말했다. 그동안 아이는 치료에 필요한 섭생을 잘 지켜 왔다. 하루에 두 차례 부모에게 맨손으로 두드리는 흉부 안마를 받고 곧바로 흡입기로 흡입용 약제를 복용하고 비타민을 섭취했다.

그날 아침에 측정한 앨리사의 폐 기능은 보통 때 정상인의 80퍼센트에 이르던 것이 약간 떨어져 67퍼센트를 기록했다. 기침도 전날에 비해 약간 심해졌다. 수치가 떨어진 것도 기침 때문이었다. 데인즈는 몇 개월 동안 계속되는 복부 통증이 염려되었다. 앨리사는 배가 시도 때도 없이 아팠다고 말했다. 밥 먹기 전이나 밥 먹고 난 후 또는 한밤중에도 아팠다. 날카로운 통증이 두어 시간 계속되었다. 의사의 진찰과 이런저런 검사는 물론이고 엑스레이 사진에도 아무런 이상이 발견되지 않았다. 하지만 지난 5주 동안은 학교도 못 가고 꼼짝없이 쉬었다. 평상시에는 멀쩡해 보이던 아이가 그러니까 화가 난 앨리사의 부모는 혹시 가짜 통증이 아닐까 의심했다. 데인즈도 확신이 없었다. 데인즈는 간호사에게 집에 있을 때 앨리사의 상태를 점검해 보라고 지시하고, 위장병학 전문의와 통증 전문의 상담을 주선해 주었다. 다음 진료 일정은 보통 때의 석 달 간격보다 앞당겨 잡았다.

내가 볼 때 이것이야말로 진짜 의료였다. 어수선하고 완벽하지는 않지만, 주의 깊고 성실하게 임했다. 누구나 이들을 찾아올 법했다. 이제 나는 미니애폴리스로 향했다.

약 40년 동안 페어뷰 대학교 어린이병원 낭성섬유증 치료센터 소장으로 재직해 온 사람은 바로 워런 워릭이었다. 의심스러울 정도로 높은 성공률을 보여 준 르로이 매슈스의 치료를 연구했던 소아과 의사 말이다. 그때 이후로 워릭은 남보다 앞서려면 무엇을 해야 할지 연구해 왔다. 워릭이 내세우는 비결은 간단했다. 그것은 매슈스에게 배운 것으로, 환자의 폐가 막히지 않게 모든 조치를 미리 취하는 것이었다. 페어뷰의 낭성섬유증 환자들이 받는 치료도 여느 환자와 다르지 않았다. 분비물을 묽게 만들어 기도를 뚫는 분무 치료(구강 파이프로 하는 일종의 분무 텐트인 셈이다), 항생제, 그리고 매일 흉부를 충분히 두드리는 안마 치료를 똑같이 받았다. 그러나 같은 치료라도 워릭이 하는 것은 모두 달랐다.

어느 날 오후 그를 찾아갔을 때, 마침 자넬이라는 열일곱 살짜리 학생을 진료 중이었다. 자넬은 여섯 살 때 낭성섬유증 진단을 받고 그

후로 쭉 워릭의 치료를 받아 왔다. 그날은 석 달에 한 번씩 하는 정기 검사 날이었다. 자넬은 염색한 검은 머리를 어깨까지 늘어뜨리고 여성 로커 에이브릴 라빈처럼 검은색 아이라인을 칠했는데, 피어싱을 양쪽 귀에 각각 네 개씩, 눈썹에 두 개, 혓바닥에는 징처럼 생긴 것을 하고 있었다. 76세의 워릭은 키가 크지만 상체가 구부정하고, 낡은 트위드 재킷 차림에 너저분해 보이는 인상이었다. 피부 군데군데 기미가 끼고 잿빛 머리칼은 숱이 적어, 외모만 보자면 비실비실한 구시대 학자 같았다. 워릭은 잠시 자넬 앞에 앉아 양손을 허리쯤에 얹고 아이를 훑어보더니 입을 열었다. "그래 자넬, 우리 프로그램을 전국 최고로 만들기 위해 너는 무얼 어떻게 해오고 있지?"

"쉽지가 않아요, 아시겠지만." 자넬이 말했다.

그들은 농담을 주고받았다. 자넬은 잘하고 있었다. 학교도 잘 나갔다. 워릭은 최근의 폐 기능 측정 기록을 꺼내 들었다. 앨리사가 그랬던 것처럼 수치가 약간 떨어졌다. 석 달 전만 해도 자넬은 109퍼센트를 기록했다. 낭성섬유증을 앓지 않는 보통의 아이보다도 나았다. 지금은 90퍼센트 정도였다. 그 정도면 아직 꽤 양호한 수준인 데다 약간의 수치 변동은 예상할 수 있는 일이다. 그러나 워릭의 생각은 달랐다.

그는 양미간을 찌푸렸다. "수치가 왜 내려갔지?" 워릭이 물었다.

자넬은 어깨를 으쓱했다.

최근에 기침을 했니? 아뇨. 감기는? 아뇨. 열은? 없었어요. 치료는 빼먹지 않고 했니? 물론이죠. 매일? 네. 치료를 빼먹은 적은 있니? 그럼요, 다들 가끔 빼먹잖아요. 가끔이면 얼마나 가끔을 말하니?

긍정적 일탈과 최고의 의사

그 정도쯤 되자 차츰 다른 이야기가 흘러나왔다. 알고 봤더니 자넬은 지난 몇 달 동안 치료를 거의 하지 않았다.

워릭은 다음 대답을 재촉했다. "치료는 왜 안 하고 있니?" 그는 놀란 표정도 화난 표정도 아니었다. 마치 예전에는 이런 흥미로운 상황을 접해 본 적이 없다는 듯 정말로 궁금한 기색이었다.

"모르겠어요."

워릭은 계속해서 밀어붙였다. "무엇 때문에 치료를 안 하는 거지?"

"저도 몰라요."

"여기에서, 지금 무슨 일이 벌어지고 있는 거니?" 자기 머리를 손가락으로 쿡쿡 찌르며 워릭이 물었다.

"저도… 잘… 몰라요." 자넬이 더듬거리며 대답했다.

워릭은 잠시 말을 멈추었다. 그러더니 나를 돌아보았다. 작전을 바꾼 것이다. "낭성섬유증 환자들은 환자 자신이 모두 뛰어난 과학자들이죠. 그들은 늘 실험을 합니다. 우리는 그들이 실험하며 겪은 경험을 해석하는 것을 도와주죠. 그러다가 치료를 중단해 봅니다. 그래서 어떻게 되냐고요? 하나도 아프지 않은 거예요. 그래서 결론을 내립니다. 워릭 박사는 멍청이라고 말이죠."

"하지만 수치를 한번 들여다보죠." 그는 계속 자넬을 무시하고 나에게 설명하며 벽에 걸린 작은 칠판 쪽으로 갔다. 칠판을 수시로 사용하는 듯했다. "낭성섬유증 환자가 하루에 심한 폐 질환을 앓을 위험은 0.5퍼센트입니다." 워릭은 그 수치를 칠판에 적었다. 자넬이 눈을 부라렸다. 그러고는 발을 까딱거리기 시작했다. "꾸준히 치료를 하는 낭성섬유증 환자가 하루에 심한 폐 질환을 앓을 위험은 0.05퍼센트입니다." 숫자를 칠판에 적으면서 말을 이어갔다. "그래서 그들의 실험은 무탈하게 잘 지낼 99.5퍼센트의 확률과 무탈하게 잘 지낼 99.95퍼센트의 확률을 비교하는 셈입니다. 사실, 별 차이가 없는 것 같죠? 어떤 날에는 잘 지낼 확률이 기본적으로 100퍼센트입니다. 하지만 말입니다." 잠시 말을 멈춘 워릭은 내 쪽으로 한 걸음 다가섰다. "이건 커다란 차이입니다." 워릭은 분필로 계산을 시작했다. "1년 치를 합산해 보지요. 그러면 아프지 않고 1년을 무사히 넘길 확률이 한쪽은 83퍼센트이고 다른 한쪽은 16퍼센트밖에 되지 않습니다."

워릭은 자넬을 향해 돌아섰다. "어떻게 하면 평생을 건강하게 지내지? 어떻게 하면 늙을 때까지 살 수 있을까?" 워릭이 물었다. 자넬의 발놀림이 딱 멈추었다. "나는 아무것도 약속해 줄 수 없단다. 다만 확률만 얘기해 줄 뿐이야."

내가 볼 때 이 짧막한 설명에 워릭의 세계관이 담겨 있다. 워릭은 매일매일 99.5퍼센트의 성공과 99.95퍼센트의 성공 사이의 차이를 살피는 데서 탁월함이 나온다고 믿었다. 물론 인간이 하는 다른 수많은 일도 마찬가지다. 높이 뜬 공을 잡아 내는 것도 그렇고, 마이크로칩을 제조하는 일도 그렇고, 익일 배송 소포를 배달하는 일도 그렇다. 의료 분야가 다른 점이 있다면 그 사소한 차이에 사람 목숨이 왔다 갔다 한다는 사실이다.

이제 워릭은 자넬에게 무슨 문제가 있는지 다시 캐묻기 시작했다. 마침내 그는 자넬에게 남자친구가 생겼다는 사실을 알아냈다. 새 일

긍정적 일탈과 최고의 의사

자리도 생겼는데 야간근무였다. 대부분 남자친구의 아파트에서 지내거나 친구 집에서 지내느라 집에 가서 치료할 기회가 거의 없었다. 학교에서는 낮 시간에 약을 복용하려면 간호사에게 가야 한다는 규정이 새로 생겼다. 그래서 그것도 빼먹었다. "정말 괴로워요." 자넬이 말했다. 게다가 자넬이 어떤 약은 먹고 어떤 약은 먹지 않았다는 사실도 알게 되었다. 자넬은 실제로 먹을 때와 안 먹을 때 차이가 있다고 느낀 약한 가지만 복용하고 있었다. 비타민은 따로 챙겼다. "비타민은 왜 먹었니?" "멋져 보이잖아요." 나머지 약은 본체만체했다.

워릭은 타협안을 제시했다. 방과 후에는 매일 집에 가서 호흡 치료를 받을 것과 옆길로 새는 일이 없게 제일 친한 친구의 도움을 받으라는 것이었다. 또한 중요한 약은 학교에서도 가방이나 주머니에 넣고 다니며 알아서 꺼내 먹으라고 했다. "간호사가 안 된다고 할 거예요." "말하지 마." 치료를 교묘하게 반항적 행동으로 탈바꿈시키며 워릭이 말했다. 여기까지는 자넬도 순순히 그러겠다고 했다. 그러나 하나가 더 있었다. 뒤처진 부분을 따라잡으려면 며칠 동안 치료를 받으러 와야 한다는 것이었다. 자넬은 워릭을 빤히 쳐다봤다.

"오늘부터요?"

"물론, 오늘부터."

"내일부터 하면 안 돼요?"

"자넬, 우리는 실패한 거야. 실패했을 때는 인정하는 게 중요해."

그 말에 자넬은 울음을 터뜨렸다.

탁월함을
배울 수 있을까

워릭의 남다름은 집중력과 적극성, 독창성이 어우러진 데서 나온다. 그는 환자에 대해 고심하고 환자를 밀어붙이고 즉석에서 망설임 없이 대책을 마련한다. 20년 전 환자들을 검사할 수 있는 좋은 방법을 찾던 워릭은 어느 날 교회 성가대의 찬송가를 듣다가 새로운 청진기를 고안해냈다. 워릭은 이것을 스테레오 청진기라고 부른다. 청진기 머리를 두개 달아 특유의 소리 지체 현상을 이용해 폐의 소리가 입체 음향으로 들리게 한 것이다. 워릭은 기술자를 시켜 제작한 자신의 청진기를 한쪽은 자넬의 오른쪽 가슴에 다른 한쪽은 왼쪽 가슴에 갖다 대고 진찰하면서 각 폐엽에서 어떤 소리가 나는지 체계적으로 포착할 수 있다고 설명했다.

그는 새로운 기침법도 개발했다. 환자들이 일반적으로 기침해서 가래를 뱉어 내는 것으로는 충분치 않았다. 그는 좀 더 깊은 곳에서 나오는 효과적인 기침을 원했다. 그래서 다음과 같은 기침 훈련을 시켰다. 환자는 양팔을 위로 뻗고 입을 크게 벌리고 코를 잡은 다음 최대한 몸을 구부려 압력을 높이다가 몸을 펴면서 기침이 터져 나오게 한다. "한 번 더!" 워릭은 환자를 격려했다. "더 세게!"

그의 발명품 중 가장 널리 보급된 것은 거의 20여 년 전에 고안한 흉부 안마 조끼였다. 낭성섬유증 환자들이 겪는 가장 큰 어려움은 매일매일 까다로운 치료 섭생을 지키는 일이다. 특히 맨손 흉부 안마 치

긍정적 일탈과 최고의 의사

료가 그렇다. 그 일은 다른 사람의 도움이 필요하고 꼼꼼함도 요한다. 환자 가슴의 열네 군데 부위를 빠뜨리지 않고 두드려야 하기 때문이다. 또한 일관성도 필요하다. 매일 하루에 두 차례씩, 그렇게 평생 해야 한다. 워릭은 강아지의 가슴에 혈압 측정 띠를 두른 채 팽창시키고 수축시키는 지점을 따라 폐 분비액이 이동한다는 사실을 보여 주는 연구에 푹 빠졌었는데 결국 그 연구에 착안해 1980년대 중반에 현재 '베스트(Vest)'라고 알려진 의료기기를 개발했다. 생김새는 꼭 방탄조끼처럼 생겼는데 옆구리에 진공 호스가 두 개 나와 있다. 이 호스는 압축기와 연결되어 유속이 빠르고 거센 공기가 조끼를 드나든다. (조끼를 착용한 환자와 얘기를 나눠 봤는데 울퉁불퉁한 비포장도로를 달리는 자동차처럼 목소리가 떨렸다.) 마침내 여러 차례에 걸친 연구에서 워릭의 장비가 적어도 맨손으로 가슴을 두드리는 치료만큼 효과적이라는 사실이 입증됐고, 그 후로 꾸준히 사용되고 있다. 현재 낭성섬유증과 그 밖의 폐 질환을 앓는 환자 4만 5000명이 이 기기를 사용한다.

미네소타 낭성섬유증 치료센터에도 여러 의사와 직원이 근무한다. 워릭은 직원들의 환자 치료를 재검토하기 위해 매주 회의를 개최한다. 워릭은 어느 정도의 획일성을 강요하고 나머지 의사들은 이를 끔찍이 싫어한다. 몇몇은 언성을 높인다. 그곳 의사 하나는 워릭이 "다른 치료 방안을 똑같이 존중하지 않는 편"이라고 지적했다. 비록 1999년에 제자인 칼로스 밀러에게 소장직을 넘겨주고 물러나긴 했지만, 워릭은 센터에서 여전히 주도적인 역할을 하고 있다. 워릭과 그의 동료들은 환자의 폐 기능이 정상인의 80퍼센트, 심지어 90퍼센트라고 하더라도 만족하지 않는다. 그들은 100퍼센트, 아니 그 이상을 목표로 한다. 이 치료센터에 있는 어린아이의 10퍼센트는 수술로 위에 고무튜브를 삽입해 보충식이를 제공받는다. 워릭의 기준에서, 단지 그 아이들이 충분히 살찌지 않았다는 이유로 말이다. 그것이 필요하다는 공식 연구 결과는 없다. 그러나 이곳에서 치료받는 어린아이나 10대 청소년 가운데 근 10년 동안 한 명도 죽지 않았다. 현재 최장수 환자는 67세이다.

의료계는 환자를 대상으로 그때그때 임시방편으로 실험하는 무모한 의사들이 얼마나 위험한지를 뼈저리게 경험해 왔다. 우리는 이미 뿌리내린 연구 결과를 고수하려 한다. 하지만 워릭은 언제나 변함없이 환자의 실제 상태에 중점을 두고 성공적인 혁신을 거듭해 왔다. 지금껏 기존의 연구 결과들을 거의 얕잡아보다시피 했다. 워릭은 국가의 임상 의료 지침을 두고 "과거의 기록이며, 한마디 더 거들자면 이미 유효기간이 지난 것들"이라고 폄하했다. 나는 워릭이 스콧 피퍼라는 환자를 만나러 가는 길에 함께 따라 나섰다. 피퍼가 서른두 살에 처음 페어뷰를 찾았을 당시에는 이미 폐활량의 80퍼센트를 잃어버린 상태였다. 일은 고사하고 숨이 차서 걷지도 못할 정도로 약해져 주변에서는 1년을 넘기지 못할 거라고 예상했다. 그때가 벌써 14년 전이다.

"어떤 날에는 이제 끝이구나 하는 생각이 들어요. 더는 못 살겠다고 말이죠." 피퍼가 말했다. "하지만 또 어떤 날에는 예순, 일흔, 어쩌면 그 이상도 살겠구나 하고 생각합니다." 지난 몇 달 동안 워릭은 피퍼에게 새로운 시도를 주문했다. 조끼를 매일 30분씩 두 번만 입을 것이 아니라 낮에 두 시간 동안, 낮잠을 잘 때도 입고 자라고 했다. 그렇게 덜

덜거리는 것을 입고 잠을 청하는 데 익숙해지기까지 시간이 좀 걸리기는 했지만, 피퍼는 이내 볼링을 시작할 수 있을 정도가 되었다. 수년 만에 처음 해보는 운동이었다. 피퍼는 일주일에 두 번 경기하는 리그에 가입했다. 네 게임은 칠 수도 없었고, 세 번째 게임부터 늘 점수가 뚝 떨어지기는 했지만 애버리지를 177점까지 기록했다. "나머지 게임까지 치려면 어떻게 해야 좋을지 혹시 생각나는 것 없나요, 스콧?" 워릭이 물었다. "글쎄요" 하며 피퍼가 말문을 열었다. 그는 기온이 섭씨 10도 미만으로 추울 때, 습도가 50퍼센트 미만이었을 때 성적이 더 좋았다고 했다. 워릭은 따뜻하고 습한 날과 게임이 있는 날에는 항상 조끼 입는 시간을 늘리라고 제안했다. 피퍼는 한번 해보겠다고 대답했다.

흔히 우리는 의사의 능력이 주로 과학과 기술에 달려 있다고 생각한다. 미니애폴리스에서 얻은 교훈을 포함해 이라크 전쟁터의 천막 병원과 소아마비가 발발한 마을, 나라 전역의 분만실, 그리고 이 책에 언급된 모든 현장에서 얻은 교훈은, 어쩌면 지식이나 기술은 가장 손쉬운 부분에 불과한지도 모른다는 사실이다. 방대한 지식과 전문적 기술을 지닌 의사라도 결과가 그저 그럴 수 있다. 정작 중요한 것은 적극성과 성실함, 새로운 사고와 같은, 어찌 보면 모호한 요소일지 모른다. 신시내티와 미니애폴리스의 의사들은 똑같이 유능하고 낭성섬유증에 대해서도 똑같이 정통했다. 그러나 호흡곤란이나 크게 이렇다 할 증세가 없는 애니 페이지라도 미니애폴리스에 있었다면 분명 배에다 급식 튜브를 꽂았을 것이고, 그것도 모자라 어떻게 하면 정상인보다 숨을 잘 쉴 수 있을지 찾아보라고 들볶였을 것이다.

돈 버윅은 우수한 성과의 비결을 찾아서 배우는 것이 가능하다고 믿는다. 하지만 실제로 누가 실적이 좋은지 모르기 때문에 그러한 교훈은 숨어 있다. 모든 결과를 알아야만 그 '긍정적 일탈자'를 찾아 그들에게서 한 수 가르침을 받을 수 있다. 버윅은 정녕코 최고가 되는 비법을 알고 싶어 한다면, 그에 필요한 아이디어들이 확산될 것이라 믿는다.

버윅의 이론에 대한 검증은 현재 진행 중이다. 2006년 12월 낭성섬유증재단은 각 센터에 환자 개체군의 중증도를 감안하여 조정한 치료 결과를 공개하라고 설득하는 데 성공했다. 현재 그 정보는 재단의 웹사이트(www.cff.org)에 게재해 모든 사람이 볼 수 있다. 의료계에서 자발적으로 이런 일을 한 것은 최초다.

신시내티 의료진도 이미 워릭이 하듯이 환자 개개인의 영양과 폐 기능을 모니터링하기 시작했다. 치료 결과를 개선하는 일에도 더욱 적극적으로 나서고 있다. 물론 그들이 강도 높은 추진력과 지속적인 실험을 통해 워릭 같은 사람을 모방할 수 있을지 의문이 드는 것도 당연하다. 낭성섬유증재단의 질 향상 책임자인 브루스 마셜은 재단의 설득으로 각 치료센터가 정보를 공유하기로 뜻을 모은 이래 몇 년 동안 특정한 패턴이 나타났다고 말한다. 즉, 모든 센터가 눈에 띄는 성과를 거두기는 했지만 페어뷰만큼 크나큰 발전을 거둔 곳은 없었다.

"모든 치료센터를 네 개 등급으로 나누어 각 등급별 향상 비율을 살펴봤을 때 가장 빠른 향상을 보인 쪽은 바로 최고 등급의 센터들이었습니다. 지금은 아예 독보적일 정도입니다." 아무튼 배우고 변화하는 역량이야말로 최고가 지닌 재능일지 모른다. 그것도 누구보다 빨리 말이다.

아무리 평균 수준이 높아진다고 하더라도 종형 곡선이 사라지지는 않는다는 사실을 일단 인정하고 나면 머릿속에는 온갖 의문이 떠오른다. 어느 의사가 하위 50퍼센트에 속한다면 이 사실이 걸림돌로 작용할까? 환자들에게 자신의 점수를 말해 줘야 할까? 환자들이 떠날까? 하위권에 속하는 사람들은 상위권에 속하는 이들보다 월급이 줄어들까? 이 질문에 대한 대답은 모두 '그렇다'일 것이다.

일례로, 최근 들어 '의료의 질에 따른 보수 지급'으로의 급속한 움직임이 있었다.(까놓고 '잘못하면 감액'이라고 말하는 사람은 없지만, 그게 그거다.) 메디케어, 에트나, 블루크로스-블루실드를 비롯한 전국의 보험 업체들은 현재 내과의가 특정한 질적 요건을 충족할 때까지 지급 금액의 10퍼센트 이상을 보류한다. 메디케어는 외과의가 소장 장기이식에 대해서 미리 정한 성공률을 달성하지 못하면 아예 지급하지 않기로 결정했다. 이러한 관행은 다른 수술에까지 확대될 가능성이 있다. 당연한 일이겠지만, 이 때문에 의사들은 불안에 떨고 있다. 의사들에게 이러한 개념을 처음 설명하는 자리에 참석한 적이 있는데, 설명회가 끝나갈 무렵 분개한 의사 몇이 소리를 지르다시피 했다. "우리가 등급에 따라 돈을 받는다고요? 대체 그 등급은 누가 어떻게 정한답니까?"

등급을 매기는 추세는 의료계의 일만이 아니다. 소방관, CEO, 영업사원 들이 그렇다. 심지어 교사마저 등급이 매겨진다. 어떤 곳에서는 이미 그에 맞춰 대우를 한다. 이렇게 등급으로 평가된다는 사실은 매우 거북하다. 제대로 된 평가를 하는 것 같지도 않다. 불가항력적인 상황을 고려하지도 않는다. 쉽게 평가되므로 부당한 처사다…. 하지만 어떤 말을 들이대도 단순한 사실 한 가지는 변하지 않는다. 인간의 활동에는 모두 종형 곡선이 존재하고, 대개 그 차이가 결정적이라는 점 말이다.

하너 페이지에게 물어보았다. 낭성섬유증 치료에 있어서 "세상에서 이만한 곳이 없는" 수준이 되려고 신시내티 어린이병원의 의료진이 아무리 애를 쓰고 하너가 아무리 애를 써도 여전히 프로그램의 비교 성과가 중간밖에 되지 않는다면, 그때는 어떻게 하겠느냐고 말이다.

"그런 일이 가능해요? 안 믿겨요." 하너가 반문했다. 그녀는 의료진이 그렇게 열심인데 실패하리라고는 상상이 안 된다고 말했다.

그렇지만 대답을 재촉하자 이야기했다. "계속 평균 수준이라면 신시내티에 있을 것 같지는 않아요." 그러고 나서 생각을 좀 더 하는 듯했다. 지금까지 몇 년 동안 그렇게 헌신적이었던 사람들에게서 정말로 애니를 떼어 낼 수 있을까? 단지 그 숫자들 때문에? 글쎄, 그럴 가능성도 있다. 그렇지만 하너는 그 노력이야말로 표현할 수 없을 정도로 가치 있다는 사실을 내가 알아주기를 바랐다.

이런 문제를 생각하다 보니 얼마 안 가 그렇다면 내 수술은 종형 곡선에서 어느 위치를 차지할 것인가에 생각이 미쳤다. 나는 전공 분야가 내분비종양외과이니 어쩌다 한 번씩 이런 종류의 수술을 하는 외과의보다는 수치가 좋지 않을까 하고 내심 예상한다. 하지만 워릭이 자리한 지점만큼 위쪽에 있을까? 나는 이 질문에 꼭 답해야 할까?

내가 만약 평균 수준으로 밝혀진다면 어떡해야 하나? 자기 일의 결과를 책임지는 직업인에게는 가장 어려운 질문일 것이다. 나와 경력이 같은 외과의를 모두 추려서 치료 성과를 비교했는데 내가 최하위를 기록했다면 오히려 대답은 쉽다. 나는 메스를 놓을 것이다. 그러나 B-라면? 나와 같은 외과의가 득시글대는 도시에서 환자에게 메스를 들이대는 일을 어떻게 정당화할 수 있을까? 어차피 누군가는 평균이 되어야 하지 않겠느냐고 스스로 위로할 수도 있다. 종형 곡선이 사실이라면 대부분의 의사는 평균에 속하는 것이 현실일 테니, 내가 거기 속한다고 부끄러울 것까지는 없지 않나.

물론 부끄러워할 것이 있다. 문제는 평균이 아니라 거기서 안주하는 것이다. 우리들 대부분은 평균이 우리의 숙명임을 알고 있다. 외모, 돈, 테니스와 같은 경우라면 체념하고 이 사실을 받아들이는 것이 현명하다. 하지만 당신의 외과의, 당신 아이의 소아과 의사, 당신 동네의 경찰서, 당신 동네의 학교라고 해도 그럴까? 우리 인생과 자녀의 삶이 걸린 문제일 때, 우리는 누구도 평균에 안주하기를 원치 않는다.

11 진정한 성과란 무엇인가

그날 나는 수술실에서 수술을 하고 있었다. 수술용 드레이프 너머 마취팀에는 마취과 레지던트 마크 사이먼이 서 있었다. 그리 어려운 수술은 아니었던 터라 둘 사이에 이런저런 대화가 오갔다. 나는 당시 푹 빠져 있던 낭성섬유증 프로그램 이야기를 꺼냈는데, 나중에 알고 봤더니 그의 아픈 곳을 찌른 셈이었다. 사이먼이 낭성섬유증 환자였던 것이다. 여러 차례 수술을 같이 했는데도 나는 까맣게 몰랐다. 그러고 보면 키가 작고 거친 기침소리도 자주 냈던 것 같다. 사이먼은 그 병 때문에 삶이 악전고투의 연속이었다고 했다. 의대에 입학하고 처음 3년 동안은 그럭저럭 건강을 유지했지만 4년째에 접어들면서 병세가 나빠져 4주 동안 입원했다. 그다음 해에는 보스턴에서 레지던트 과정 중에 6주간 자리를 비웠다. 이제 레지던트 2년 차 과정을 절반쯤 왔을 뿐인

데 이미 병원 신세를 한 달 더 지고 난 후였다. 스물아홉 살인 사이먼은 낭성섬유증 환자의 평균수명이 서른셋에 불과하다는 사실을 누구보다 잘 알고 있었다. 그래서 우리의 화제는 자연스레 한 가지 질문으로 흘러갔다. 병리학에 투자하는 것과 기존의 의료 성과를 향상시키는 것 가운데 어느 쪽이 그의 목숨을 구할 공산이 클까?

대부분은 치료제 개발을 둘러싼 병리학 투자에 기대를 건다. 1989년 과학자들이 낭성섬유증 유전자를 발견했을 때만 하더라도 그편이 현명한 선택 같았다. 치료제 개발이 몇 년 앞으로 다가왔다고 믿었다. 하지만 그런 극적인 진전은 일어나지 않았다. 사이먼은 치료제가 개발되리라는 희망을 아직 버리지 않았지만 자신이 살아생전에 그 덕을 보리라고는 기대하지 않는다. 그 대신 기존의 노하우를 이용해 임상 성과를 모니터링하고 개선하고 일변하는 노력에 거의 모든 희망을 걸고 있다. 그는 이런 노력이 그 어떤 시도보다 더 많은 목숨을 구하리라고 믿는다. 나도 그에게 동의했다.

낭성섬유증이든 소아림프종이든 심장병이든, 수없이 많은 인체의 이상에 관한 지식을 축적하고 혁신적인 치료법을 개발하는 일은 단연코 필요하다. 그러나 우리는 여태껏 과학이 이미 이뤄 놓은 능력마저 효과적으로 이용하지 못했다. 이를 바로잡으려는 노력조차 미미했다. 앞서 손 씻기나 부상병 치료, 분만의 사례에서 보았듯이 기존의 의료 성과를 체계화했을 때 수천 명의 목숨을 구할 수 있었다. 성과 개선을 위한 체계화의 노력이야말로 향후 10년 동안 실험실 과학이나 게놈 연구, 줄기세포 치료법, 암 백신, 그 밖에 우리가 뉴스를 통해 듣는 그 어떤 연구 결과보다 많은 인명을 구할 수 있을 것이다. 현재로서는 과학 예산 집행에서 지극히 작은 몫밖에 차지하지 못하지만, 그것에 거는 기대만큼은 역사상 가장 높다.

유방암을 살펴보자. 선진국의 유방암 사망률은 1990년 이래 25퍼센트 정도 하락했다. 미국 유방암 등록소의 자료를 토대로 한 어느 연구에서는, 그러한 사망률 감소의 적어도 4분의 1 내지 2분의 1은 그저 유방암 선별검사를 하는 여성이 증가했기 때문이었다. 유방암 검사를 통해 사람들은 암 덩어리가 만져지거나, 암세포가 퍼지기 전에 발견해 조기 치료를 할 수 있다. 그러나 그러기 위해서는 여성들이 1년에 한 번씩 정기적으로 검사를 받아야 한다. 검사 횟수를 줄이게 되면 검사 주기가 길어지고 그사이에 유방암이 발생해 전이될 수 있다.

그렇다면 매년 유방암 검사를 받는 여성은 얼마나 될까? 5년 동안 해마다 정기 검진을 받은 여성은 7명 중 1명이고, 10년을 기준으로 하면 16명 중 1명에 불과하다. 이유는 가지각색이다. 흔히 우선적인 책임은 여성 자신에게 있다고 탓하지만, 보이지 않는 여러 중요한 요인이 있다. 이를테면, 검사가 얼마나 불편하고 어려운지, 시간을 얼마나 잡아먹는지, 검진 시설은 얼마나 노후한지, 보험이 적용되지 않는 사람에게 이 검사가 얼마나 비싼지, 검사가 있다는 사실은 얼마나 자주 상기시키는지 등에 영향을 받는다. 미국 정부와 민간 재단은 새로운 유방암 치료법을 개발하느라 매년 10억 달러에 육박하는 예산을 연구비로 지출하지만, 기존의 유방암 선별검사를 더 쉽고 편하게 만드는 방법을 강구할 생각은 못 하고 있다. 이 한 가지 검사를 규칙적으로 받는 것만

진정한 성과란 무엇인가

으로 유방암 사망률을 3분의 1은 줄일 수 있다고 말해 주는 연구가 꾸준히 나오는데도 말이다. 이는 기존 의료 성과의 개선으로 얻을 수 있는 혜택의 한 가지 예에 지나지 않는다.

하지만 내가 그 크나큰 가능성을 충분히 깨닫게 된 것은 미국을 제외한 세계 여러 나라에서의 진료 관행을 살펴보고 나서였다. 그 나라들에서는 목숨을 구할 수 있는 가장 큰 희망은 이미 시행하고 있는 치료의 성과를 높이는 데 있지, 유전 연구를 확대시키는 데 있지 않았다.

끝없는
환자의 물결

2003년, 외과 수련 과정을 막 끝낸 나는 본격적으로 업무를 시작하기에 앞서 외과의 방문 교육 프로그램을 통해 부모님의 모국인 인도에 가기로 했다. 두 달 동안 체류하면서 인도 전역에 위치한 공공병원 여섯 곳에서 일했다. 병상이 2000개에 달하는 3차병원에서부터 시골 벽지의 작은 간이병원과 일반 종합병원에 이르기까지, 대개는 한 곳당 1~2주씩 머물렀다.

아버지의 고향 우티에 있는 지역병원에서도 일하게 되었다. 우티는 소아마비 소탕작전이 벌어졌던 카르나타카주 바로 위에 위치한 마하라슈트라의 주도 뭄바이에서 동쪽으로 640킬로미터 떨어진 곳에 있는 마을이다. 친가 쪽 친척 대부분이 여전히 그곳에 살고 있다. 아버지는 형제자매가 열두 명인데 모두 농사를 짓는다. 사탕수수, 목화, 수수 등을 재배해 상품화한다. 이모작을 해서 번 수익과 아버지가 부쳐 주는 돈으로 친척들은 어느 정도 넉넉한 생활을 했다. 마을은 도로가 닦여 있고 전기도 들어왔다. 몇몇 가구에는 수돗물도 나왔다. 영양실조는 이제 옛날이야기다. 마을 주민들은 아프거나 검사가 필요할 때 일주일에 한 번씩 의사가 들르는 1차 의료 센터로 갔다. 말라리아나 설사병에 걸린 환자는 의사가 인근의 작은 소도시 우마크헤드의 간이병원으로 보냈다. 병이 좀 더 위중하면 11킬로미터 떨어진 난디드의 지역병원으로 보냈다. 사촌이 신장결석 때문에 찾아간 곳도 이곳이었다.

하지만 난디드 병원은 우티와 같은 마을 1400개가 있는 인구 230만 명의 지역을 관할하는 유일한 공공병원이다. 병상 500개와 수술실 3개를 갖춘 이 병원에는 나중에 직접 가서 봤더니 일반 외과의가 9명뿐이었다. 캔자스주를 통틀어 외과의가 9명뿐이라고 상상해 보라. 베이지색 벽토를 바른 4층짜리 시멘트 건물 두 개가 병원의 주요 병동이었다. 매일 아침 외과의들은 미어터질 정도로 북적이는 환자 수백 명의 인파를 밀어 헤치고 외래환자 진료실로 들어선다. 대기자 가운데 적어도 200명은 외과 환자들이다. 외과 입원 병실은 이미 가득 찼다. 환자가 어떤 서비스를 받을 수 있는지를 묻는 전화도 끊이지 않는다. 이 모든 것을 대체 어떻게 처리한단 말인가? 외과의가 탈장이며 종양, 충수염, 신장결석 환자를 모두 치료하고도, 대체 어떻게 잠도 자고 밥도 먹고 죽지 않고 살아남을 수 있단 말인가? 나에게는 수수께끼였다.

평소와 다를 바 없는 병원의 아침, 나는 그날 당직자였던 30대 후

반의 일반외과의 아시시 모트와르(Ashish Motewar)와 같이 있었다. 모트와르는 미국 배우 톰 셀릭 같은 검은 콧수염을 기르고 카키색 바지에 푸른색 옥스퍼드 셔츠를 목 언저리에서 풀어헤치고 있었다. 가운은 걸치지 않았다. 모트와르가 가진 도구라고는 연필 한 자루, 가늘고 섬세한 손가락, 맑은 정신뿐이었다.

난디드의 병원은 인도 다른 곳에서 본 병원과 흡사했다. 여름의 열기 속에서 말 그대로 찜통이 따로 없었다. 벽은 페인트가 여기저기 길게 벗겨지고, 세면대는 거무튀튀하게 얼룩졌다. 수도꼭지는 고장 났다. 각 진료실에는 철제 책상과 의자 몇 개, 윙윙거리는 천장 선풍기, 돌멩이로 눌러 놓은 처방전 종이 뭉치, 저마다 의사의 관심을 끄느라 열심인 환자가 최소 넷에서 많게는 여덟 명쯤 들어차 있었다. 검진은 군데군데 찢어진 얇은 누더기 커튼 뒤에서 이뤄졌다.

한 시간 동안 모트와르가 본 환자는 한둘이 아니었다. 체중 감소와 설사, 상복부 왼쪽에 덩어리가 만져진다고 호소하는 60세 농부가 있었고, 칼에 찔린 적 있는 배꼽 바로 위에 성난 종기가 부풀어 오른 10대 소년, 상복부 오른쪽에 통증을 호소하는 환자도 셋 있었다. 그 가운데 둘은 담석이라고 적힌 초음파검사 소견서를 갖고 왔다. 유난히 부끄럼을 타는 31세의 오토바이 인력거꾼은 턱에 호두알만 한 종양을 달고 있었다. 머리에 터번을 두르고 다리를 절뚝거리며 들어온 70세 노인은 바지를 내리자 오른쪽 사타구니에 감돈탈장*이 드러났다. 아버지와

● 탈장이 원상태로 회복되지 않아 괴사가 일어난 경우.

함께 온 일곱 살배기 사내아이는 직장탈출증이었다. 말수가 적고 겁에 질려 있던 30대 여성은 사리를 벗자 한쪽 젖가슴에 어린아이 주먹만 한 암 덩어리가 자라고 있었다.

그날 아침 3시간 동안 모트와르가 본 환자는 모두 합해 36명이었다. 그런 아수라장 가운데서도 모트와르는 차분함을 잃는 법이 없었다. 엄지손가락과 집게손가락으로 콧수염을 매만지며 사람들이 자신에게 내민 서류를 콧등 너머로 말없이 들여다보고 나서 느릿느릿하고 조용한 목소리로 입을 열었다. 무슨 말인지 알아들으려면 상당한 집중이 필요했다. 가끔 퉁명스러울 때도 있었지만 환자 하나하나에게 최소한 얼마 동안이라도 집중하려고 최선을 다하는 모습이었다.

철저하게 검사하고 병력을 살피고 설명할 시간이 없다 보니, 주로 오랜 세월 갈고닦은 재빠른 임상적 판단에 의존했다. 모트와르는 환자 몇 명을 엑스레이 촬영실과 검사실로 보냈다. 나머지 환자는 즉석에서 진단을 내렸다. 레지던트 하나를 불러 그 10대 소년을 옆방 수술실로 데려가 종기를 짜게 했다. 다른 레지던트더러는 담석과 탈장 환자의 수술 날짜를 잡으라고 지시했다. 설사와 복통을 호소한 여성은 구충제를 처방해 집으로 돌려보냈다.

나는 모트와르가 유방암 여성을 치료하는 모습에 특히 감동했다. 인도에 오기 전까지는 이처럼 암이 상당히 진행되었을 때 필요한 화학요법, 방사선, 수술 같은 복잡하고 값비싼 치료는 인도 의료 시스템의 역량상 무리일 거라 여겼고, 그 여자 환자 같은 경우는 그냥 집으로 돌려보내질 거라고 추측했다. 그러나 모트와르는 그렇게 하지 않았다. 그

진정한 성과란 무엇인가

런 식은 용납할 수 없었다. 그는 환자를 곧장 입원시켰고 그날 오후에는 직접 항암 화학요법을 실시했다. 외과의인 나는 화학요법을 안전하게 실시하는 법을 모른다. 서구에서는 화학요법을 오직 종양학 전문의만 할 줄 아는 꽤나 까다로운 치료로 여긴다. 그러나 인도에서는 제약 업체가 대부분 약품을 (때론 불법으로 복제해) 저렴한 가격에 유통시켰고, 내가 가본 병원의 외과의는 모두 사이클로포스파미드와 메토트렉사트, 플루오로우라실을 적정량 투여하는 법을 알고 있었다. 벤치와 접의자뿐인 임시 치료실이라고 해도 개의치 않았다. 그들은 부족하면 부족한 대로 절충을 시도했다. 선진국에서 하듯 혈구 수를 자주 검사해가며 합병증 관리를 하지는 않았다. 우리는 환자의 혈관이 부식제에 손상될까 봐 중심정맥관을 사용하는 데 반해, 그들은 말초 정맥주사로 투약했다. 어쨌든 약물은 환자의 몸에 작용했다. 방사선 치료도 마찬가지였다. 병원에 멀쩡한 코발트-60기기(미국에서 1950년대에 사용하던 방사선 치료기)가 있을 경우 외과의는 방사선 치료도 직접 계획하고 시행했다. 종양이 호전되면 그때는 수술을 실시했다. 수단은 다르지만 교과서에서 배운 치료 그대로였다.

사람들이 외과의를 찾는 이유에 딱히 열대 지방 특유의 문제는 없다는 사실을 곧 깨달았는데, 그 자체로 의미심장한 발견이었다. 아버지가 살던 고향마을 외곽의 간이병원에 입원한 환자는 수인성 설사와 결핵, 말라리아를 비롯해 서구에선 자주 볼 수 없는 질환을 앓는 사람이 절반이었지만 그들이 이런 병으로 죽는 경우는 드물었다. 1차 의료는 상당히 개선되었고 삶의 질도 향상되었다. 수십 년 전에는 32세이던 평균수명이 지금은 65세이다. 참고로, 우리 고모 두 분은 내가 찾아 뵈었을 당시 87세와 92세였는데 여전히 들판을 돌아다닐 정도로 정정하셨다. 할아버지는 버스에서 실족해 뇌출혈로 돌아가셨는데 그때가 110세였다.

콜레라와 아메바증 환자는 꾸준히 발생하지만 이내 건강을 회복한다. 이제는 담낭 문제나 암, 탈장, 자동차 사고처럼, 우리가 직면한 문제를 그들도 고스란히 맞닥뜨린다. 현재 인도에서 가장 큰 사망 원인은 호흡기 감염이나 설사병이 아니라 관상동맥 질환이다. 대부분의 사람들은, 심지어 일자무식이라고 할지라도, 그러한 '새로운' 고통을 극복하는 데 의학이 도움이 된다는 사실을 알고 있다.

하지만 이런 질환을 관리하는 의료보험제도는 마련되지 않았다. 의료보험은 주로 감염 질환을 위한 것이었다. 국민 1인당 4달러에 불과한 인도 정부의 연간 의료 예산은 감염 질환에도 턱없이 모자라다. 심근경색 같은 질환에는 믿기 어려우리만치 신경을 쓰지 않는다. 영양과 면역, 위생에서의 개선을 우선시하는 것은 당연하다. 그러나 수술을 비롯한 전문적인 치료가 필요한 사람들의 물결이 끊이지 않는다. 난디드 병원의 외과의들이 진찰한 환자 250여 명 가운데 적어도 50명은 수술이 필요했다. 그러나 병원의 수술실 수나 인력을 감안할 때 하루 15건이 최대치였다. 나머지는 그저 기다리는 수밖에 없었다.

진정한 성과란 무엇인가

메스도 시스템도
없는

어디를 가나 사정은 똑같았다. 나는 델리에 있는 전인도의학연구소에서 교환방문 외과의로 3주를 보냈다. 델리는 인도의 기준에서 보자면 넓고 잘사는 도시다. 광대역 통신, 현금 자동 인출기, 쇼핑몰이 있고, 6차선 아스팔트 도로에는 혼다와 도요타 자동차들이 북적거리는 소 떼나 인력거들과 앞서거니 뒤서거니 길을 다툰다. 전인도의학연구소는 인도에서 가장 많은 자본과 우수한 인력을 확보하고 있는 의과대학을 겸한 공공병원이다. 하지만 수술을 기다리는 대기자 명단은 여기도 다르지 않다. 하루는 그 명단을 관리하고 두꺼운 예약 장부를 보관하는 책임을 맡은 레지던트와 얘기를 나눴다. 그는 그 일을 싫어했다. 그가 보여 준 장부에는 그가 속한 팀의 외과 교수 셋 중 한 명의 수술 대기자 400명의 이름이 적혀 있었다. 그는 향후 6개월간의 수술 스케줄을 직접 짰다. 암 환자들에게 우선권을 부여하려고 애쓰기는 하지만, 수술 스케줄을 앞당겨 달라는 청탁이 적힌 장관이나 기업가, 고위 공무원들의 서한이 끝없이 들어온다. 하는 수 없이 그는 그들의 편의를 봐준다. 말하자면, 연줄 없는 사람은 순번이 뒤로 밀려난다는 얘기다.

난디드에 있는 병원에서는 대기자 명단과 같은 공식 절차 따위는 아예 없었다. 외과의들은 그저 공간과 형편이 허락하는 한도 내에서 시급한 환자부터 입원을 시키고 수술을 했다. 그 결과 외과 병실 세 곳은 늘 환자들로 넘쳐났다. 각 병실에는 60개의 철제 침대가 줄지어 늘어서 있었고 개중에 어떤 환자들은 침대 하나를 같이 쓰거나 침대 사이의 더러운 바닥을 차지하기도 했다. 어느 날 내가 본 남자 병실의 풍경은 다음과 같았다. 교액성 제대 탈장 수술을 받고 회복 중인 노인과 한밤중에 천공성 궤양 수술을 받은 젊은이, 췌장에 생긴 커다란 염증성 낭종이 터져 일주일 전부터 입원해 수술을 기다리는 50세 안경잡이 시크교도가 침상을 하나씩 차지하고, 건너편에는 70대 남자 하나가 출혈을 일으킨 직장암 절제 수술을 기다리며 바닥에 몸을 웅크리고 있었다. 그 옆의 두 남자는 침대를 같이 썼다. 자동차에 치인 보행자와 커다란 결석이 방광을 가로막아 카테터를 삽입한 농부였다. 낮 동안 외과의들이 수술을 하고 나면 밤에는 야간 당직 의사들이 이어받아 업무를 계속했다.

이런 상황에서 분투하는 외과의들을 힘겹게 하는 문제는 넘치는 환자만이 아니었다. 어디를 가나 의료 물자가 턱없이 부족했다. 업무에 필요한 기본적인 시스템도 갖춰져 있지 않았다.

35세 남성 환자가 충분히 완치 가능한 폐허탈*로 사망하던 날 밤을 떠올리면 아직까지도 속이 뒤집힌다. 그는 내가 있던 대규모 시립 병원 응급실로 실려 왔다. 진료를 받기까지 얼마나 기다렸을지는 모른다. 하지만 메모를 넘겨받은 외과 레지던트를 따라 갔을 때 그 환자는 아무것도 없는 맨 침대에 무릎을 안은 채 웅크리고 앉아 있었다. 분당 호흡수는 40회였고 두려운 기색이 가득했다. 흉부 엑스레이 결과 왼쪽

● 　어떠한 이유에 의해서 폐의 일부가 팽창된 상태를 유지하지 못하고 줄어든 상태.

가슴에 다량의 액체 집적이 나타났다. 그 압박으로 인해 폐가 폐색되고 심장과 기도가 오른쪽으로 밀려났다. 맥박도 빨랐다. 경정맥도 불룩하게 부풀어 올랐다. 즉각적인 흉부 배액을 통해 흉수를 빼내어 폐를 다시 팽창시켜야 했다. 그러나 이러한 단순한 시술이 결국은 의료진의 역량을 넘어서는 일이 되고 말았다.

레지던트는 바늘로 흉수를 빼내려 했지만 흉수가 감염된 데다 너무 걸쭉했다. 남은 방법은 흉관을 삽입하는 것뿐이었다. 흉관은 저렴하고 기본적인 도구인데도 병원에 물량이 남아 있지 않았다. 레지던트는 환자의 형에게 처방전을 건네 주었다. 그는 의료기기상을 찾아 푹푹 찌는 밤길을 내달렸고, 놀랍게도 10분 만에 흉관을 들고 돌아왔다. 정확히 우리가 요청한 그 모델이었다. 인도에서는 병원에서 의료 비품이 달리는 일이 비일비재하다 보니, 병원 주변에 허름한 가판대가 즐비하게 늘어선 광경을 흔히 볼 수 있다. 이곳 행상들이 취급하는 물건은 의약품에서 심장박동 조절장치에 이르기까지 없는 것이 없다.

하지만 흉관을 삽입하기 위해 환자를 수술실로 옮겼을 때 메스를 비롯해 수술 도구가 보이지 않았다. 레지던트는 간호사를 찾으러 뛰어나갔다. 그때까지 나는 흉부 압박을 실시하던 중이었다. 환자는 적어도 10분 동안 맥박도 없고 호흡도 없었다. 마침내 레지던트가 환자의 갈빗대 사이에 메스를 대고 고름을 뽑아냈다. 하지만 소용없었다. 환자는 사망했다.

분명 어느 정도는 비품이 부족했던 탓이다. 그곳은 침상이 1000개나 되는 병원이었지만 변변한 흉관 하나, 맥박 산소계측기, 심장 모니터, 혈중가스농도 측정기조차 갖추지 못했다. 공공병원은 환자에게 서비스를 무상으로 제공하도록 되어 있지만 의료품 공급이 원활하지 않은 탓에 의사들은 걸핏하면 환자에게 약이나 튜브, 시약, 탈장 수술용 망사, 의료용 스테이플러, 봉합 물질을 구해 오라고 떠넘기기 일쑤였다. 어느 시골 병원에서 내가 만난 얼굴이 창백한 60세 노인은 항문에 생긴 덩어리 때문에 직장 출혈이 생겨 32킬로미터나 되는 먼 길을 버스를 타고 걷기를 번갈아 하며 진찰받으러 왔는데, 병원에서는 검사에 필요한 장갑과 윤활제가 없다며 그대로 돌려보냈다. 처방전을 써주자 노인은 두 시간 후에 두 가지 물건을 움켜쥐고 절뚝거리며 돌아왔다.

하지만 단지 자금난의 문제만은 아니었다. 35세 남자가 유명을 달리했던 그 병원, 기본 장비는 턱없이 모자라고 응급실 간호사도 둘뿐이고 발 디디는 곳마다 오물 천지였던 바로 그 병원에, 수만 달러는 족히 들었을 최신 나선식 CT 장치와 으리으리한 혈관 조영 시설이 갖춰져 있었다. 기본 비품과 위생을 유지하는 것보다 최신 MRI 기계를 들여놓는 일이 더 쉽다고 말한 의사도 한둘이 아니었다. 이러한 기계가 현대 의학의 상징이 되다시피 한 것은 사실이지만, 정말 그런 식으로 바라본다면 의학에서의 성공의 본질을 잘못 이해한 것이다. 기계를 들여놓는 것이 치료인가? 특정한 각 문제에 맞는 일상적이고 평범한 세부 사항을 알아내는 것이 치료다. 인도의 의료 시스템은 갑작스레 복잡다단해진 새로운 질병에 적응해야 하는 근본적이고 어마어마한 난관에 봉착해 있다. 지금은 의료품만큼이나 합리적이고 믿을 만한 조직이 필요하다. 인도의 의사들에게는 이 두 가지가 모두 부족하다.

진정한 성과란 무엇인가

이런 상황은 인도에만 국한된 것은 아니다. 이 시대가 함께 풀어야 할 난제이다. 동양의 곳곳에서 인구 변화가 급속하게 일고 있다. 파키스탄과 몽골, 파푸아뉴기니의 평균수명은 60세 이상이다. 스리랑카와 베트남, 인도네시아, 중국은 70세를 넘는다.(아프리카는 에이즈가 창궐해 대부분 지역이 50세에 미치지 못한다.) 그 결과 암과 교통사고, 당뇨병이나 담석 같은 질환이 전 세계에서 폭발적으로 늘고 있다. 심장병은 세계에서 손꼽히는 사망 요인이 되었다. 새로운 실험실 과학이 인명을 구하는 열쇠는 아니다. 기존의 노하우를 활용해 치료 성과를 개선하는 과학(아직 초기 단계이지만)이야말로 인명을 구할 열쇠다. 그렇지만 이를 인식하는 국가는 어디에도 없다. 그런 까닭에 온 세상의 외과의는 그저 연필 한 자루와 섬세한 손가락, 밝은 정신만으로 허점투성이 제도와 갈수록 늘어나는 환자의 물결에 맞서 스스로 일어서야 한다.

이러한 현실은 사기를 꺾고도 남는다. 인도의 의료계는 대부분 현 상황을 체념하고 받아들이는 분위기다. 내가 만난 레지던트들은 하나같이 수련의 과정이 끝나면 현금만 받는 민간 부문(공공 의료의 실패로 인해 돈 있는 사람들은 점점 민간으로 몰려들고 있다)으로 가거나, 아예 외국으로 나가고 싶다는 희망을 밝혔다. 아마 내가 그들 입장이라도 그럴 것 같았다. 수많은 현직 외과의도 탈출을 꿈꾸기는 마찬가지였다. 자신들이 하고도 정작 그들 자신도 곱게 봐줄 수 없는 온갖 의료적 타협을 그들은 그저 감내하고 살아간다.

진정한 성공의
출발점

그런 상황에서도 그곳의 외과의들이 꾸준히 개발해 온 능력은 경이로울 정도였다. 처음 인도에 발을 들여놓을 때는, 미국에서 수련을 마친 외과의인 만큼 내가 그들에게 한두 가지쯤 전수해 줄 것이 있지 않겠나 하고 생각했다. 그러나 인도에서 보통 수준의 외과의도 능력 면에서 보면 내가 아는 서구의 어떤 외과의보다 뛰어났다.

"담석을 제거할 때 어떤 방법을 주로 쓰죠?" 나그푸르에 있을 때 어느 외과의가 물었다.

"비뇨기과 전문의에게 전화를 하죠." 내가 대답했다.

어느날 오후 난디드에서 외과의 한 명과 회진을 하면서 전립선 폐색, 결장 게실염*, 흉부 결핵성 농양, 사타구니 탈장, 갑상샘종, 담석 질환, 간 낭종, 충수염, 신장 사슴뿔 결석**, 오른손에 생긴 암까지 그 외과의가 성공적으로 치료해 온 다양한 환자들을 만났다. 심지어 그는 항문 없이 태어난 갓난아이의 항문을 완벽하게 복원시켜 주었다. 오로지 교과서와 동료들의 조언을 토대로, 인도의 평범한 지역병원 외과의

---

* 심한 변비나 과도한 장운동 때문에 혈관이 관통하는 위치의 대장의 벽이 약해져 점막이 근육층을 뚫고 장 밖으로 나가 꽈리 모양의 주머니를 만드는데 이를 게실이라고 하고, 여기에 염증이 동반된 것이 게실염이다.

** 신우를 꽉 채우고 신배까지 연결되는 결석으로, 그 모양이 사슴뿔을 연상시킨다고 하여 붙여진 이름이다.

진정한 성과란 무엇인가

들은 혀를 내두를 정도로 폭넓은 전문 기술을 숙련시켜 왔다.

　어떻게 그럴 수 있었을까? 의사의 힘으로 어쩌지 못하는 부분은 많았다. 압도적으로 밀려드는 환자도 그렇고 가난도 그렇고 의료품 부족도 그렇다. 하지만 그들이 할 수 있는 부분, 가령 기술 같은 영역에서는 늘 개선할 방도를 강구했다. 그들은 의학적 지식과 성취의 세계를 더 넓히는 데 그들이 일조한다고 여겼고, 게다가 그 세계에서 자신들이 다른 이들에 필적하리라고 믿었다. 이 믿음은 난디드 외과의들의 동지애가 발현된 결과가 아니었나 생각한다. 내가 거기에 있는 동안 외과의들은 매일 오후 늦게 진료가 비는 시간을 틈타 병원 건너편 카페에서 짧게 휴식을 취했다. 15~30분쯤 그들은 차를 마시며 그날 본 환자의 상태와 자신들이 무엇을 어떻게 했는지에 관해 이야기를 나누었다. 이러한 상호작용을 계기로 의사들은 단순히 그날그날을 넘기는 것이 아니라 더 높은 목표를 향해 나아가는 것 같았다. 그들은 마음만 먹으면 무엇이든 할 수 있다는 자신감을 얻었다. 자신이 세상의 일원일 뿐 아니라 세상에 보탬이 될 수도 있다고 진지하게 믿었다.

　난디드에서 겪은 어려움이 한두 가지가 아니지만 그중 하나를 꼽자면, 천공성 궤양 환자 수가 믿기지 않을 정도로 많다는 사실이었다. 외과 수련 과정을 밟는 8년 동안 위산으로 장에 구멍이 뚫릴 정도로 궤양이 심한 환자는 한 명밖에 보지 못했다. 그러나 인도는 매운 칠리를 먹는 나라이다 보니 그런 환자가 매일 밤 병원 문을 두드리다시피 했다. 통증이 극심해 병원까지 먼 길을 오다가 몇 시간씩 지체하다 보면 쇼크 상태에 빠지는 경우도 허다했다. 이 시점에서 유일한 치료책은 수술이다. 외과의는 환자를 얼른 수술실로 데려가 복부 한가운데를 가르고 쓸개즙이 섞인 감염된 체액을 말끔히 세척한 다음 십이지장에 난 구멍을 찾아 복구한다. 대대적인 수술이다 보니 견뎌 내지 못하는 환자도 드물지 않았다. 그러던 중에 모트와르가 놀라운 수술법을 개발해 냈다. 그는 복강경을 이용해 0.6센티미터를 절개하여 평균 45분 만에 천공을 교정했다. 나중에 미국 동료들에게 이 이야기를 했더니 아무도 믿지 않았다. 가능하다는 생각조차 들지 않는 것이다.

하지만 궤양 문제를 놓고 수년 동안 궁리를 거듭해 오던 모트와르는 직접 더 나은 수술법을 개발할 수 있다는 확신에 이르렀다. 마침 약간 낡은 복강경 장비를 저렴하게 구입할 수 있었다. 조수 한 명이 책임지고 장비를 깨끗하게 정비하는 임무를 맡았다. 시간이 흐르는 동안 모트와르는 조심스레 자신의 기법을 갈고닦았다. 나는 모트와르가 수술하는 광경을 지켜본 일이 있는데 한마디로 우아하고 신속했다. 심지어 무작위 실험을 하고 회의에서 결과를 발표하기도 했다. 표준적인 방법에 비해 합병증도 적고 환자의 회복도 훨씬 빨랐다. 먼지로 뒤덮인 마하라슈트라주의 외딴 벽지 소도시에서 모트와르와 그의 동료들은 세계에서 가장 유능한 궤양 전문 외과의로 거듭나 있었다.

의료계에서 진정한 성공은 쉽지가 않다. 의지력과 주의력, 창의력이라는 삼박자를 고루 갖춰야 한다. 그러나 나는 인도에서 그것이 어디서건 누구건 가능하다는 사실을 배웠다. 그곳만큼 상황이 어려운 곳은 많지 않다. 그러나 놀라운 성공 사례들을 찾아볼 수 있었다. 모두 출발점은 지극히 단순했다. 신속한 문제 인식과 단호한 치료 의지가 바

진정한 성과란 무엇인가

로 그것이다.

유효한 해법을 찾는 일은 어쩔 수 없이 느리고 어려운 과정이다. 그렇지만 나는 더 나아질 수 있음을 직접 보았다. 천재성은 필요 없다. 필요한 것은 성실함이다. 도덕적 투명성이다. 새로운 사고다. 그리고 무엇보다 기꺼이 시도해 보는 자세가 필요하다.

어떤
완벽

한 살배기 사내아이가 부모 품에 안겨 환자들로 북적거리는 난디드의 외과 진료실에 들어섰다. 부모는 두려움과 무력감, 불타는 희망과 괴로움이 뒤섞인 얼굴을 하고 있었다. 환자로 붐비는 가난한 병원에서 으레 보게 되는 표정이다. 엄마 품에 안긴 아기는 불안할 정도로 조용했고 눈은 뜨고 있지만 아무런 반응이 없었다. 호흡은 고르고 힘들어 보이지는 않았지만 비정상적으로 빨랐다. 마치 아이 몸속 펌프의 속도계가 잘못되기라도 한 것 같았다. 엄마는 소스라칠 만큼 격렬한 구토 발작이 반복된다고 했다. 입에서 터져 나온 토사물이 테이블 건너편까지 튈 정도였다. 소아과 의사는 왜소한 몸뚱이에 비해 지나치게 큰 머리 둘레를 지적하며 잠정 진단을 내렸고, 이는 나중에 두개골 엑스레이를 통해 확인되었다. 아이는 중증 뇌수종이었다. 뇌척수액이 뇌 밖으로 빠져나가는 통로가 폐쇄된 선천성 질환이다. 정상적으로 빠져나가지 못한 뇌척수액은 서서히 고여 두개골을 팽창시키고 뇌에 압박을 가한다. 뇌척수액을 뇌와 두개골 밖으로 배출하는 새로운 통로를 만드는 수술을 시행하지 않으면 뇌 손상이 심해져 구토에서 시력 상실, 졸림증, 혼수상태를 거쳐 마침내 사망에 이른다. 하지만 수술이 성공하면 아이는 완전히 정상으로 돌아올 수 있다. 그리하여 소아과 의사들은 아이와 부모를 외과로 보냈다.

그렇지만 외과에는 신경외과 의사가 없었다. 신경외과에서 쓰는 장비도 없었다. 두개골에 구멍을 내는 드릴도 없고, 뇌척수액을 뇌에서 피부 아래를 지나 복강까지 빼내는 무균 역류 방지 튜브가 장착된 단락 장치도 없었다. 그렇다고 아이를 그냥 죽게 내버려 둘 수는 없었다. 외과의들은 아이의 아빠에게 필요한 장치에 대해 알려주었고, 그는 동네 시장에서 1500루피(약 30달러)를 주고 그럴싸한 모사품을 구해 왔다. 꼭 맞는 것은 아니었다. 튜브가 너무 긴 데다 무균 제품도 아니었다. 그러나 외과 과장 P. T. 잠데이드는 수술을 진행하기로 했다.

그다음 날이자 내가 난디드에 체류하는 마지막 날, 아이는 수술실로 옮겨졌고 나는 외과 의료진이 수술하는 광경을 지켜보았다. 적당한 크기로 자른 튜브를 고압증기 멸균기에 넣어 소독했다. 마취 전문의가 싸고 효과적인 마취제 케타민을 주사해 아이를 재웠다. 간호사가 면도칼로 아이의 머리 오른쪽을 민 다음 머리에서 엉덩이에 이르는 부위를 요오드 소독약으로 닦았다. 외과 레지던트가 소독포를 덮어 수술 부위를 잡았다. 외등 수술 조명 아래서 간호사가 작은 쟁반에 수술 도구를 가지런히 배열했다. 은빛으로 반짝이는 그것들이, 내 눈에는 도무지 부

　　　　　　　　　　진정한 성과란 무엇인가

족해 보였다. 잠데이드가 보유한 수술 도구는 내가 경미한 열상을 꿰맬 때 쓰는 도구보다 나을 것이 없었다. 그가 메스를 쥐더니 아이의 귀 위로 2.5센티미터쯤 떨어진 곳의 피부와 얇은 근육을 2.5센티미터 절개했다. 그런 다음 지혈집게(흔히 작은 혈관이나 봉합사를 집을 때 외과의들이 쓰는 가위처럼 생긴 금속 집게)를 집어 들더니 하얗게 드러난 아이의 두 개골에다 집게의 뾰족한 끝부분을 돌려 뼈를 뚫기 시작했다.

처음에는 아무런 변화도 없었다. 집게는 단단한 뼈 표면에서 미끄러지기 일쑤였다. 그러나 곧 집게의 끝을 고정할 자그마한 홈이 패었다. 다시 15분을 갈고 문지른 끝에 드디어 두개골에 작은 구멍이 뚫렸다. 행여나 손이 미끄러져 뇌를 찌르기라도 할까 봐 잠데이드는 조심조심 구멍을 넓혀 갔다. 구멍의 크기가 충분해지자 튜브 끝을 뇌와 두개골 사이 공간으로 미끄러뜨려 넣었다. 튜브의 다른 쪽 끝을 잡고 목과 흉부를 통과해 복강까지 밀어 넣었다. 튜브가 텅 빈 복강으로 들어가기 전에 그는 잠깐 손길을 멈추고 뇌척수액이 새로 튼 통로로 흘러나오는가를 지켜보았다. 깨끗하고 맑았다. 물처럼. 완벽할 만큼. 그는 포기하지 않았다. 덕분에 적어도 한 아이가 목숨을 건질 것이다.

일터에서 '긍정적 일탈자'가 되는
5가지 방법

2003년 10월, 인도에서 보스턴으로 돌아온 후 곧바로 일반외과의 겸 내분비외과 전문의로서 공식적인 첫발을 내디뎠다. 매주 월요일은 병원 3층 외과 진료실에서 환자를 보았다. 화요일과 주말에는 가끔 응급 호출을 받았다. 수요일은 펜웨이 공원 맞은편의 외래환자 진료실에서 환자를 진료했다. 목요일과 금요일에는 수술실에서 수술을 했다. 여태껏 흐트러짐 없이 규칙적으로 살았고 그 사실에 감사한다. 그렇지만 미처 각오하지 못한 일도 많이 겪었다. 이 넓은 세상에서 개인이 얼마나 미미한 존재인지를 목도하는 일이 그랬다. 의사들 대부분은 인도 남부의 어린아이 420만 명을 구하는 소아마비 소탕 작전이나, 전쟁터에서 부상병의 목숨을 구할 새로운 방식을 고안해 내는 것 같은 멋진 스토리와는 거리가 멀다. 그에 비하면 우리 일은 만만하기 그지없다.

월요일 아침이면 진료실에서 X씨와 담석, Y씨와 탈장, Z씨와 유방암을 생각하면 된다. 의학은 대개 소매업 같다. 우리는 한 번에 한 사람만 치료한다.

그렇다고 자신이 놀고 있다고 생각하는 의사는 없다. 어찌 되었든 의사는 6만 6000여 종류의 잠정적으로 위험할 수 있는 약품을 처방하는 권한을 부여받았다. 우리는 멜론을 자르듯 사람을 갈라서 열어 볼 수 있다. 앞으로는 머지않아 사람들의 DNA도 조작할 것이다. 사람들은 목숨을 우리에게 내맡긴다. 그러나 우리가 아무리 특별해 보여도, 사람들이 가능한 한 오래도록 건강하게 살도록 돕는다는 사명을 지닌 이 나라의 의사 81만 9000명의 한 사람에 지나지 않는다. 사실 우리의 공이 부풀려진 감이 없지 않다. 이 업계에는 간호사 240만 명과 의료 보조사 38만 8000명, 약사 23만 2000명, 임상병리사 29만 4000명, 구급대원 12만 1000명, 호흡기 치료사 9만 4000명, 영양사 8만 5000명이 몸담고 있다.

그렇다면 우리는 그저 커다란 기계를 움직이는, 하얀 가운을 걸친 톱니바퀴의 톱니에 지나지 않는가? 그런 느낌을 지울 수 없다. 전례 없는 성공을 거둔 기계이기는 하지만 그래도 기계는 기계다. 어떻게 하면 바꿀 수 있을까? 오늘날 미국인은 적어도 평균 78세까지 산다. 그렇지만 그 나이까지, 아니면 더 오래도록 살고 못 살고는 의료 종사자 어느 한 사람의 책임이라기보다는 수백만이 몸담은 의료계 전체에 달려 있다. 누구도 우리를 대신할 수는 없다. 그렇다면 어떻게 해야 정말로 중요한 존재가 될까? 이쯤에서 이런 의문이 떠오르는 게 당연하다.

나는 가끔씩 의대생들에게 강의를 한다. 한번은 강의 준비를 하다가 이 질문의 답을 찾아내 보기로 작정했다. 학생들을 위해서, 그리고 나를 위해서 말이다. 무언가 가치 있는 차이를 만들어 내기 위한 방법으로 나는 다음 다섯 가지를 생각했다. 바꾸어 말하면 '긍정적 일탈자'로서 일하기 위한 다섯 가지 제언이다. 내가 학생들에게 들려준 이야기를 여기에 옮겨 본다.

—

첫 번째 제언은 내가 좋아하는 작가 폴 오스터의 에세이에서 따왔다. **"즉흥적인 질문을 던지라."** 우리 일은 낯선 이에게 말해야 하는 직업이다. 그들에 관해 한두 가지 알아 두는 건 어떨까?

겉보기에는 간단해 보인다. 하지만 현실에서는 어떨까. 새로운 환자가 들어온다. 봐야 할 환자가 아직 세 명이나 더 있고 호출도 두 건이다. 시간은 자꾸 지체된다. 이런 순간에는 어떻게든 빨리 처리하고 싶은 마음뿐이다. 어디가 아프죠? (혹이 있다고 치자.) 혹은 어디 있죠? 언제부터 생겼죠? 혹에 영향을 준 게 있었나요? 과거 병력은요? 이런 기계적 문진은 누구나 한다.

그러지 말고 적절한 시점에 잠시 환자와 잡담 시간을 가져 보라. 대본에 없는 질문을 던져 보는 거다. "자란 곳이 어디죠?" 아니면 "어쩌다 보스턴으로 왔죠?" 그도 아니면 "어젯밤에 레드삭스 경기 보셨어요?" 내밀하고 중요한 질문을 떠올릴 것까지는 없다. 그냥 인간적인 관계를 맺을 정도면 족하다. 개중에는 이런 관계에 관심 없는 이도 더러 있을 터이다. 그들은 당신이 잔말 말고 혹이나 봤으면 하는 마음이다. 그래도 좋다. 그럴 때는 그냥 혹이나 보라. 일만 하라.

하지만 두고 보라. 대답을 하는 사람이 의외로 많다. 예의 때문일 수도 있고 성격이 싹싹해서일 수도 있고 어쩌면 인간적인 접촉에 목말라서일지도 모른다. 아무튼 그럴 때는 대화를 한두 마디 더 끌어낼 수 있을지 살펴보자. 귀를 기울이고, 알게 된 사실을 적으라. 눈앞의 환자는 그저 46세의 우측 사타구니 탈장 환자가 아니다. 46세에 장례사업을 끔찍이도 싫어하는 전직 장의사 출신의, 우측 사타구니 탈장 환자인 것이다.

환자가 아닌 사람들에게도 마찬가지다. 환자의 바이탈사인을 점검하는 간호조무사에게, 회진 중에 마주친 간호사에게 이런 즉석 질문을 하나 던져 보라. 사실 이러한 관계를 맺는다고 뭔가 혜택이 생기는 건 아니다. 하지만 이제 당신은 그들을 기억하게 된다. 더는 그 사람이 그 사람인 것처럼 여기지 않는다. 그러다가 가끔 의외의 사실도 알게 된다. 예를 들어, 레지던트 시절 매일 보던 나이 많은 파키스탄 출신 채혈기사는 알고 봤더니 20년 동안 카라치에서 외과의로 일하다 자녀들 교육 때문에 미국으로 이민 온 사람이었다. 함께 일하는 어느 조용하고 보수적인 간호사는 한때 지미 헨드릭스와 데이트를 했다고 한다.

질문을 던지면 기계에서 기계 냄새가 덜 난다.

"투덜대지 말라." 이것이 내 두 번째 제언이다. 확실히 의사라는 직업은

투덜댈 일이 많다. 꼭두새벽의 호출이며, 왜 하는지 모를 서류 업무며, 먹통이 되곤 하는 컴퓨터 시스템, 금요일 오후 6시에 갑자기 튀어나오는 문제들까지, 이루 말할 수 없다. 피곤하고 기진맥진한 것을 누가 모르겠는가. 하지만 의료계에서 투덜거리는 의사의 말만큼 기운 빠지는 것이 없다.

최근에 병원 식당에서 다른 외과의와 간호사 여럿이서 점심을 함께한 일이 있었다. 기분 좋은 농담이 오갔다. 처음에는 한 외과의가 최근 담당한 환자 이야기를 했다.(그 남자는 등에 자기 머리 크기만 한 종양을 달고 있었다!) 그다음에는 다이어트 바닐라 코크 두 캔을 한꺼번에 마시는 간호사로 화제가 넘어갔다.(코카콜라에서 나왔다가 단종된 제품인데 그 간호사는 그렇게 마셔도 될 만큼 충분히 비축해 놓은 모양이었다.) 그러다 어떤 외과의가 담낭 감염이 심한 여성 환자 때문에 지난 일요일 새벽 2시에 응급실에 불려 갔다고 투덜댔다. 그는 항생제와 수분을 공급하고 입원시킨 다음 염증이 가라앉기를 기다렸다가 그때 수술하는 것이 좋겠다고 기껏 조언했는데, 응급실 의사가 그 계획은 위험하니 즉시 수술을 해야 한다고 환자에게 말했다는 것이다. 그는 그 응급실 의사의 판단이 틀렸고, 환자에게 말하기 전에 미리 전화로 자신과 상의하는 기본적인 예의도 지키지 않았으며, 심지어 나중에 다시 마주쳤을 때 사과 한마디 않더라고 불평했다. 그 이야기로 물꼬가 트였다. 자리에 있던 사람들은 저마다 겪은 비상식적 일 처리에 관한 에피소드를 쏟아내기 시작했다. 점심 식사를 마치고 다들 수술실과 병동으로 돌아왔다. 분노와 자신에 대한 연민을 잔뜩 안고서 말이다.

의료는 고된 일이다. 질병을 다루는 일 자체가 어려워서라기보다는, 우리 힘으로 어쩌지 못하는 일이 숱한 상황에서 다른 사람들과 보조를 맞추기가 결코 쉽지 않기 때문이다. 우리 일은 팀 경기와 같지만 전광판에 점수가 게시되는 경기와는 두 가지에서 큰 차이가 있다. 하나는 사람 목숨이 걸려 있다는 점이고, 또 하나는 코치가 없다는 점이다. 후자도 사소한 문제가 아니다. 의사에게 코치는 곧 자기 자신이다. 악전고투하는 와중에 사기를 북돋워 줄 사람이 자신 말고는 없다. 하지만 우리는 그 일에 별로 재주가 없다. 회의실이든, 세미나든, 병원 식당이든 의사들이 모이면 마치 자연에 중력법칙이 작용하듯 대화는 항상 우리를 둘러싼 온갖 고통의 서사시로 귀결한다.

하지만 참으라. 그런 이야기는 따분하고, 해법이 되어 주기는커녕 기운만 뺀다. 매사에 희희낙락하라는 건 아니다. 그저 다른 얘깃거리도 준비해 두라는 거다. 책에서 읽은 이야기도 좋고 우연히 발견한 흥미로운 문제도 좋고 정 없으면 날씨 얘기도 좋다. 그것으로도 충분히 대화를 이어갈 수 있을까? 한번 해보시라.

셋째. "수를 세라." 의료계에서 궁극적으로 무슨 일을 하건 간에, 혹은 의료계가 아니라고 하더라도 이 세상을 살아가려면 누구든 과학자가 되어야 한다. 쉽게 이야기하자면, 뭐가 됐든 수를 세야 한다. 실험실 연구원은 세균 배양접시에 든 특정한 유전자 결함을 지닌 종양세포의 수를 셀 수 있다. 마찬가지로, 임상의는 특정한 합병증을 일으킨 환자의 수를 꼽아 볼 수 있다. 아니면 합병증이 금방 나타나는 환자는 몇 명이고 나중에 나타나는 환자는 몇 명인지를 헤아려 볼 수도 있다. 이런 일에는 연구비가 들지 않는다. 유일하게 필요한 것은 여러분의 관심 정도이다.

레지던트 시절, 수술한 환자 몸에 수술 도구나 스펀지를 넣은 채 봉합하는 경우가 얼마나 빈번한지 계산해 본 적이 있다. 1만 5000건의 수술 가운데 한 건가량으로, 그리 자주 있는 일은 아니었다. 하지만 일단 그런 일이 생기면 사태가 심각했다. 어떤 환자는 33센티미터짜리 견인기가 몸속에 남아 창자와 방광이 찢어졌다. 또 어떤 환자는 뇌에 작은 스펀지가 남은 바람에 농양과 영구적인 발작장애가 생겼다.

다음으로 나는 간호사의 소홀함으로 스펀지 개수를 세지 않았거나 수술 도구가 사라졌다는 간호사의 경고를 의사가 무시해서 생긴 실수의 빈도수도 헤아려 보았다. 그런 일은 거의 일어나지 않았다. 급기야 나는 좀 더 복잡한 작업을 해보기로 하고, 수술 도구가 몸 안에 들어간 환자와 그렇지 않은 환자의 경우를 비교했다. 그랬더니 불상사는 주로 응급수술이나 수술 도중 예기치 못한 상황과 맞닥뜨린 경우—충수염 수술을 하려 개복해 봤더니 암 덩어리가 발견되었다거나—에 주로 일어났다.

납득이 안 가는 것도 아니었다. 수술 한 번 할 때 간호사들이 챙겨야 하는 스펀지와 수술 도구가 각각 50개와 200여 개라면 그것만으로도 이미 쉽지 않을 텐데, 분초를 다투는 응급 상황이라거나 예기치 못한 변동으로 도구가 늘기라도 하면 일이 더욱 까다로워질 것은 당연하다. 이런 경우 흔히 잘못한 사람을 징계하기 마련이지만, 그런 식으로 문제의 재발을 막을 수는 없다. 기술적 해법만이 문제를 근절시킬 것이었다. 그 사실을 깨닫고 얼마 지나지 않아 나와 몇몇 동료들은 어느새 스펀지와 수술 도구를 자동 추적 하는 장치를 개발하고 있었다.

뭔가 흥미를 끄는 것이 있다면 그에 관한 수를 세어 보라. 분명 흥미로운 사실을 발견하게 될 것이다.

넷째. "글을 쓰라." 여러분을 겁줄 생각은 없다. 블로그에 올릴 다섯 문단 정도의 글이든, 전문 저널에 실을 논문이든, 아니면 독서 모임에서 낭송할 시 한 편이든 무엇이든 괜찮다. 무조건 써보라. 완벽을 기할 필요는 없다. 그저 여러분이 속한 세계에 약간의 관찰을 가미한 정도면 충분하다.

아무리 사소하더라도 자신의 공헌을 과소평가해서는 안 된다. 한때 루이스 토머스(Lewis Thomas)가 물리학자 존 자이먼(John Ziman)의 말을 인용해 지적했듯, "'토막글'로 된 과학 저술을 체계적으로 출판하는 메커니즘을 만들어 낸 것이야말로 현대 과학사에서 가장 핵심적인 사건이라 할 만하다." 우리는 여럿이 십시일반 보태어 풍부한 집단적 노하우를 마련했다. 이는 혼자 이룰 수 있는 것과는 비교할 수 없을 만큼 강력한 것으로, 과학에만 국한된 이야기는 아니다.

또한 글 쓰는 행위 자체의 힘도 무시해서는 안 된다. 나도 의사가 되고 나서야 필요를 느끼고 글을 쓰기 시작했다. 의학은 그 복잡성에도 불구하고 머리보다는 몸이 고된 일이다. 의료는 소매업과 같다. 의사들은 한 번에 한 명씩 서비스를 제공한다. 그러한 까닭에 고되고 단조롭다. 좀 더 큰 목적의식을 잃어버리기 쉽다. 하지만 글쓰기는 그런 순간 한걸음 뒤로 물러서서 문제를 헤쳐 가게 해준다. 더없이 분노에 찬 외침이라 할지라도 글 쓰는 사람은 어느 정도 생각을 하게 마련이다.

무엇보다, 아무리 소수라 할지라도 독자에게 여러분의 생각을 전할 때 자신이 더 큰 세상의 일원임을 확인하게 된다. 어떤 주제를 두고 몇 가지 생각을 적어 병원 소식지에라도 실을라치면 마음이 초조해진다. 과연 사람들이 읽을까? 어떻게 생각할까? 멍청한 소리를 지껄인 건 아닐까? 독자는 곧 사회다. 활자화된 언어는 그 사회의 일원이라는 사실, 그리고 사회에 뜻있는 기여를 하겠다는 의지의 선포다.

그러므로 독자를 설정하고, 무언가를 쓰라.

다섯 번째이자 마지막 제언은 이것이다. "변화하라." 다른 분야에서와 마찬가지로 의료계에 속한 이들도 새로운 아이디어에 반응하는 방식은 세 가지 가운데 하나다. 우선 비즈니스 용어로 일컫자면, 발 빠르게 받아들이는 소수의 '얼리어답터'가 있고, 대다수는 시간을 두고 수용하는 '레이트어답터'이다. 끝까지 저항하는 고집불통의 회의주의자도 일부 있다. 의사에게도 태도를 정해야만 하는 때가 있다. 조너스 소크 박사가 어린아이 40만 명에게 새로운 소아마비 백신을 시도하려 했을 때, 전쟁터의 외과의가 처음으로 부상병을 지혈만 하고 수술을 덜 끝낸 상태에서 개복한 채로 란트스툴로 이송했을 때, 워런 워릭이 어린 낭성섬유증 환자에게 더 많은 급식 튜브를 꽂기 시작했을 때, 과연 이 계획들에 쌍수를 들어 환영한 사람은 누구였을까? 물론 좋은 아이디어만 있었던 것은 아니다. 한때는 만성통증을 치료한답시고 전두엽 절제술이 시행되었다. 항염증제로 쓰던 비옥스는 심장마비를 일으키는 것으로 밝혀졌다. 비아그라는 최근에 알려지기로 부분적인 시력 상실을 유발할지 모른다.

그럼에도 불구하고, 선구자가 되라. 변화의 기회를 노리라. 새로운 동향을 무조건 받아들이라는 말은 아니다. 하지만 부족한 부분을 인식하고 해법을 찾으려는 노력을 게을리하지 말라. 의학이 성공을 거두는 만큼, 그만큼의 불확실성과 실패가 넘쳐난다. 이것이 의학을 인간적이고 때로는 고통스럽지만 가치 있는 것으로 만든다.

의사의 선택은 어쩔 수 없이 불완전할 수밖에 없지만 사람들의 삶을 바꾼다. 현실이 이러하다 보니 남들이 하는 대로 따르는 것, 하얀색 가운을 걸친 기계 부속이 되는 것이 가장 안전한 길로 비치기도 한다. 하지만 의사는 그래서는 안 된다. 의사뿐 아니라, 사회에서 위험과 책임을 진 사람이라면 누구도 그래서는 안 된다.

새로운 시도를, 변화를 모색하라. 자신이 성공하고 실패하는 횟수를 세어 보라. 그것에 관한 글을 쓰라. 사람들의 생각을 물어보라. 그렇게 대화를 지속해 나가라.

감사의 글

이 책이 세상에 나오기까지 많은 분이 도움을 주었다. 그중에서도 특히 나의 연구조교였던 아미 칼리지에게 깊은 감사의 뜻을 전한다. 번뜩이는 재치와 비상한 수완을 지닌 칼리지는 이 책을 내는 데 기꺼이 많은 시간을 할애해 도움을 주었다. 각 장마다 칼리지의 손길이 미치지 않은 곳이 없을 정도이다. 덕분에 이 책이 더욱 정교하고 풍성해질 수 있었다.

칼리지가 폭넓은 도움을 주었다면 아내 캐슬린 홉슨은 깊이를 더해 주었다. 그녀는 늘 내가 겪은 성공과 실패의 경험을 함께했다. 이 책이 나오기까지 나를 이끌어 주었고, 내가 확신하지 못하는 부분에 대해 조언을 아끼지 않았다. 덕분에 그런 혼란이 금세 말끔해질 수 있었다. 우리가 함께한 세월 동안 모든 일이 그랬듯이 이 책을 쓴 일도 아내

감사의 글

가 있었기에 가능했다.

나의 벗 버커드 빌거, 헨리 파인더, 맬컴 글래드웰, 데이비드 시걸에게도 특별한 감사의 뜻을 전한다. 세상에서 가장 멋진 이 친구들은 내가 책에 필요한 아이디어를 충분히 짜낼 수 있게 같이 시간을 보내주고 커다란 위안도 주었다. 《뉴요커》에서 헨리가 내 담당 편집자라는 것은 정말 행운이다. 그는 《뉴요커》에 연재한 글이 바탕이 된 이 책의 다섯 개 장을 탄생시킨 산파이거니와, 내가 작가로서 경력을 쌓아 오는 데 있어 가장 가까운 조언자가 되어 주었다. 작가 경력에 관해서 감사하자면, 데이비드 렘닉도 빠트릴 수 없다. 렘닉은 내가 의사로서의 경력에 소홀하지 않으면서 꾸준히 《뉴요커》에 글을 쓸 수 있도록 해주었다. 《뉴요커》에 기고할 수 있다는 것은 나에게 말로 다할 수 없을 만큼 큰 의미가 있다.

전작 『나는 고백한다, 현대의학을』을 편집했던 메트로폴리탄 북스의 편집자 새라 버시텔이 이번에도 책의 편집을 맡아 주었고, 역시 이토록 탁월한 편집자는 세상에 둘도 없음을 확인했다. 버시텔은 글에 담긴 문장과 생각을 깊이 살피고 난 후 비로소 작업을 시작한다. 버시텔의 동료 리바 하커먼 역시 원고에 관한 소중한 의견을 내주었다. 두 사람 덕분에 이 책은 모든 면에서 진일보했다.

나의 오랜 벗, 티나 베넷은 지난 7년 동안 나의 에이전트가 되어 주었다. 흔히 이런 관계는 아슬아슬할 수 있다고 하지만, 베넷의 판단은 나무랄 데가 없다. 그녀는 지치는 법도 없다. 친구로서 헌신적인 것만큼이나 에이전트로서도 현명하고 충실히 업무를 수행해 주었다.

이 책의 일부 내용은 《뉴잉글랜드 의학저널》에 기고한 기사를 바탕으로 했다. 데브라 말리나, 그레그 커프먼, 스티브 모리시, 제프 드레이즌이 보내 준 성원과 충고에 감사드린다.

동료 외과의들의 이해와 지지가 없었다면 이 책을 끝내지 못했을 것이다. 브리검 여성 병원의 외과 과장 마이클 지너와 하버드 뱅가드 메디컬 어소시에이츠의 일반외과 과장 스탠 애실리, 나의 외과 파트너인 프랜시스 "칩" 무어에게 고마움을 전한다. 브리검 여성 병원의 케이티 톰슨, 수전 크래머와 실파 라오, 하버드 보건대학의 아니 엡스타인, 헨리 홀트 출판사의 존 스털링에게도 역시 감사의 말을 전한다.

마지막으로, 이 책에 등장하는 모든 환자와 동료에게 깊이 감사드린다. 자신의 이야기를 해도 좋다고 허락해 준 그분들의 뜻보다 크고 귀중한 선물은 없을 것이다.

감사의 글

1장   손부터 씻는다

27쪽   미국 질병통제예방센터의 손 위생관리 지침은 다음을 참조했다. Boyce, J.
M. & Pittet, Didier, "Guideline for Hand Hygiene in Health-Care Settings,"
Morbidity and Mortality Weekly Report, October 25, 2002, pp. 1-44. 질병통제
예방센터 홈페이지에서도 확인할 수 있다. https://www.cdc.gov/mmwr/
preview/mmwrhtml/rr5116a1.htm

28쪽   제멜바이스의 이야기는 다음 책에서 가져왔다. Nuland, Sherwin, *The Doctors'
Plague: Germs, Childbed Fever, and the Strange Story of Ignac Semmelweis* (New York:
Norton, 2003).

39쪽   존 로이드는 스터닌 부부의 방법을 다음 기사에서 접했다. Dorsey, D. "Positive

Deviant," *Fast Company*, November 2000, p. 284. '긍정적 일탈'에 관한 추가 정보는 다음 웹사이트에서 찾아볼 수 있다. www.positivedeviance.org

2장   효율이 선택지에 없을 때

44쪽   성실의 정의는 다음에서 발췌했다. *Random House Unabridged Dictionary* (New York: Random House, 2006).

46쪽   세계보건기구의 질병 퇴치 노력을 훑어보려면 다음을 참조하라. Williams, G. "WHO: The Days of the Mass Campaigns," *World Health Forum* 9 (1988) pp. 7-23.

46쪽   카터 센터가 주도하고 미국 질병통제예방센터와 세계보건기구, 게이츠 재단이 재정을 후원해 온 기니벌레병 박멸 캠페인은 소아마비 근절 캠페인을 제외하고 현재 유일하게 진행 중인 범세계적 퇴치 프로그램이다(www.cartercenter. org 참조). 소아마비 근절 프로그램과 마찬가지로 전망이 밝다. 이 기생충은 아프리카와 아시아의 풍토병으로 한때 매년 약 300만에서 1000만 명을 감염시켰다. 뱃속에서 90센티미터까지 자라 서서히 피부를 뚫고 나오는데, 심한 통증을 유발하고 감염자를 2개월여 동안 무력하게 만든다. 현재는 10여 개의 아프리카 국가에만 국한되어 발생하고 있으며 2005년에는 감염자 수가 1만 명에 그쳤다. 철저한 감시와 예방이 거둔 쾌거라 하겠다.

48쪽   국제소아마비근절프로젝트(GPEI)의 웹사이트는 최근 발생한 소아마비 환자 수와 분포도에 관한 최신 정보를 제공한다. www.polioeradication.org

3장 전사자가 줄어든 진짜 이유

69쪽 미 국방부에서 매주 업데이트하는 사상자 정보는 홈페이지에서 일람할 수 있다. https://www.defense.gov/casualty.pdf

70쪽 살인율과 의료의 상관관계를 다룬 최초의 연구 보고서. Harris, A. R., Thomas, S. H., Fisher, G. A., & Hirsch, D. J. "Murder and medicine: The lethality of criminal assault 1960-1999," *Homicide Studies* 6 (2002) pp. 128-166.

70쪽 과거 전쟁에서 발생한 미군 사상자 수에 관한 자료의 출처는 미 국방부이다. U.S. Department of Defense, "Principal Wars in which the United States Participated: U.S. Military Personnel Serving and Casualties," 2004 (http://web1.whs.osd.mil/mmid/casualty/WCPRINCIPAL.pdf). 전문가들 일각에서는 미 국방부의 온라인 자료가 정확하지 않다는 주장도 나오고 있다. 부상병의 정의가 바뀌고 있기 때문이다.(Holcomb, J. B., Stansbury, L. G., Champion, H. R., Wade, C. & Bellamy, R. F. *Journal of Trauma* 60 [2006] pp. 397-401.) 그 수치가 적어도 어느 정도의 병원 치료를 요한 사상자에 국한된 것이라면, 미군 부상자의 치사율은 2차 세계대전이 23퍼센트(육군 자료만 인용), 한국전쟁이 23퍼센트, 베트남전쟁이 16~24퍼센트(베트남에 관해서는 오늘날까지도 의견이 분분하다)였다. 이 자료들의 출처는 다음과 같다. Beebe, G. & DeBakey, M. E. *Battle Casualties: Incidence, Mortality, and Logistic Considerations* (Springfield: Charles C. Thomas, 1952); Reister, F. A. *Battle Casualties and Medical Statistics: U.S. Army Experience in Korea* (Washington: Department of the Army, 1973); Bellamy, R. F. "Why Is Marine Combat Mortality Less Than That of the Army?" *Military Medicine* 165 (2000) pp.362-67. 이러한 정의에 따르면, 걸프전에서 미군 부상자 치사율은 24퍼센트였다. 이라크와 아프가니스탄 전쟁에서는 치사율이 아직까지 12퍼센트를 넘지 않았다.

76쪽 로널드 벨러미의 '금쪽같은 5분'에 관한 더 자세한 내용은 다음의 군의학 교재에서 그가 집필한 전투 외상에 관한 장을 참조하라. *Anesthesia and Pre-Operative Care of the Combat Casualty* [*Textbook of Military Medicine Part IV*] (Washington: Department of the Army, Office of the Surgeon General, Borden Institute, 1994), pp. 1-42.

4장   의사와 환자 사이

98쪽 신체 검진 시 에티켓에 관한 영국 표준 지침은 종합의료협의회 보고서 및 왕립산부인과의사협회 책자에 나와 있다. *Intimate Examinations* (London: General Medical Council Standards Committee, December 2001); *Gynaecological Examinations: Guidelines for Specialist Practice* (London: Royal College of Obstetricians and Gynaecologists, July 2002).

99쪽 미국의 검진 에티켓에 관해서는 세 편의 보고서를 중요하게 참고했다. The Ad Hoc Committee on Physician Impairment, *Report on Sexual Boundary Issues* (Dallas: Federation of State Medical Boards of the United States, April 1996); Dehlendorf, C. E. & Wolfe, S. M. "Physicians Disciplined for Sex-Related Offenses," *JAMA* 279 (1998) pp.1883-88; Enbom, J. A. & Thomas, C. D. "Evaluation of Sexual Misconduct Complaints: The Oregon Board of Medical Examiners, 1991 to 1995," *American Journal of Obstetrics and Gynecology* 176 (1997) pp.1340-48.

101쪽 환자가 먼저 의대생에게 성적인 접근을 시도한 경우에 관한 자료는 다음의 보고서를 참고했다. Schulte, H. M. & Kay, J. "Medical students' perceptions of patient-initiated sexual behavior", *Academic Medicine* 69 (1995) pp. 84-46.

5장 실패를 책임질 것인가

110쪽 미국 의료 분쟁 시스템에 관한 세부적인 자료의 상당수는 동료 의사인 하버드 보건대학의 데이비드 스터더트와 미셸 멜로, 트로이 브레넌의 연구에서 발췌한 것이다. 가령, 다음 두 논문을 꼽을 수 있다. Studdert, D. M. et al., "Negligent Care and Malpractice Claiming Behavior in Utah and Colorado," *Medical Care* 38 (2000) pp.250-60; Studdert, D. M. et al., "Claims, Errors, and Compensation Payments in Medical Malpractice Litigation," *New England Journal of Medicine* 354 (2006) pp.2024-33. 미국 의료 분쟁 시스템의 실태를 파악한 두 편의 자료는 특히 훌륭하다(앞은 보고서라 짧고, 뒤는 단행본이라 길다). Studdert, D. M., Mello, M. M. & Brennan, T. A. "Medical Malpractice," *New England Journal of Medicine* 350 (2004) pp.283-92; Baker, Tom, *The Medical Malpractice Myth* (Chicago: University of Chicago Press, 2005).

136쪽 전미백신피해보상프로그램(National Vaccine Injury Compensation Program)에 관한 더 자세한 내용은 다음을 보라. Ridgway, D. "NoFault Vaccine Insurance: Lessons from the National Vaccine Injury Compensation Program." *Journal of Health Politics, Policy and Law* 24 (1999) pp. 59-90. 미 보건자원서비스국의 웹사이트에서도 확인할 수 있다. https://www.hrsa.gov/vaccine-compensation/index.html

138쪽 뉴질랜드의 의료상해 배상 시스템에 관한 상세한 내용은 다음을 참조하라. Bismark, M. & Paterson, R. "No-Fault Compensation in New Zealand," *Health Affairs* 25 (2000) pp.278-83.

6장   얼마를 벌어야 충분할까

146쪽   윌리엄 샤오는 의사가 수행하는 다양한 업무의 상대적 업무량을 평가하여 그 개요를 두 편의 논문에 실었다. Hsiao, W. et al., "Resource-Based Relative Values: An Overview," *JAMA* 260 (1988) pp.2347-53; Hsiao W. et al., "Measurement and Analysis of Intraservice Work," *JAMA* 260 (1988) pp.2361-70.

152쪽   의사의 업무량과 수입, 타 직업과의 비교를 다룬 윌리엄 위크스의 연구. Weeks W. & Wallace, A. "Time and Money: A Retrospective Evaluation of the Inputs, Outputs, Efficiency, and Incomes of Physicians," *Archives of Internal Medicine* 163 (2003) pp.944-48; Weeks W. and Wallace, A. "The More Things Change: Revisiting a Comparison of Educational Costs and Incomes of Physicians and Other Professionals," *Academic Medicine* 77 (2002) pp.312-19.

159쪽   미국 정부는 국내에서 지출되는 의료 비용을 추적한다. 그 수치를 메디케어 웹사이트에서 확인할 수 있다. www.cms.hhs.gov/NationalHealthExpendData/

161쪽   일반 근로자 소득과 비교한 의사 소득 정보는 데렉 복(Derek Bok)의 대단히 흥미로운 저서 *The Cost of Talent* (New York: Free Press, 1993)와 베텔스만 재단의 국제개혁모니터링 자료를 참조했다. www.reformmonitor.org

161쪽   보험 미가입이 건강 및 재정에 미치는 영향에 관한 증거는 다음을 참조하라. Hadley, Jack, "Sicker and Poorer," *Medical Care Research and Review* 60 (2003) pp.3S-75S.

7장 죽음을 도울 수 있는가

163쪽 '마이클 안젤로 모랄레스 대 로더릭 Q. 힉먼' 사건에서 연방지방법원 판사 제 러미 포겔의 판결 이유 전문은 놀랄 만큼 술술 읽힌다. *Michael Angelo Morales v. Roderick Q. Hickman*, No. C 06 219 JF; District Court, Northern District of California: February 14, 2006. 빠르고 고통 없는 사형 집행을 위해 참여 한 마취과 의사가 해야 할 일을 명시한 항소법원의 판결도 참조하라. *Michael Angelo Morales v. Roderick Q. Hickman*, No. CV 06 00926 JF; U.S. 9th Circuit of Appeals: February 20, 2006.

165쪽 독극물 주사를 비롯한 그 밖의 사형 집행 방법의 역사는 스티븐 트롬블리의 책에서 잘 설명했다. Trombley, Stephen, *The Execution Protocol: Inside America's Capital Punishment Industry* (New York: Crown, 1992). 이반 솔로타로프도 흥 미로운 이야기를 들려준다. Solotaroff, Ivan, *The Last Face You'll Ever See: The Private Life of the American Death Penalty* (New York: HarperCollins, 2001).

168쪽 의료 종사자의 사형 집행 참여에 관한 윤리 규정은 다음에서 찾아볼 수 있다. 미국의학협회의 입장은 미국의학협회지인 《JAMA》 270호(1993) 365-68쪽 에 명시되었으며, 웹사이트에도 게재했다. www.ama-assn.org 미국교정의사 학회 규정은 https://accpmed.org/accp_code_of_ethics.php, 간호사의 사형 집 행 참여에 관한 미국간호협회 입장은 https://www.nursingworld.org/practice-policy/nursing-excellence/ethics/에서 확인할 수 있다. 미국약사협회 현행 정 책들을 www.aphanet.org에 공유한다.

169쪽 사형 선고에 관한 최신 자료를 사형정보센터 웹사이트에서 확인할 수 있다. https://deathpenaltyinfo.org/executions-united-states

170쪽   미국 의료 종사자의 사형 집행 참여를 다룬 주요 연구로 다음을 꼽는다. American College of Physicians & Human Rights Watch, *Breach of Trust: Physician Participation in Executions in the United States*. ACP, (Philadelphia: ACP, 1994).

176쪽   의사들이 사형 집행 참여에 관한 윤리 강령을 얼마나 인지하고 있었는지 조사한 결과는 다음에서 인용했다. Farber, N. J. et al. *Annals of Internal Medicine* 135 (2001) pp.884-88.

188쪽   미국 정부가 자신의 목적을 이루기 위해.점점 의료 기술을 자의적으로 사용하는 행태에 관해서는 다음을 참조하라. Miles, Stephen, *Oath Betrayed: Torture, Medical Complicity, and the War on Terror* (New York: Random House, 2006), 스티븐 마일스, 『배반당한 히포크라테스 선서: 고문에 가담한 의료인들』(백산서당, 2008).

8장   멈춰야 할 때를 알 수 있을까

196쪽   조산아에게 실시한 적극적인 소생술에 관한 바우즈와 그 동료들의 연구를 참조하라. Bowes. Watson Jr., Halgrimson, M. & Simmons, M. A. "Results of the intensive perinatal management of very-low-birth-weight infants (501 to 1,500 grams)," *the Journal of Reproductive Medicine* 23 (1979) pp.245.

9장   혁신의 재구성

210쪽   정상해부학, 생리학, 분만 과정, 발생할 수 있는 이상(異常) 등에 관한 정보는 『윌리엄스 산과학(22판)』에서 얻었다. Cunningham, F. G. et al., eds., *Williams*

Obstetrics, 22nd ed. (New York: McGraw-Hill, 2005).

213 쪽 산과 기법과 합병증의 세부 역사에 관해서는 다양한 자료를 참고했으며, 특히 다음에서 많은 도움을 얻었다. Drife, J. "The Start of Life: A History of Obstetrics," *Postgraduate Medical Journal* 78 (2002) pp.311-15; Wertz, R. W. & Wertz, D. C. *Lying-In: A History of Childbirth in America* (New Haven: Yale University Press, 1989); Trolle, D. *The History of Caesarean Section* (Copenhagen: University Library, 1982).

219쪽 산모가 전자모니터, 경막외마취, 분만촉진제와 같은 의료 처치에 의존하는 빈도를 비롯해 현대 의학에서의 분만 과정을 더 자세히 알고 싶다면 다음 보고서를 추천한다. Declercq, E. R. et al., *Listening to Mothers: Report of the First National U.S. Survey of Women's Childbearing Experiences* (New York: Maternity Center Association, 2002).

225쪽 산모와 신생아의 출산 전후 사망률에 관한 역사적 자료는 미 질병통제예방센터에서 얻었다.

225쪽 버지니아 아프가가 사망한 후 친구이자 동료였던 L. 스탠리 제임스가 기고한 고인을 기리는 글. James, L. Stanley, "Fond Memories of Virginia Apgar," *Pediatrics* 55 (1975): 1-4. 아프가의 삶에 관한 중요한 정보가 담긴 또 한 편의 글. Skolnick, A. A. "Apgar Quartet Plays Perinatologist's Instruments," *JAMA* 276 (1996) pp.1939-40. 아프가 점수 개발과 그 중요성을 다룬 뛰어난 글. Finster, M. & Wood, M. "The Apgar Score Has Survived the Test of Time," *Anesthesiology* 102 (2005) pp.855-57.

229쪽 근거 중심 의학의 아버지, 아치 코크레인이 1979년 전공별로 무작위 실험을 실시한 후 순위를 매겼다. Cochrane, Archie L. "1931.1971: A Critical Review with Particular Reference to the Medical Profession," in G. Teeling-Smith and N. Wells, eds., *Medicines for the Year 2000* (London: Office of Health Economics, 1979).

232쪽 바우즈와 동료가 1994년 겸자분만과 제왕절개를 비교한 연구 보고서를 발표했다. Bowes. Watson, Jr. & Katz, V. L. "Operative Vaginal Delivery," *Current Problems in Obstetrics, Gynecology, and Fertility* 17 (1994) p.86. 가령, 1979년 호주에서 실시한 어느 연구는 296건의 겸자분만과 101건의 제왕절개술, 207건의 자연 질 분만을 비교했다. 그 아이들이 5세가 되었을 때 실시한 운동신경검사와 IQ검사 성적은 비슷한 수준으로 양호했다.(McBride, W. G. et al., "Method of Delivery and Developmental Outcome at Five Years of Age," *Medical Journal of Australia* 1, no. 8 [1979] pp.301-4). 일부 연구에서는 겸자를 이용한 분만으로 더 나은 결과를 거둔 의사도 있었다. 1990년 실시된 어느 연구는 UCLA에서 있었던 358건의 겸자분만과 486건의 제왕절개술을 비교했다. 그 결과, 신생아의 아프가 점수나 출생 시 외상 비율에는 차이가 없었지만, 겸자분만을 했을 때 산모의 합병증이나 혈액 손실이 상대적으로 적었다.(Bashore, R. A., Phillips, W. H. Jr., Brinkman III, C. R. "A Comparison of the Morbidity of Midforceps and Cesarean Delivery," *American Journal of Obstetrics & Gynecology* 162, no. 6 [1990] pp.1428-34).

240쪽 2006년 3월 미 국립보건연구소에서 만삭 산모의 임의 선택에 의한 제왕절개술의 이점 및 위험을 다룬 결정적인 보고서를 발간했다. "National Institutes of Health State-of-the-Science Conference Statement: Cesarean Delivery on Maternal Request," www.nih.gov. 이와 관련해 다음 자료도 참조하기 바란다. Minkoff, H. & Chervenak, F. A. "Elective Primary Cesarean Delivery," *New England Journal of Medicine* 348 (2003) pp.946-50.

10장 긍정적 일탈과 최고의 의사

250쪽 탈장 수술에서 나타난 종형 그래프는 보훈처 연구를 위해 수집한 자료에서 도출한 것이다. Fitzgibbons, R. J. et al., "Watchful Waiting vs. Repair of Inguinal Hernia in Minimally Symptomatic Men," *JAMA* 295 (2006) pp.285-92. 신생아 집중치료실에 입원한 신생아의 (위험도를 반영해 조정한) 치료 성과는 다음에서 얻었다. Vermont Oxford Network Database (*Health Affairs* 23 [2004] p.89). 시험관아기 시술센터에 관한 정보는 미국 질병통제예방센터 웹사이트에서 볼 수 있다. www.cdc.gov/ART

252쪽 미국 정부의 '살생부'에 대한 흥미진진한 고찰. Mennemeyer, S. T., Morrisey, M. A. , & Howard, L. Z. "Death and Reputation: How Consumers Acted upon HCFA Mortality Information," *Inquiry* 34 (1997) pp.117-28.

253쪽 르로이 매슈스의 낭성섬유증 치료 프로그램의 뛰어난 성과를 더 자세히 알고 싶다면 다음을 참조하라. Warwick, W. J. "Cystic Fibrosis: Nature and Prognosis," *Minnesota Medicine* 50 (1967): pp.1049-53; Matthews, L. W. & Doershuk, C. F. "Management-Comprehensive Treatment of Cystic Fibrosis," *Minnesota Medicine* 52 (1969), pp.1506-14; American Thoracic Society, "The Treatment of Cystic Fibrosis: A Statement by the Committee on Therapy," *American Review of Respiratory Disease* 97 (1968), pp.730-34.

256쪽 로드아일랜드 프로비던스에 위치한 하스브로 어린이병원(Hasbro Children's Hospital)의 소아호흡기 전문의이자 낭성섬유증 전문가인 마이클 S. 섹터는 낭성섬유증에서 유전자와 사회인구학, 각 치료센터의 차이가 기여하는 바를 각각 떨어뜨려 밝혀 낸 인물이다. Schecter, Michael S. "Non-Genetic Influences on CF Lung Disease: The Role of Sociodemographic Characteristics,

Environmental Exposures, and Healthcare Interventions," *Pediatric Pulmonology* 26 (2004), pp. 82-85.

11장 진정한 성과란 무엇인가

280쪽 미국에서의 유방암 선별검사에 관한 자료는 다음의 논문을 참조했다. Phillips, K. A. et al., "Factors Associated with Women's Adherence to Mammography Screening Guidelines," *Health Services Research* 33 (1998), pp. 29-53; Blanchard, K., et al., "Mammographic Screening: Patterns of Use and Estimated Impact on Breast Carcinoma Survival," *Cancer* 101 (2005), pp. 495-507.

291쪽 세계 인구의 상당수에 걸친 수명 증가와 그로 인한 질병 유형 변화에 관해 더 알아보려면 다음을 참조하라. *The World Health Report 1999: Making a Difference* (Geneva: World Health Organization, 1999), http://www.who.int/whr/1999/en/. Salomon, J. A. & Murray, C. J. L. "The Epidemiologic Transition Revisited: Compositional Models for Causes of Death by Age and Sex," *Population and Development Review* 28 (2002), pp. 205-28.

에필로그

300쪽 여기서 인용한 폴 오스터의 에세이는 「고담 핸드북(Gotham Handbook)」이다.(국내 번역서 가운데 2007년 출간된 『뉴욕 이야기』에 수록되어 있다.) 첫 번째 제언뿐 아니라 이 장의 구조며 날씨 이야기의 중요성에 관한 이해 역시 그의 글에서 빌려 왔다. Auster, Paul, *Collected Prose* (New York: Picador, 2003.)

304쪽 몸속에 남은 수술 도구에 관한 연구는 학술지에 발표되었다. Gawande, Atul, et al., "Risk factors for retained instruments and sponges after surgery," *New England Journal of Medicine* 348 (2003), pp. 229-35.

305쪽 루어스 토머스는 에세이 "유기체로서의 사회(On Societies as Organisms)"에서 존 자이먼의 말을 인용했다. Thomas, Lewis, *Lives of a Cell* (New York: Penguin, 1974).

옮긴이
곽미경 이화여자대학교 통역번역대학원 번역학과를 졸업했으며, 현재 전문번역가로 활동 중이다. 옮긴 책으로 『개성의 탄생』 『데카르트의 아기』 『굿바이 쇼핑』 『다윗의 군대, 세상을 정복하다』 등이 있다.

어떻게 일할 것인가

초판 1쇄 발행 2018년 7월 1일
초판 8쇄 발행 2022년 5월 16일

지은이 아툴 가완디 **옮긴이** 곽미경

발행인 이재진 **단행본사업본부장** 신동해
책임편집 김경림 **디자인** [★]규
마케팅 최혜진 **홍보** 최새롬
국제업무 김은정 **제작** 정석훈

브랜드 웅진지식하우스
주소 경기도 파주시 회동길 20
문의전화 031-956-7429(편집) 031-956-7567(마케팅)
홈페이지 www.wjbooks.co.kr
페이스북 www.facebook.com/wjbook
포스트 post.naver.com/wj_booking

발행처 ㈜웅진씽크빅
출판신고 1980년 3월 29일 제406-2007-000046호

한국어판 출판권 ©웅진씽크빅, 2018
ISBN 978-89-01-22498-5 (03190)

• 책값은 뒤표지에 있습니다.
• 잘못된 책은 구입하신 곳에서 바꾸어 드립니다.